KB201954

리틀 자이언트

세움북스 는 기독교 가치관으로 교회와 성도를 건강하게 세우는 바른 책을 만들어 갑니다.

간증의
재발견
8

리틀 자이언트

장애를 극복하고 신학교 교수가 된 어느 산골 소년 이야기

초판 1쇄 인쇄 2025년 4월 1일
초판 1쇄 발행 2025년 4월 5일

지은이 I 황성철
펴낸이 I 강인구

펴낸곳 I 세움북스
등 록 I 제2014-000144호
주 소 I 서울시 종로구 대학로 19 한국기독교회관 1010호
전 화 I 02-3144-3500
이메일 I holy-77@daum.net

그 림 I 심효섭
디자인 I 참디자인

ISBN 979-11-93996-43-0 (03230)

* 이 책은 신저작권법에 의하여 국내에서 보호를 받는 저작물입니다.
  출판사의 협의 없는 무단 전재와 무단 복제를 엄격히 금합니다.
* 책값은 뒤표지에 있습니다.
* 잘못된 책은 교환하여 드립니다.

이 도서는 시각장애인의 기독교 도서 보급을 위해 AL-소리도서관에 기증하여 데이지 파일로 제작됩니다.

간증의
재발견
8

리틀
자이언트

황성철 지음

세움북스

Recommendation
추천사

가시와 은혜의 공존. 바울 사도는 자신에게 고통의 가시와 고통을 이기게 하는 은혜를 주신 하나님께 감사를 간증했습니다(고후 12:7). 어느 사람에게나 고통이 있기 마련이지만, 그 고통을 어떻게 대처하는가가 중요한 것 같습니다. 바울 사도는 자신에게 베푸신 하나님의 복이 너무 크기 때문에 이 복을 잃어버리지 않도록 하시는 또 하나의 복이 고난이었다고 고백하면서 고생, 고통 그리고 고난이 "교만의 제동 장치"임을 깨닫고 그 고통을 겸손으로 대처하면서 크게 감사했다고 말했습니다.

저와 "작은 거인", 즉 "리틀 자이언트"로 불리는 우리 황성철 박사는 지난 오십 년 어간 학우로, 친구로, 목사로, 교수로 단짝의 삶을 이어 왔습니다. 지난날 우리는 늘 서로를 연민의 정을 가지고 바라보면서, 서로를 위해 기도하고 만나고 대화하고 신뢰했습니다. 우리는 총신대학교 신학대학원에서 처음 만났습니다만, 만나자마자 우리는 오랫동안 친밀하게 지난 동네 친구처럼 만나면 반갑고 헤어지면 보고 싶은 삶과 사역의 동반자였습니다. 미국 유학 시절에도 텍사스 렉싱턴(Lexington)에서 미시간 그랜드 래피즈(Grand Rapids)까지 그 몸을 가지고 종일 운전해 와서 밤이 새도록 가정과 미래 사역을 위해 대화했는데, 지금 생각해 보면 하나님께서 다 이뤄 주셨음을 감사게 됩니다.

그가 자신의 지난날들에 베풀어 주신 하나님의 은혜를 감사하는 심정으로 삶의 회고록을 쓰면서 저에게 권두언(卷頭言)을 써 달라고 부탁했을 때, 늘 그가 '오뚜기' 같다 생각했던 저로서는 갑자기 온몸에 전율이 불같이 일어났습니다. 그가 보내 준 원고를 다음 날 새벽까지 읽으면서 지난날 곁에 있으면서도 몰랐던 그의 세계가 얼마나 힘들고 어려웠겠는가를 느끼며, 위대한 그의 이야기가 뜨거운 눈물로, 은혜와 감동의 체험으로 다가왔습니다.

그의 전도사와 목사와 교수로서의 삶은 항상 앞선 자였습니다. 그는 오기로 총신대 총장 선거에 도전했다고 하지만, 그 당시에 모였던 총신 68 동문회에서는 동문이 다 그를 부러워했습니다. 평상시 교회나 학교에서 하던 그의 설교와 강의는 언제나 머리에서 머리로만 가는 것이 아니라 가슴에서 가슴으로 가는 신비성이 있었습니다. 그의 언어는 사랑의 언어, 격려의 언어, 칭찬의 언어로써 사람들을 힘 있게 하는 능력이 있었습니다. 뒤로 물러가려는 사람 중에 "새 힘을 얻었다"라고 제게 감사하는 분들이 여럿 있었습니다.

저는 하룻밤에 이 책을 다 읽으면서, 교회와 대학을 퇴직하고서 스스로 자책 및 자학하는 시간이 길어지는 저 자신을 다시 한번 추스르며 '오뚜기'처럼 '작은 거인'처럼 다시 일어서야겠다고 마음먹었습니다. 늘 힘이 되는 나의 친구 황성철 박사님! 이번에도 치료가 잘 되고, 하나님의 분복을 누리면서 남은 날 힘 모아 주님의 고난 사역을 끝까지 잘 감당할 수 있기를 기도합니다.

김근수 _ 한울교회 원로목사, 칼빈대학교 전 총장, 명예교수

저자의 글은 참 순수하고, 깨끗합니다. 꾸밈이 없고, 있는 그대로 정직하고 담백하게 표현합니다. 남편으로, 아버지로, 그리고 목사와 신학교 교수로 겸손히 살아온 세월을 스스로 용기를 내지 않았다면 쓸 수 없었다고 고백합니다. 그래서 그런지, 저자의 글은 공감대가 크며 허전하고 식었던 가슴을 데우는 일에 충분합니다.

파란만장한 삶이라고 표현하기도 너무 과소한 저자의 어린 시절의 핍절함과 장애와의 싸움은 눈물 없이 읽어 갈 수가 없습니다. 자살까지 시도했던 그 힘든 어린 시절, 교회를 찾았던 하나님의 섭리 속에 전개되는 저자의 삶을 보면서 매우 구체적으로 한 걸음 한 걸음 동행하시는 하나님의 기적을 볼 수 있습니다. 고등학교 마지막 학년, 수양회를 다녀온 후 부모님의 소원대로 법과 대학에 갔지만, 하나님의 부르심을 받고서 신학교로 방향을 선회하고, 신학교를 다니며 망해 가는 아버지의 사업을 같이 운영했던 경험들은 저자의 신학교와 교회에서의 사역이 이론이 아닌 삶에서 묻어 나오는 실제였음이 드러납니다.

저자의 글이 친근하게 느껴지는 이유는 우리네 사랑 이야기가 고스란히 담겨 있기 때문입니다. 커플링까지 나눠 끼고 헤어질 수밖에 없던 첫사랑 이야기라든지, 사모님에게 동병상련의 호감을 느끼고서 고아원에 봉사하러 가는 버스 안에서의 첫 데이트 때 처음으로 손잡고 전기가 통했다는 이야기 등은 요즘 인기 있는 K-드라마 〈폭싹 속았수다〉보다 가히 더 재미있습니다.

또한 이 책을 추천하고 싶은 이유는 사역자의 뒤안길을 여과 없이 보여 주는 저자의 삶이 저와 같은 목회자, 혹은 많은 신학도와 사역자들에게 귀감이 되는 참고서나 교과서 같기 때문입니다. 전도사, 강도사 그리고 목사 안수 그리고 미국 유학 생활, 담임 목회, 그리고 신학교 교수에 이르기까지 모든 사역자의 삶을 다 겪어 내신 모습을 통해 우리는 롤 모델을 얻을 수 있다고 확신합니다. 보석 같은 저자의 인생을 미리 엿볼 수 있는 특권을 주셔서 너무 감사합니다. 이제 책으로써 반짝이는 저자의 글을 통해 많은 후학들이 감동을 받고서 이 사역의 길을 늠름히 걸어가게 되기를 바라며 이 책을 추천합니다.

김한요 _ 얼바인 베델교회 담임목사

제 생애 황성철 교수님을 만난 것은 하나님의 특별한 은혜입니다. 교수님은 제가 신학대학원에서 처음으로 신학 공부를 시작한 시절에는 수업을 통해 열정 어린 목회자의 모습이 무엇인지 보여 주셨을 뿐 아니라, 삶을 통해서는 따스한 목자의 가슴이 무엇인지 보여 주신 분입니다. 제가 유학을 마치고 모교에서 가르칠 때도 교수님은 동료 교수님이 아니라, 저에게는 영적 아버지요 스승으로서 한결같은 사랑과 온화함으로 늘 격려해 주신 분입니다. 교수님과의 대화를 떠올릴 때면 항상 따스하고 포근한 목소리가 먼저 떠오르고, 영혼을 품는 아버지의 심정이 무엇인지를 느끼게 해 주신 분이시라는 생각이 듭니다.

　제가 미국에서 목회의 부름을 받고 기도를 부탁드렸을 때, 교수님은 처음에는 계속 후학들을 가르치면서 한국 교회를 잘 섬겨 주면 좋겠다고 말씀을 하셨습니다. 그리고 일주일 정도 시간이 흐른 후, 교수님은 다시 저를 만나 기도해 보니 하나님께서 목회로 인도하시는 것 같다며 축복해 주기도 하셨습니다. 저를 참으로 아끼시고 진지하게 기도해 주신 참으로 듬직한 버팀목 같은 분이셨습니다. 수업 때나 학교 채플 때 예수님을 항상 주인님으로 부르셨던 교수님의 기도는 하나님을 향한 교수님의 자세가 어떠한지를 한마디로 보여 줍니다. 주님을 구원자뿐 아니라 자신의 주인님으로 모시고 일생 걸어오신 신앙의 여정이었습니다.

교수님의 《리틀 자이언트》를 손에 든 순간부터 마지막 페이지까지 한 페이지도 그냥 넘길 수 없었습니다. 교수님의 모습이 그대로 드러나 있는 신앙고백서처럼 읽히기도 하고, 교수님의 일생을 인도해 주신 하나님의 인도하심이 한 폭의 그림처럼 다가오기도 했습니다. 책 속에는 늘 밝고 온화한 미소를 머금고 계시는 교수님의 삶에 녹아 있는 깊고 무거운 눈물과 애절한 절망의 소리가 들려오기도 하고, 끊임없이 무너져도 다시금 일어선 불굴의 의지가 눈앞에 펼쳐지기도 합니다. 인생의 모든 순간마다 교수님의 생애를 붙들고 오신 하나님의 손길이 생생하게 나타나는 것을 보면서 교수님의 일생이 주님께서 빚어 오신 아름다운 한 편의 작품이라는 것을 확인하게 됩니다.

책 제목은 교수님의 삶을 한 글자에 잘 담았다고 여겨집니다. 그런데 저에게 교수님의 삶과 이 책을 통해 나타난 모습은 '리틀 자이언트'를 넘어 하나님 나라를 위해 한 시대 고결하게 쓰임받은 진정한 '영적 영웅'이라고 표현하고 싶습니다. 책의 마지막 페이지를 덮으면서 한 시대 하나님께로 부름받아 사명을 완수한 교수님께 존경과 박수를 보내고 싶습니다. 교수님 곁에서 지난 30년을 지켜본 제자인 저에게 이토록 거대한 파도와 같은 울림으로 다가온 이 책은 실의에 빠진 사람, 힘겨운 삶의 무게로 아파하는 많은 사람에게 일어나라고 손을 붙들어 주시는 하나님의 손길처럼 들려올 것입니다. 그렇게 살아오신 교수님께 감사드리며, 가장 영예롭게 교수님의 삶을 수놓아 주신 하나님께 감사를 드립니다.

류응렬 _ 와싱톤중앙장로교회 담임목사, 고든콘웰 신학대학원 객원교수

～

우리 모두가 경험하는 대로 '진솔한 자기 고백'은 '압도적 은혜'를 전제로 함을 압니다. 저는 황성철 목사님이 스스로 주인님이라고 고백하는 하나님 아버지와 우리 주 예수 그리스도께서 베푸신 남다른 은혜를 경험하신 분이라 확신합니다. 이러한 이유로 독자들은 매 페이지마다 농축된 주님의 은혜를 경험할 수 있을 것입니다. 저 역시도 예외가 아닙니다. 목사님이 열과 성을 다해 삶으로 가르치셨던 곳, 총신대학 신학대학원에서의 교수 사역을 마무리하실 때 저는 그 현장을 직접 목격했습니다. 특히 은퇴 감사 예배 시 부족한 저에게 메시지를 부탁하셔서 제가 목사님의 교수 사역 완주를 축하하는 분들과 함께 나눈 말씀이 지금도 생생하게 기억납니다.

여호수아 시대 요단강 도하 작전을 성공적으로 마치고 난 이후 여호와께서는 여호수아에게 요단강 가운데 제사장이 섰던 곳에서 열두 돌을 취하라고 명령하셨습니다. 그 이유는 후세대 자손들이 "이 돌들이 무슨 뜻입니까?"라고 묻거든 여호와께서 이스라엘을 위해 행하신 일들을 기념하는 것임을 알려 주기 위함이었습니다. 곧 신앙의 유산을 세대 계승하는 깊은 뜻이 함축되어 있었던 것이지요.

황성철 목사님이 삶으로 기록한 본서는 어떤 이에게는 소망을 선물할 것입니다. 또 다른 이에게는 한 사람이 경험하는 다양한 색깔의 인생사를 여과 없이 제공할 것입니다. 저는 본서가 요단강 도하 작전을 성공적으로 완수한 상징이었던 열두 돌처럼 대대로 소중하게 쓰임받으리라 확신합니다. 황성철 목사님을 존귀하게 사용하신 주님께 영광을 올려드립니다. 이러한 용기와 사명감으로 본서를 출간하신 목사님께 감사드립니다. *Soli Deo Gloria!*

오정호 _ 새로남교회 담임목사, 대한예수교장로회 합동 교단 108회기 총회장

목차

Prologue
프롤로그

황혼의 때에 지나온 날들을 되돌아보는 것은 의미 있는 일이다. '나는 외아들(only child)로서 부모님께 어떤 자녀였나?', '아내에게 어떤 남편이었나?', '자녀들에게는 어떤 아버지였나?', '신대원 학생들에게는 어떤 교수였나?', '목사로서는 어땠나?' 등 간단치 않은 물음들에 마음을 열어야 하는 것은 한편으로는 곤혹스러운 일이다. 하지만 다른 한편으로, 그분을 만나야 할 날이 얼마 남지 않은 80의 나이에 지나온 삶을 진솔하게 회고해 본다는 것은 매우 감사한 일이다. 그분을 뵙기 전에 '나'라는 인간을 미리 점검해 볼 수 있어서다.

장애의 몸으로 76년을 살아온 삶을 내보인다는 것은 꽤 수치스럽고 부끄러운 일이다. 외아들로서 부모님의 임종도 지키지 못한 불효자에다, 아내를 만나 가정을 이루어 두 딸을 두었지만 자녀 앞에서 두 번씩이나 무릎을 꿇고 용서를 빌어야 했던 아버지이기 때문이다. 이런 나를 지켜본 아내는 결국 어느 날 이런 천둥 같은 말을 내뱉었다.

"목사가 되지 말아야 할 사람이 목사가 되었어요."

맞는 말이었다. 목회에서마저 많은 시행착오를 했고, 심지어 어느 교인에게 '양치기 소년 같다'라는 말까지 들어야 했다. 이런 나를 공개하는 데는 상당한 용기가 필요했다. 그러나 오직 한 가지 이유 때문에 용기를 내기로 했다. 그것은 그분 때문이다. 예수 그리스도, 나의 주인님 때문이다. 장애로 인한 수치심과 열등감 때문에 죽음의 언덕을 수없이 오르내리던 나를, 그분은 두 번씩이나 찾아오셨다. 한 번은 긍휼을 한 바구니 들고, 또 한 번은 소명(召命)의 큰 바구니를 들고 나를 만나 주셨다. 이때 나는 십자가의 사랑을 통곡 속에서 깨닫고 비로소 거듭난 새사람이 되었다. 갈라디아서 2장 20절 말씀이 나의 고백이 되었다. "내가 그리스도와 함께 십자가에 못 박혔나니 그런즉 이제는 내가 사는 것이 아니요 오직 내 안에 그리스도께서 사시는 것이라 이제 내가 육체 가운데 사는 것은 나를 사랑하사 나를 위하여 자기 자신을 버리신 하나님의 아들을 믿는 믿음 안에서 사는 것이라"(갈 2:20).

그러나 거듭난다는 것, 새사람이 된다는 것은 정말 말같이 쉬운 게 아니다. 적어도 생활 속에서, 그것도 가정에서 말이다. 그래서 한 사람이 진정으로 거듭난 사람인지 여부는 그의 가정을 통해 확인해 봐야 한다는 것이 내 결론이다. 지금도 아내가 했던 말을 가끔씩 떠올리면서 이런 중얼거림을 한다. '그때 그 말은 아내의 입을 통해서 내게 하신 그분의 말씀이야!' 나는 한순간, 일분일초도 그분의 은혜 아니면 살 수 없다는 것을 뼛속 깊이 느끼며 하루하루를 살아가고 있다.

그분의 말할 수 없는 사랑과 긍휼은 내 삶에 강물처럼 흐른다. 그래서 감격과 감사가 있다. 그분의 긍휼과 사랑, 그리고 용서가 지금도 계속해서 나를 아름답게 다듬고 계신다. 다듬는 소리가 베토벤(Ludwig van Beethoven, 1770-1827)의 교향곡 5번(Symphony No.5) 〈운명〉(Fate)에서 들을 수 있을 법한 그런 웅장한 소리로 매일 내 삶 속에서 들리고 있다. 나의 남은 날에 더욱 힘써야 할 일이 있다면 주인님께 최상의 충성과 헌신으로 삶을 곱게 마무리하여 드리는 일이다. 지금도 나 때문에 노래하시고 춤추시는 나의 주인님께 최상의 감사를 드린다.

뜻밖에도 생애 말년에 나를 진솔하게 성찰해 볼 수 있는 기회를 허락해 주신 주인님께 먼저 감사를 드리고, 이어 세움북스의 강인구 장로님께도 고마운 마음을 전한다. 글을 쓰면서 한평생 정돈되지 않았던 나의 삶을 정리하게 된 것은 무엇으로도 그 값을 지불할 수 없을 만큼 내게 큰 가치와 의미를 가진다. 주인님 만날 때를 이렇게 준비하지 못했을 것이라고 생각되기 때문이다. 마치 샤워를 하고 나서 개운함을 느끼는 것과 같은 기분이다.

축복을 받지 못한 가정

01
축복을 받지 못한 사람들

　"이러므로 남자가 부모를 떠나 그의 아내와 합하여 한 몸을 이룰지로다"(창 2:24). 하나님은 이런 과정을 통해 하나의 가정이 시작되게 하신다. 그런데 그렇게 시작되는 가정이 모두 다 행복한 것은 아니다. 어쩌면 불행한 가정이 더 많을지도 모른다. 급증하는 이혼율이 이 사실을 증언한다. 여기, 역기능 가정에서 자란 두 남녀가 있다. 어렵게 만나 자신들의 불행했던 과거의 삶을 보상받기 원해 결혼하여 한 가정을 이루었지만, 이 또한 축복을 받지 못했다.

| 가출 |

　가난에 찌든 깡촌의 삶은 꿈 많은 젊은이를 만족시킬 수 없었다. 결국 비가 억수같이 쏟아지던 어느 날 밤, 부모와 형제를 뒤에 두고 눈물 반 빗물 반에 18년간 정들었던 집과 고향을 떠나야 했다. 아브라함과 같이 무슨 신앙적 부르심에 의한 것이라기보다 순전히 자신의 의지에 의해 집을 나선 것이었다. 빈손으로 며칠을 걸려 충북 산골 마을에서 정처 없이 걷고 또 걸어서 서울이라는 낯선 곳에 왔다.

그러나 막막했다. 먹을 것, 입을 것, 잘 곳, 심지어 마실 것까지도 어디서 어떻게 해결해야 할는지를 모르는 절망적인 상황이었다. 그래서 무조건 찾아서 나선 곳이 남대문 시장이었다. 우선 시장은 다양한 물건들이 많은 곳이니 당장 자신에게 필요한 무언가를 최소한으로라도 얻을 수 있지 않을까 하는 생각에서였다. 그래서 맞닥뜨린 곳이 밀가루 도매상이었다. 밀가루로 우선 허기를 채울 수 있을 것이라는 기대에서였다. 주인은 청년의 자초지종을 듣더니 흔쾌히 점원으로 채용해 주었다. 밀가루 포대를 어깨에 짊어지고, 나르고, 배달해 주면서 생존에 가장 요긴한 숙식을 해결할 수 있었다.

성실과 정직의 결과는 주인의 마음을 감동시켜, 야간 학교에 다닐 수 있는 기회를 갖게 했다. 청년은 늦었지만 자신의 꿈을 하나하나 준비해 나갈 수 있는 발판을 마련했다. 국민학교도 제대로 다니지 못한 그는 야간 중학교에서 배움의 불을 태울 수 있어 몹시 행복했다. 이런 그를 주인은 기특하게 보고서 상점의 경리 업무까지 맡기는 파격적인 신뢰를 보여주었다. 주변으로부터도 많은 칭찬과 격려의 소리를 들으면서 맡겨진 일에 최선을 다해 충성하는 그를 모 피혁 공장 사장이 눈여겨보고 있었다. 사위감으로 말이다.

어느 날 사장으로부터 조용히 이야기를 좀 하자는 말을 듣고서 사장실로 갔다. 결혼 의사를 묻는 만남이었다. 딸이 있는데 사위를 삼고 싶다는 거였다. 그에게는 다른 선택의 여지가 없었다. 무일푼의 청년에게 있는 것이라고는 성실함과 정직 그리고 충직함뿐이었는데, 유수한 피혁계의 사장이 사위를 삼자니 만족하지 않을 수 없었다. 사진 한 장으로만 선을 대신하고 결혼을 승낙했다.

| 계 모 의 학 대 |

피혁 공장의 사장은 전처를 일찍 잃고서 재혼을 한 사람이었다. 전처는 딸 하나를 낳고서 운명을 달리 하고, 후처로부터는 아들 하나에 딸 둘을 두고 있었다. 피혁 사장이 결혼을 시키려는 딸은 바로 전처의 딸이었다. 어머니를 일찍 여읜 딸은 뒤에 들어온 계모로부터 상상할 수 없는 구박과 학대를 받으며 노예와 같은 취급을 받으면서 가정일을 해야 했다. 이복동생들의 멸시와 천대를 받으면서도 어찌어찌 소학교(초등학교)는 졸업해 글을 읽고 쓰는 데 어려움이 있었다.

가정에서 그래도 유일한 버팀목인 아버지는 늘 사업 일로 바빴고 그로 인해 외로운 딸에게 작은 도움도 주지 못하는 상황이었다. 계모와 이복동생들에게서 둘러싸여 끊임없는 차별 대우와 모멸감 속에 하루하루를 힘겹게 버텨 나가던 그녀. 그런 그녀에게 결혼은 반가운 소식이 아닐 수 없었다. 누구인지 뭘 하는 사람인지 등, 그 무엇도 따져 볼 겨를도 없이 아버지의 결혼 이야기에 흔쾌히 승낙을 했다.

지긋지긋한 노예와 같은 삶에서 해방된 기분이었다. 가족들은 결혼 소식을 매우 못마땅해했고 심지어 훼방까지 놓는 심사들을 보였다. 그러나 아버지의 강력한 후원을 힘입어 드디어 결혼식을 올리게 되었다. 신부는 남편 될 사람을 식장에서 처음 보았다. 마음에 들었다. 좋았다. 결혼하는 게 꿈만 같았다. 신랑 역시 사진으로 본 것보다 신부의 실물이 훨씬 아름다웠고 흡족했다.

이렇게 가정을 이룬 남자와 여자가 바로 나의 아버지요 어머니다. 두 분 모두 자기 내면에 상처와 아픔 그리고 눈물을 잔뜩 머금은 마치 질곡의 스펀지와 같은 인생들이었다. 그러나 (비록 하나님을 모르는 그들이었지만) 하나님은 상처 많은 그들로 하나의 가정을 이루게 하셨다. 그분의 섭리는 이 땅에 나를 보내려고 하시는 원대한 계획이었다는 생각이 든다.

역기능 가정에서 성장한 두 사람이 만나 가정을 이루며 살아가던 초여름 어느 날, 아들이 이 세상의 빛을 보며 태어났다. 그들의 기쁨은 너무도 컸고 마치 온 우주라도 가진 듯 삶의 뿌듯함이 말할 수 없었다. 그것도 딸이 아닌 아들이기에 더욱 그랬다.

그런데 이 아이가 세상의 빛을 보기까지 생각지 못했던 일이 발생했다. 의사가 해산 날짜를 잘못 계산해 준 것이 화근이었다. 산모의 배는 터질 듯이 불러오는데 산기가 느껴지지 않았다. 급기야 병원에 갔더니 이미 해산할 날짜가 지나도 한참 지났다는 것이다. 무려 두 달이나 말이다. 그래서 급히 병원에서 자연 분만을 시도했지만, 날짜가 한참 지나서 분만이 어려웠다. 결국 제왕 절개 수술을 통해서 해산을 하기로 하고, 아기에게 세상 빛을 보게 해 주었지만 그 과정이 산모에게는 매우 고통스러웠다. 그 고통이 얼마나 심했던지 산모는 병원이 떠나갈 듯한 비명을 질러 댔고, 남편은 놀라서 황급히 의사에게 찾아가 앞으로 더 이상 아기가 필요치 않으니 자궁을 들어내 달라고 간청했다. 그 결과, 나는 외아들(only child)이 되고 말았다.

백일을 맞았을 때, 감사의 축하 잔치는 성대했다. 아이는 벌써 이때부터 하나님의 섭리 속에 있었음을 그때 찍은 사진을 보면 알 수 있는데, 마치 목사가 설교를 마치고 축도를 하듯 미소 띤 얼굴과 두 손으로 포즈를 취한 모습은 영락없는 미래의 목사였다. 비록 역기능적 요소를 갖고 있는 부모였지만 태어난 아기는 천진난만하고 깨끗했다. 적어도 네 살이 될 때까지는 말이다. 가정을 이룬 후 아버지는 남대문 시장에서 성공적인 사업가로 어엿한 위치를 가지게 되셨다. 옛날의 찌든 가난은 온데간데없고 풍요로움으로 가득했다. 참으로 행복한 가정이었다. 아버지는 당시에 말을 타고 다니실 정도로 성공했으며, 나는 말을 타고 남산으로 향하는 아버지의 뒤를 힘껏 쫓아가기도 했다. 그때의 기억이 지금도 생생하다.

| 네 살에 임한 저주 |

하지만 부모님이 결혼 후 아기를 낳아 행복했던 날들이라고는 고작 4년 남짓이었다. 갑작스러운 불의의 고난이 순식간에 가정을 덮쳤다. 아침에 장난감 리어카를 끌고 아랫집 친구 조한규와 놀러 갔다가 얼마 지나지 않아서 울며 기어들어 온 아들 때문이었다. 부랴부랴 동네 병원엘 갔는데 큰 병원으로 가보라 하면서 진료를 거부했다. 서둘러 큰 병원에 가서 각종 검사를 한 결과, 놀랍게도 결핵성 관절염에 걸렸다는 것이 아닌가!

가정에는 짙은 먹구름이 드리우기 시작했다. 나의 오른쪽 엉덩이 한 군데와 왼쪽 허벅지 두 군데에서 거짓말같이 피고름이 하루에 한 종지씩 쏟아져 나왔다. 네 살 어린 몸에서 어떻게 그 많은 피고름이 만들어져서 나왔을까? 앉지도 서지도 눕지도 못해서 두꺼운 이불을 두 겹으로 겹쳐 놓고 엉거주춤하게 앉아 통증에 견디지 못해 울면서 거의 뜬눈으로 밤을 지새우기가 일쑤였다. 곁에서는 내가 안쓰러워 어쩔 줄 몰라 하시는 어머니가 글썽거리는 눈으로 나를 달래셨고, 아버지는 침통한 표정으로 나를 측은하게 바라보고 계셨다.

문제는 화장실을 가야 하는 것이었다. 처음에는 대소변을 요강으로 해결했다. 그러나 조금 시간이 지나 통증도 가라앉고 피고름도 줄어들고 해서 나 스스로 화장실을 가려고 하는데, 도저히 두 발로 설 수가 없었다. 결국 하는 수 없이 짐승처럼 기어서 화장실을 가야 했다.

나로 인해 부모님 서로 간에 갈등이 생겨나고 있음을 느꼈다. 불같은 성격의 아버지는 어머니를 자주 힘들게 하셨다. 그런 모습을 볼 때마다 어린 마음에 '나 때문이구나' 하는 자책감이 들었다. 아버지가 어머니에게 역정을 내고 나가시면, 어머니는 그 화풀이를 나에게 하셨다. 화풀이를 심하게 하실 때는 매도 서슴지 않고 드셨다.

급기야 어느 날 아버지는 집에 들어오지 않으셨다. 그게 하루가 아니고 무려 3개월가량을 가출 아닌 가출을 하셨다. 아버지에게는 가출이 익숙한 일이었나 보다. 아버지가 집에 들어오지 않은 3개월간 나는 지옥 같은 삶을 살았다. 어머니가 자신의 분노를 나에게 구박, 화풀이 그리고 매 등으로 푸셨기 때문이었다. 아버지, 어머니 두 분 모두 역기능 가정에서 받은 상처와 아픔 그리고 눈물이 이렇게 분출되었다. 두 분 내면에 자리 잡은 쓴 뿌리의 결과다.

분노의 매질을 하시고 나면 어머니는 또 나를 붙들고 한없이 펑펑 우셨다. 그러면 나도 "엄마 왜 그래? 울지 마!"라고 하면서 어머니 품에 안겨 같이 울곤 했다. 어머니가 그렇게 펑펑 우시는 것은 나 때문이기도 했지만, 그보다는 자기 자신을 이기지 못하는 안타까움 때문이었던 것 같다. 어쩌면 어머니는 속으로 '이래서는 안 되는데… 내가 왜 이러지? 저 어린 것이 무슨 죄가 있다고…'라고 하면서 속으로 중얼거리셨을 것이다.

아버지는 멀리 못 가셨다. 그냥 하나 있는 자식의 불행을 차마 화가 나서 볼 수 없어 잠시 혼자만의 시간을 가지고 계셨던 것이다. 집에는 안 들어오셨지만 상점에는 출근하셔서 정상적인 경영을 하고 계셨다. 어느 날 저녁 아무 말 없이 슬그머니 집에 돌아오셨다. 어머니에게 한마디 말도 건네지 않으셨다. 그러나 어머니는 얼굴에 반가운 기색이 역력했다. 아버지가 좋아하시는 콩나물국과 꽁치도 구어서 저녁상에 올리셨다.

이런 삶이 아버지와 어머니가 살아가시는 삶의 방식이었다. 아버지는 언제나 권위적이셨고, 어머니는 그 권위에 기꺼이 순종하며 가정을 꾸려 나가셨다. 훗날 이분들의 이런 삶의 방식이 나를 매우 화나게 하였기에, 속으로 이런 다짐을 수없이 했다.

'나는 결혼하면 이렇게 살지 않을 거야. 남녀는 평등하니까…'

그러나 옛말에 "피는 못 속인다"라는 말과 같이 나에게도 아버지의 그런 피가 흐르고 있었다. 결혼 후 어머니가 아버지를 비난하면서 중얼거리던 소리를 아내로부터 가끔씩 들을 때면, 속으로 '주여, 용서하소서'라는 탄식의 기도가 저절로 나온다.

02
아! 어머니···

"하나님은 모든 곳에 계실 수 없어서 어머니를 만드셨다"라는 러디어드 키플링(Joseph Rudyard Kipling, 1865-1936)의 말은 바로 나의 어머니를 두고한 말이다. 국민학교 6년간을 비가 오나 눈이 오나 업어서 등하교를 시켜주신 어머니의 헌신은 거의 신의 영역에 가까운 모습이었다. 87세로 내곁을 영원히 떠나실 때까지 그분은 한결같이 나의 든든한 후원자요, 무조건적인 내 편이셨다.

| 엄마 등에 업혀서 |

발병 후 남산국민(초등)학교에 들어갈 때까지 거의 외부 출입을 못 했다. 그러니까 거의 3년간을 좁은 집 안에서 생활했다. 그러나 이제는 더 이상그럴 수 없는 날이 왔다. 학교를 가야 했기 때문이다. 그런데 네 발로 기어 다니다가 학교에 간다는 건 불가능했다. 겨우 두 발로 서기는 했다. 하지만 발걸음을 떼는 것은 쉽지 않았다. 특히 왼쪽 다리에 힘을 줄 수가 없었다. 그 이유는 그 다리 허벅지 두 군데에서 여전히 피고름이 나왔기 때

문이었다. 오른쪽 고관절에서도 피고름을 받아 냈지만, 다행히도 다리에
는 힘이 좀 있었다. 하지만 두 발로 걷는 것은 어려웠다. 그래서 생각해
낸 방법이 왼쪽 무릎을 왼쪽 손바닥으로 힘을 주고서 걷는 것이었다. 그
렇게 했더니 한 발 두 발 뗄 수가 있었다. 그러나 그렇게 해도 오래 걸을
수는 없었다.

결국 부모님은 나를 학교에 업어다 주고 업어 오기로 결정하셨다. 눈물
겨운 부모님의 자식 사랑이었다. 아버지는 일하러 나가셔야 했기 때문에
어머니가 아침마다 눈이 오나 비가 오나 나를 업고 학교에 데려다주셨다.
150cm의 작은 키에 왜소한 어머니는 나를 등에 업고 등·하굣길에 늘 밝
은 모습이셨다. 어머니만의 노래도 부르시면서 내게 진한 사랑을 보여 주
셨다.

큰길에서 학교에 올라
가는 경사진 길이 어머니
가 나를 교실까지 데려다
주시는 데 제일 힘든 길이
었다. 업혀서 등하교를 하
는 나의 모습을 선생님이
나 학생들이 보고 어떤 생
각들을 하고 있을까 생각
해 보곤 했는데, 부끄럽기
가 한이 없었다. 특히 학

생들의 손가락질과 조롱 섞인 비웃음, 낄낄거리며 수군거리는 소리를 듣

는 것은 거의 악몽이었다. 어머니도 그 소리를 다 들으셨을 텐데, 당시 어떤 마음이셨을까를 생각하니 비록 이미 소천하셨지만 고마움과 미안함이 교차한다.

| 펑펑 우시던 엄마 |

이런 날이 있었다. 눈이 밤새 펑펑 내린 날이었다. 눈이 쌓이고 길이 미끄러워도 어머니는 나를 업고서 학교에 데려다주는 일을 멈추지 않으셨다. 어머니는 눈이 오는 날이면 미끄러지지 말라고 신에 새끼 동아줄을 칭칭 감으셨다. 그런데 그날 등굣길에서 어머니는 나를 업은 채 미끄러지셨다. 미끄러지신 어머니는 나를 안고 눈발이 날리는 얼음판에서 한참을 펑펑 우셨다. 울음을 멈추시고는 "어디 아픈 데 없니?"라고 물으셨다. 계속 눈물을 글썽거리시면서 말이다. 나도 그제야 어머니의 목에 매달려 소리 내어 울었다. 비가 오는 날이면 내가 등에 업혀서 우산을 펴 들고 갔다. 그러나 바람이 불고 비가 억수같이 쏟아지는 날에는 우산이 거의 소용없었다. 교실에 들어서면 온몸이 비에 흠뻑 젖어서 추위에 오돌오돌 떨 때가 많았다.

어머니는 정확하셨다. 언제나 수업 시간에 맞춰서 교실에 데려다주셨다. 교실에 나를 두고 가는 것이 마음에 걸리셨는지 몇 번을 뒤돌아보곤 하셨다. 또 수업이 끝날 때면 교실 문밖에서 기다리고 계셨다. 그리고 학교가 끝나서 집에 올 때는 꼭 이것을 물으셨다.

"오늘은 놀리는 애들 없었니?"

어머니의 사랑은 '하늘보다 높고 바다보다 깊다'라고 하는데, 내 어머니는 그 이상이었다.

| 아 버 지   등 에   업 혀 서 |

6·25 사변의 발발로 우리 가족은 부산으로 피난을 갔다. 구관(현재 이름은 고관)이라는 곳에 자리를 잡고서, 아버지는 미군 부대에서 나오는 물건을 가져다 장사를 하셨다. 그래도 자식은 계속 공부시켜야 한다고 생각하신 부모님은 나를 서면에 있는 중앙피난국민학교에 입학시키셨다. 당시 집에서 학교까지의 거리는 대략 한 시간이 넘는 거리였던 것으로 생각된다. 그 먼 거리를 어머니가 나를 업고서 등하교를 시키기에는 너무도 힘들었다. 그래서 이번에는 아버지가 내 등하교를 맡으셨다. 거리가 머니까 아버지는 나를 등교시키시고 수업이 끝날 때까지 기다리셨다. 그동안 가게는 어머니가 맡아서 하셨다.

아버지의 등과 어머니의 등은 느낌이 달랐다. 아버지의 등에는 온기가 없었지만 안정감이 있었던 반면, 어머니의 등은 따뜻하고 포근했다. 이 두 분의 이런 체온과 체감이 훗날 나의 성품 형성에 지대한 영향을 주지 않았을까 생각한다. 아버지는 나를 학교에 데려다주는 한 시간 동안 거의 말씀을 하지 않으셨다. 다만 묵묵히 나를 업고 걸어가실 뿐이었다. 그러나 어머니는 등하굣길에 두런두런 이런저런 이야기를 들려주시고 또 묻기도 하셨다.

부산에서 부모님은 상당한 돈을 버셨다. 내가 기억하기로, 밤이 되면 두 분은 돈을 세기에 바쁘셨다. 신이 나셨다. 어린 나도 집에 조금이라도 도움이 되도록 부모님의 가게 물건을 조금 가져다가 밤에 좌판을 땅에 펴 놓고 이렇게 외쳤다.

"껌 사세요, 껌이요. 초코레토 사세요, 초코레토!"

그때는 돈을 조금이라도 벌 수 있는 게 있다면 온 가족이 나서서-아이들까지라도-힘을 보태야 했다.

한번은 아이들과 카바이드(carbide)로 장난을 치다가 큰일을 낼 뻔했다. 카바이드는 물에 넣으면 거품을 내면서 부풀어 오른다. 나는 깡통에다가 카바이드를 잔뜩 넣고 그것을 물어 담가 보았다. 그랬더니 깡통 속의 카바이드가 부풀어 올라 마치 폭탄 터지는 소리와 같은 폭음을 내면서 집 천장을 뚫고 나갔다. 그때 집은 여러 가구의 피난민들이 살고 있었던 나무로 지은 목조 건물 2층 집이었는데, 그 2층 천장을 뚫은 것이다. 거기다 더 위험했던 것은 내가 깡통을 대야 같은 데다 물을 담아서 그 안에 카바이드를 넣었는데, 그것을 아이들이 옹기종기 머리를 맞대고 내려다보고 있었던 것이다. 만에 하나 그 깡통이 어느 아이의 얼굴을 향했다면 그 아이는 생존하기 힘들었을 것이다. 이 일로 인해 나는 부모님에게서 24시간 방 안에 묶인 채로 감금되는 체벌을 받았다. 두 분은 식사를 맛있게 드셨지만, 나는 하루를 굶어야 했다.

지금 그 일을 추억하면서 이런 생각을 하게 된다. '어린 나는 비록 장애를 갖고 있는 몸이었지만, 그때 이미 내 속에서는 열정과 도전이 쉼 없이 용솟음치고 있었구나.' 이런 나의 기질과 성품은 성장하면서 더욱 개발되고 발전되어 지금의 내가 있도록 했다. "될성부른 나무는 떡잎부터 알아본다"라는 말이 있지 않은가? 어릴 때부터 시작된 일련의 모든 일들은 나를 향하신 하나님의 구체적인 섭리의 일환이라고 믿는다.

03
하늘의 부르심

9·28 수복이 지난 어느 날, 우리 가족은 다시 서울 집으로 돌아왔다. 부모님의 입장에서는 금의환향과 같은 큰 기대를 가지고 돌아오신 것인데, 돈을 아주 많이 벌어서 오셨기 때문이다. 집 마루를 뜯어내니 그 밑에 숨겼던 중요한 생활용품들이 그대로 보존되어 있었다. 집을 정리하고 나서 아버지는 또 돈을 벌기 위해 여기저기 다니면서 사람들을 만나셨다. 그 가운데 메리야스 만드는 일에 관계된 분을 만났다. 아마도 그분은 아버지의 가슴을 부풀게 할 만한 도전을 주신 것 같았다. 아버지는 그분과 함께 메리야스 공장을 하기로 하셨다. 그런데 정말 거짓말같이 얼마 못 가서, 아버지는 부산에서 벌어 온 그 큰돈을 전부 날리고 말았다. 사기를 당한 것이다. 당시에는 이런 사기꾼들이 정말 많았다고 한다.

허탈, 분노, 절망 등의 가늠하기 어려운 감정들이 아버지의 삶을 코너로 몰아넣었다. 그러나 아버지는 쓰러지지 않으셨다. 의연하게 일어나셨다. 그리고 다시 남대문 시장으로 나가서 일거리를 찾으셨다. 어린 나에게도 이런 당당한 모습의 아버지가 몹시도 자랑스러웠다. 내가 바로 아버지의 이런 면을 많이 닮았다고 스스로 자찬한다. 장애의 몸을 가지고 네 식구를 데리고서 미국 유학길에 오른 것 자체가 바로 하나의 증거라고 생각하기 때문이다.

내 일생에서 국민학교 4학년은 참 의미가 깊은 학년이었다. 처음으로 학년 전체 수석을 하기도 했고, 또한 어둡던 불신 가정에 하늘로부터 한 줄기 빛을 주셨기 때문이다. 처음으로 교회 문턱을 넘는 일이 발생한 것이다. 교회에 발을 들여놓는다는 것 자체가 가문에서는 최초의 일이었다. 가문에 초대 신자가 된 것이다.

어느 토요일 옆집에 사는 친구 박상일이 "야, 너 내일 나하고 교회 갈래?"라고 묻길래, "교회가 뭔데?"라고 반문을 했더니, "가 보면 알아"라고 하면서 나의 호기심을 자극했다. 헤어진 후 집에 돌아와 저녁에 "상일이가 내일 교회를 가자고 하는데, 가도 돼요?"라고 물으니, 아버지께서 "그래, 갔다 오렴"이라고 하시며 허락해 주셔서 이튿날 교회를 따라갔다. 성도교회였다. 친구가 잘 부축해 줘서 그래도 걸어서 갈 수 있었다.

친구를 따라 들어간 곳은 4학년 반이었던 것 같다. 선생님은 나를 아주 반갑게 맞아 주셨고, 순서가 끝난 후에 나에게 몇 가지 물어보셨다. 어디에 사는지, 부모님은 예수를 믿으시는지, 그리고 형제가 있는지 등을…. 그렇게 물어보신 후, 오늘 우리 집을 방문하고 싶다고 하셨다. 부모님은 1년 내내 남대문 시장에 나가서서 주일에도 집에 안 계시는 게 보통이었다. 아마 이날도 마찬가지일 것이라고 생각해 그런 사정을 선생님께 말씀을 드리지 않고서 선생님과 함께 집에 왔다. 그런데 오늘따라 두 분 다 집에 계신 게 아닌가! 선생님은 부모님께 정중히 인사를 하시고, 이런 부탁을 아버지께 드렸다.

"아드님을 교회에 보내 주셔서 대단히 고맙습니다. 앞으로도 주일에
계속 보내 주시면 성심껏 아드님을 가르치고 돌봐 드리겠습니다."

선생님의 말씀을 들으신 아버지는 뜻밖에도 "그렇게 하지요. 고맙습니
다"라고 대답하셨다. 부모님은 교회가 아주 생소하셨을 것이다. 아마도
뭘 하는 곳인지조차도 모르셨을 것이다. 그러나 그렇게 흔쾌히 승낙하신
것은 전적인 하나님의 은혜였다. 어두운 가정을 위해 하늘의 빛을 주시려
는 그분의 섭리였다.

자상하고 긍휼함이 많으셨던 이삼현 선생님은 하루가 멀다 하고 내게
전화하셔서 어떻게 지내는지 안부를 묻곤 하셨다. 선생님의 친절하고도
부드러운 목소리는 외로운 나에게 큰 위로였다. 이 선생님은 당시 미국아
동구호연맹(지금의 "Save the Children")에서 일하고 계셨는데, 하루는 우리 집
에 방문하셔서 아버지께 이런 말씀을 하셨다.

"아버님, 미국의 어느 가정에서 성철이를 양자 삼았으면 하는데, 어
떻게 생각하세요?"

당시 이 선생님은 전쟁 이후 열악한 환경에 처해 있는 어린이들에게 도
움을 주는 일에 헌신적이셨다. 선생님은 특히 나의 장애를 염두에 두고
도움을 주려고 하셨다. 뜻밖의 제안에 부모님은 적잖이 놀라는 표정이셨

다. 그런데 이 제안을 받은 아버지는 잠시 생각을 하시더니 "네, 그러지요"라는 짤막한 대답으로 이 선생님의 제안을 승낙하셨다. 아버지는 나를 위해 유익한 일이라면 언제든지 열린 마음으로 응하셨다. 이 또한 하나님께서 나의 가정을 만지시는 긍휼의 손길이었다.

| 파 란 눈 의 천 사 |

선생님은 내 장애를 몹시도 긍휼히 여겨 주셨다. 그래서 어떻게 해서라도 뭔가 도움을 주고 싶어 하셨다. 그래서 부모님을 찾아오셨고 서로 간에 아름다운 대화를 나눈 것이다. 선생님은 미국 피닉스 애리조나에 사는 한국전 참전 용사 가정에 나를 양자로 소개해 주셨다. 히스(Heath) 대령 부부의 가정이었다. 뜻하지 않은 양부모님이 생긴 것이다. 노부부는 나를 환영해 주셨다. 사진으로 뵐 수밖에 없었던 노부부의 모습은 몹시도 인자하고 온유하신 분이라 느껴졌다. 특히 히스 부인의 인자한 모습은 지금도 잊을 수가 없다.

그 이후 양부모님은 거의 일주일에 한 번꼴로 편지를 보내 주셨다. 그리고 가끔씩 장난감 선물을 동봉하기도 하셨다. 내 생일을 잊지 않으시고 선물과 선물금을 보내 주시면서 뜨거운 위로와 격려를 잊지 않으셨다. 외로웠던 나에게 이삼현 선생님만으로도 족하다 여겼는데, 미국 양부모님까지 생기니 하루하루 그렇게 즐거울 수가 없었다. 하나님께서는 참으로 자상하시고 세밀한 분이시다. 어쩌면 그렇게도 타이밍을 맞춰 주실까?

일주일에 한 번씩 보내 주시는 사랑의 편지에 나는 어떻게 답장을 써야 할지 망막했다. 부모님도 마찬가지였다. 그래서 선생님께 어떻게 답장을 써야 하는지를 물었더니, 한국말로 나의 일상생활을 간단히 써서 주면 당신이 번역해서 보내 주겠다고 하셨다. 아마 한 달에 한 번 또는 두 달에 한 번씩 아주 간단하게 답장을 보내곤 했다. 내 편지를 받으신 양부모님은 흥분되셔서 바로 장문의 답장을 장난감 선물과 함께 보내 주시곤 하셨다.

이 인연은 고등학교 1학년 때까지 계속되다가, 아마도 대령 부부가 소천하면서 끊어진 것으로 추론된다. 그렇게 시간이 흘러 나는 가족과 함께 미국 유학길에 올랐는데, 그때 가장 먼저 생각나는 분이 바로 히스 부부였다. 그러나 피닉스 애리조나에 거주하셨다는 사실만 알고 구체적인 주소를 알지 못해, 마음에 오롯이 그리움으로만 간직할 수밖에 없었다. 물론 '돌아가셨다면 그 자손들이 있을 텐데…' 하는 막연한 생각을 하지 않은 것은 아니다.

유학을 마치고 고국에 돌아와서 어떤 계기로 "세이브 더 칠드런"(Save the Children)과 관계를 맺게 되었다. 그 시기에 나는 이 기관을 통해서 네팔과 몇몇 나라의 학생들을 돕고 있었는데, 이 기관에서 대중들을 향해 홍보물을 제작하려고 하다가, 이 기관을 통해 어린 시절에 혜택을 받아 성공한 저명인사(?)를 찾던 중 내가 그 기관에 알려져 픽업된 것이다.

그때 나는 이 기관에 히스 부부 가족들을 찾을 수 있는지 조심스럽게 물어보았고, 기관에서 성심을 다해 알아본 결과 히스 부부는 돌아가셨고 그 자손들이 아직도 피닉스, 애리조나에 살고 있다는 소식을 받게 되었다. 그래서 나는 미국을 자주 가게 되니 한번 만났으면 하는 연락을 취했다. 하지만 그들은 완곡하게 대면하는 것을 원치 않아 했고, 대신 영상으로 보기를 원해서 그렇게라도 감사의 인사를 드리고자 비대면 만남의 시간을 가졌다. 참으로 고마운 분들이고 가정이었다.

그분들이 나에게 끼친 선한 영향력은 지대해서 나도 그분들처럼 현재 두 기관을 통해서 6명의 어린이를 돕고 있다. 기억에 남는 것은 콜롬비아 법과대학생 1명을 4년간 매달 25만 원의 장학금을 주면서 양육한 일이다. 그는 지금 변호사가 되어 지역 사회에서 영향력 있는 크리스천 리더로 활동하고 있다.

| 불 신 가 정 의 한 계 |

하나님과 교회를 모르는 불신 가정에서의 신앙생활은 불완전할 수밖에 없었다. 주일에 교회에 가는 것이 별로 중요하게 생각되지 않았고, 당시에는 수요일에도 어린이 예배가 있었는데 그것은 더욱 그랬다. 옆집 친구가 교회에 가기를 권면하면 그때 따라가는 정도였다. 부모님이 막지 않으셨기 때문에 교회에 가는 건 문제가 없었으나, 내 마음이 문제였다. 교회 또래들의 시선이 나를 부끄럽게 만들고 때로는 주눅 들게 했기 때문이다. 그들이 무슨 듣기 거북스러운 말을 한 것도 아니고, 기분 나쁜 표정이나 태도를 보이는 것도 아니었지만, 나는 왠지 모르게 그들이 불편했다.

교회와 우리 집 사이가 불과 10분 거리도 안 되었지만, 때로는 아주 멀게 느껴졌다. 거기다 부모님은 한 번도 "너 주일인데 교회 안 가니?"라는 말씀을 하신 적도 없었다. 그러나 교회를 가면, 집에 있을 때 느끼지 못하는 마음의 평안함과 더불어 마치 누가 나를 감싸안아 주는 듯한 느낌을 받곤 했다. 선생님들은 매우 친절하고 다정하셨으며, 또한 나에게 많은 관심을 가지고서 사랑으로 대해 주셨기에 교회가 너무 좋았다. 이렇게 좋앉으면서도, 교회까지 쩔뚝거리며 걸어가는 것이 어린 마음에는 부끄럽고 창피하여 본의 아니게 교회 가는 것을 피하곤 했다. 이삼현 선생님이 가끔씩 집으로 안부 전화를 주셨음에도 말이다.

4학년을 마치고 5학년이 돼서는 점점 교회가 멀어지기 시작했다. 주일학교 선생님도 바뀌고 또 반 아이들도 바뀌었기 때문이다. 모든 게 낯선 환경이 된 것이다. 이런 경우가 나에게서 매우 힘든 일 중의 하나였다. 다시 누구를 새롭게 사귀어야 하는 것이 쉽지 않았다. 그래서 나는 어렸을 때부터 친구가 거의 없었다. 아마도 이런 것이 장애인들이 갖는 가장 고통스러운 일이 아닐까 싶다.

교회는 학년이 올라갈수록 비례해서 더욱 멀어져만 갔다. 이제는 아예 교회를 갈 마음조차 사라져 버렸다. 이런 현상이 불신 가정에서 볼 수 있는 가장 전형적인 현상이라고 본다. 그래서 모범 교육이라는 게 중요한 것이다. 신앙에 관해 부모에게서 듣고 보고 배운 것이 없었던 나에게는 아마도 지극히 당연한 결과가 아닐까 싶다. 교회 가는 일보다 동네 아이들과 골목 놀이 하는 게 훨씬 재미있고 좋았다. 아이들 중에 그 누구도 나에게 눈치를 주지 않았기 때문이다.

04
첫사랑의 아픔

어느 날, 우리 집 맞은편 골목집에 한 가정이 이사를 왔다. 네 식구의 가정이었다. 여자아이가 보였다. 유난히 빛나던 눈망울과 고운 입술에 깔끔한 단발머리를 하고 있었던 그 소녀는 나의 삶을 정지시켰다. 그때 나는 남산국민학교 6학년이었는데, 그 아이는 남대문국민학교 4학년이었다. 나는 자연스럽게 또래들과 어울려서 여러 놀이를 하는 가운데 그 아이와도 함께했다.

| 한 줄기 희망의 빛 |

나는 그 아이가 너무 사랑스럽고 좋았다. 그래서 가급적 그 아이와 함께하는 놀이를 일부러 만들어서 하곤 했다. 공기놀이가 대표적이었다. 그래서인지 장애를 가지고 있던 나였음에도, 그 아이는 점점 나를 좋아하기 시작했다. 우리는 어렸지만 가끔씩 묘한 눈 맞춤이 있었고, 서로가 좋아한다는 느낌을 갖게 되었다. 글쎄, 이런 감정을 오늘날 말하는 '사랑', 또는 '연애'라고 부를 수 있을는지 모르겠지만, 우리 둘 사이는 점점 더 그

것이⑦ 깊어 가는 듯했다.

　외로움에 지친 나에게 그 아이는 한 줄기 희망의 빛이었다. 내 모든 생각은 오직 그 아이에게 집중되고 있었다. 같은 학교가 아니어서 좀 아쉬웠지만, 그래도 학교를 갔다 오면 둘이 만나는 게 우리의 중요한 일과가 되었다. 나는 그 아이를 향한 나의 마음을 말해 주고 싶은 생각이 들었다. 그래서 그 아이에게 이렇게 물었다.

　"너네 학교에서 배우는 국어책은 어떻게 생겼어? 한번 보고 싶은데,
　　하루만 빌려주면 안 될까?"

　그랬더니 순순히 빌려주었다. 사실, 책을 보고 싶은 것은 핑계고, 그 책 속에다 내 진심을 담은 편지를 넣어 주려는 것이었다. 내 서툰 편지를 읽은 다음 날, 그 아이의 배시시 웃는 모습은 나를 더욱 힘들게 했다. 그렇게 우리는 서로를 아끼면서 사랑⑦하며 지냈다.

　그런데 하루는 청천벽력 같은 소식을 듣게 되었다. 그 아이의 가정이 이사를 간다는 것이었다. 하

늘이 노랗게 변하는 것 같았다. 밤에 도저히 잠을 잘 수가 없었다. '어떻게 이런 일이….' 꿈이기를 바랐지만, 그 아이네 집이 이사를 간다는 소문은 현실이었다. 이때가 6학년을 마치고 중학교를 들어가서 얼마 되지 않았을 때였다. 그래서 다시 책을 한 권을 빌려달라고 해서 그 책 속에다 나의 구구절절한 사랑(?)의 마음을 담아서 쓰고, 새로 이사 가는 곳의 집 약도를 그려 달라고 했다. 답장은 없었다. 다만 약도를 그려서 주었는데, '원효로'였다.

이사 가는 날이 왔다. 내 마음은 초상집이었다. 그 아이가 떠나고 나서, 나는 울고 또 울었다. 그렇게 마음이 아플 수가 없었다. 이 아프고 슬픈 마음은 세상의 그 어떤 것으로도 달랠 수 없는 너무나도 어려운 문제였다. 함박눈이 펑펑 내리던 어느 날, 보고 싶어 견딜 수 없는 마음을 안고서 그 아이가 그려 준 약도를 들고 이사 간 집을 찾아갔다. 그러나 도저히 찾을 수가 없었다. 아마도 몇 시간은 족히 헤맸던 것 같다. 결국 아무 소득 없이 집으로 돌아왔다. 이렇게 허무할 수 있을까를 되뇌며 방에 쪼그리고 앉아서 천장을 바라보고 한없이 울었다. 나중에 알게 된 사실인데, 그때 내가 그 아이의 집을 찾지 못했던 것은 그 아이가 준 지도를 거꾸로 보고 찾았기 때문이었다. 이런 게 세상에서 종종 말하는 운명의 장난이 아닌가 싶다.

| 가끔씩 찾아오는 그리움 |

생각해 보면, 나는 조숙했던 것 같다. 지금으로부터 약 65년 전, 그러니까 내 나이 열세 살 때 이런 감정을 갖고 있었다는 것은 지금 생각해도 믿기지가 않는다. 나는 그때 교회도 거의 발을 끊은 상태였고, 그렇다고 해

서 가정에서 뭔가 재미있는 일이 있었던 것도 아니었다. 그렇게 몹시 외롭고 고독하던 때에 그 아이의 등장은 나에게 무엇보다 큰 위로였다. 그래서 거기에 몰입할 수밖에 없었고, 오직 그 아이와의 만남이 하루의 유일한 낙이었다. 이 아름다웠던 추억도 하나님의 원대한 섭리 안에 있었다고 생각하는 것은 혹 불경한 것일까? 글쎄, 나를 긍휼히 여기시는 하나님께서 쓸쓸한 나에게 보내 주신 작은 선물이라고 믿고 싶다. 왜냐하면 이때도 하나님께서 나를 지켜보고 계셨음을 믿기 때문이다.

소녀에 대한 그리움이 가끔씩 나를 찾아왔다. 그러던 어느 날 그녀의 어머니를 우연히 거리에서 만나게 되었다. 무려 15년 만이었다. 그분도 나를 알아보고 반가워하셨다. 대화 중에 그 소녀는 정신여고를 졸업하고 현재 한국은행에 근무하고 있다는 것을 알았다. 그 이튿날 은행으로 전화를 해서 그 소녀를 찾았다. 전화상으로 들리는 그녀의 목소리는 얼굴만큼이나 여전히 곱고 맑았다. 한번 만나기로 하고 전화를 끊었다. 만날 날을 고대하며 기다리는 시간은 의외로 느리게 갔다. 퇴근 후 명동 어느 빵집에서 만났는데, 너무나도 반가웠다. 그런데 그녀는 그렇게 반가운 표정이 아니었다. 그동안 지나온 이야기를 나누면서, 옛날에 소녀가 그려 준 지도를 가지고 원효로 집을 찾아갔다가 실패했던 일을 말하면서 미안하다고 하니까, 뜻밖에도 "그때 나는 너를 기다렸는데…"라며 말끝을 흐리는 게 아닌가! 아, 이 무슨 운명의 장난이란 말인가!

그런 극적인 만남 이후 우리는 몇 번을 더 만났다. 마지막 만남은 수요일 저녁이었다. 그날 만나서 저녁을 같이 먹고 마침 교회 수요예배가 있어서 같이 가겠느냐고 물었는데 별말이 없어서 예배에 같이 참석했다. 예배를 마치고 나와 다시 다방에 들어가 커피를 마시면서, 나는 앞으로 목사가 되려고 한다는 내 미래에 관한 이야기를 해 주었다. 미션 스쿨인 정신여고를 나왔기 때문에 내 꿈을 충분히 이해해 줄 뿐만 아니라 호응해줄 것을 기대하고서 말이다. 그녀는 고개를 숙이고서 내 이야기를 잠잠히 듣고 있더니, 짧은 말 한마디를 한 후에 자리에서 일어났다.

"나는 교회 안 나가."

그러고는 청천벽력과 같은 이런 말을 남기고 내 곁을 영원히 떠났다.

"앞으로… 더 이상 만나지 말자."

헤어진 후, 나는 거의 한 주간을 울면서 뜬눈으로 밤을 지새웠다. 혼이 나간 사람같이 한동안을 그렇게 지냈다. 마음이 갈기갈기 찢어지는 통증속에 식욕마저 잃어버리고 나니, 비로소 실연의 고통이 어떤 것인지를 알게 되었다. 주님을 인격적으로 만난 신앙도 이 실연의 아픔을 이기지 못했다. 심지어 죽음까지도 생각했으니 말이다. 사랑이 죽음보다 강하다(아 8:1-14 참고)는 것을 신앙의 영역이 아닌 인간의 영역에서 경험한 것은 나의 신앙이 얼마나 보잘것없는 것이었는지를 돌아보게 한다.

보고 싶고 그리워서 전화를 걸어 봐도, 그녀는 내 전화를 아예 받지 않았다. 그래서 그녀의 어머니가 알려 준 집 주위를 얼마나 서성였는지 모른다. 그러나 한 번도 만날 수가 없었다. 그렇게 해서 내 첫사랑은 '이루어질 수 없는 사랑(an unfulfilled love)'으로 끝나고 말았다. 이 아픔에서 벗어나는 데는 역시 시간이 약이었다. 그리고 행여나 중심을 잃고 방황하지 않도록 도움을 구한 기도가 나를 붙들어 주었다.

05
장애인은 안 돼!

아동심리학자 스탠리 홀(G. S. Hall, 1846-1924)은 청소년기 또는 사춘기를 '질
풍노도의 시기'라고 규정했는데, 내가 바로 그런 시기를 겪으며 삶과 죽음
의 고비를 넘나든 당사자였다. 다소 조숙했던 탓에 사랑과 그리움, 수치심
의 혼합된 감정으로 죽음의 터널 속을 헤맸는데, 불청객인 폐결핵을 만나는
바람에 결국 혼절하고 말았다. 그러나 그 혼절은 나를 죽음에서 생명으로
이끌어 주는 하늘의 끈이었고, 결국 그 끈으로 말미암아 하늘의 빛을 보고
하늘의 음성을 듣는 인생의 대전환점을 가지게 되었다.

| 편견의 벽은 높았다 |

국민학교를 졸업할 무렵, 나는 벌써 사춘기에 들어서 있었다. 게다가
중학교에 진학하려는 나에게 이중의 시련이 기다리고 있었는데, 하나는
벌써 이성에 눈을 뜬 것과 또 다른 하나는 장애를 갖고 여하히 중학교에
입학할 수 있을까 하는 염려였다. 당시 장애인을 향한 사회의 시선은 결
코 온정적이지 않았다. 중학교 입학 시험으로는 어느 학교든지 갈 수 있

는 실력이 되었기에 우선 경기중학교에 진학하는 것을 생각해 보았다. 하지만 부모님은 집에서 그 학교를 다니기에는 교통편이 너무 힘들 것 같다고 판단하셨다. 그래서 다음으로 생각한 곳이 서울중학교였다. 이런 사정을 담임 선생님께 말씀을 드렸더니, 선생님은 흔쾌히 승낙하시고 입학 원서를 써 주셨다.

그런데 서울중학교는 내 입학 원서를 받아 주지 않았다. 불구자(장애인)라는 이유 때문이었다. 아버지가 학교 당국에 눈물로 호소했지만, 당시 김원기 교장의 입장은 단호했다. 또 한 번 가정은 큰 슬픔에 빠졌다. 당시 장애인에 대한 편견이 얼마나 심했으면 학교를 입학하는 데도 차별을 했을까? 이중의 슬픔이 나를 절망시켰다. 장애의 슬픔과 입학 거부의 슬픔, 이 슬픔들을 하나님께서 허락하신 것일까? 네 살 때 발병된 결핵성 관절염도 이해되지 않지만, 그로 인한 장애로 학교 입학마저 거부당한다는 것은 도저히 이해되지 않았다. 물론 지금은 안다. 믿음은 이해하는 것이 아니라는 것을…. 그러나 그때는 아니었다. 내 속에서 하늘을 향해 끓어오르는 분노의 불길은 사춘기인 내가 감당하기에 너무나도 컸다. 정말 가슴저리는 아픈 추억이다. 이 당시에는 이러한 장애인에 대한 편견이 공교육에도 만연했다.

결국 아버지는 아들의 중학교 입학을 위해서 다시 찾아 나선 곳이 용산중학교였다. 나중에 안 일이지만 아버지는 이 학교에 미리 로비를 해 놓으셨다. 서울중학교에서는 입학 원서조차 받아 주지 않아서 시험도 보지 못했는데, 용산중학교에서는 시험을 치도록 허락해 주었다. 합격을 하고 학교에 다니게 되었는데, 문제는 집에서 약 10여 분을 걸어 나와서 후암동 가는 버스를 타야 한다는 것이었다. 버스에서 내려 또다시 걸어서 학교 교실을 가야 했는데, 이와 같은 일련의 등하굣길이 내게 힘에 부쳤던 것은 고사하고, 왼쪽 무릎에 왼쪽 손바닥을 집고 절뚝거리며 버스를 타고서 교실에 들어서야 하는 일이 죽기보다 부끄럽고 창피해서 견딜 수가 없었다. 더욱이 학교를 가운데 두고 위쪽에는 보성여자중고등학교가 있었고, 아래쪽에는 수도여자중고등학교가 있어서 등하굣길에 그 여학생들과 마주치는 것이 고통 그 자체였다. 나의 수치심은 극에 달했다.

이때부터 죽어야겠다는 생각을 하기 시작했다. '수치심을 안고 사느니 죽는 게 낫겠다'라는 생각이 매일같이 나를 압박했다. 거기다가, '이런 장애의 몸을 가지고 앞으로 여자를 만날 수 있을까?', '결혼해서 가정을 꾸릴 수 있을까?' 하는 비관적인 생각이 나를 죽음의 길로 몰아넣었다. 학교 가는 게 이제는 부끄럽고 창피한 것을 넘어 두렵기까지 했다. 내 온 마음과 생각은 온통 죽음으로 가득 차 있었고, 벌써 죽어 있었다.

가장 많이 생각했던 죽는 방법은 면도칼로 팔의 핏줄을 자르는 것이었다. 쉽고 간단하며, 고통도 그렇게 심하지 않을 것 같아서 생각한 방법이었다. 만반의 준비를 했다. 언제 어떻게 죽을 것인지까지 구체적인 계획을 세웠다. 그리고 중학교 2학년 때, 죽음을 결행했다. 하지만 손목에 상처만 내고 이루지 못했다. 죽을 용기가 모자랐던 것이다. 아니 죽음이 무서웠던 것이다. 사람의 생명 줄이 이렇게 길다는 것을 새삼 깨달았다. 그러나 그 이후에도 수시로 죽음의 망령이 나를 떠나지 않았다. 이런 고민을 하고 있는 나를 어찌 아셨는지, 아버지께서 어느 날 나에게 이런 말씀을 하셨다.

"용한 무당이 너를 양아들로 삼겠다고 한다."

연말에 아버지가 어느 점쟁이한테 가서 점을 보셨는데, 그렇게 하지 않으면 내 명이 길지 못할 것이라는 말을 듣고 오셔서 내리신 결론이었다. 두 번째로 누군가의 양아들이 되는 것이었다. 집에서 멀지 않은 곳에 무당집이 있었다. 부모님은 나를 그 무당에게 가서 인사를 시키셨다. 그때부터 나는 무당의 양아들이 되었다. 처음 인사한 날 무당은 나에게 신풀이라는 예식을 해 주었는데, 정말 무서웠다.

일주일에 한 번 내지는 두 번 정도 무당에게 가서 각양의 예식을 받았다. 그 가운데 특이한 예식이 있었는데, 내 병을 치유한다고 하면서 배꼽밑에 주사를 놔 주기도 했다. 그렇게 중학교를 졸업할 때까지 나는 무당에게 맡겨진 몸이었다. 무당은 나를 자신의 양아들이라고 하면서, 부모와 같이 나를 대해 주었다. 무당의 이런 호의와 사랑은 아마도 부모님께서 무당에게 주는 돈과 비례하지 않았을까 생각한다. 그러나 나를 위한 무당의 신들린 예식과 주사 요법은 아무 효험이 없었다. 무당에게 갈 때는 아버지나 어머니와 늘 함께 갔었는데, 어느 날부터인가 부모님께서 나를 데리고 가는 일이 예전 같지가 않았다. 그러고는 머지않아 무당집에 발을 끊으셨다.

두 번이나 누군가의 양아들이 되었던 나 자신을 신앙의 관점에서 뒤돌아볼 때, 극명하게 대조되는 사실 하나를 발견하게 된다. 한 번은 독실한 크리스천의 가정에 양자로, 다른 한 번은 크리스천을 적대하는 가정에 양자로 받아들여진 것이었다. 아마도 이때부터 벌써 나를 가운데 두고 선과

악, 천사와 마귀가 본격적인 쟁탈전을 벌였던 것이 아니었나 하는 생각이 드는데… 너무 비약된 생각이 아닐는지 모르겠다. 비록 불신 가정에서 태어났지만, 나를 감싸고도는 영적 전투는 이미 태어날 때부터 치열했다고 생각된다.

| 다시 찾아온 불청객 |

고등학교에 들어와서 몸이 극도로 쇠약해지기 시작하더니 폐결핵이 다시 찾아왔다. 양어머니였던 무당의 저주였을까? 학교를 휴학하고 당시 유명한 소아과병원이었던 정재원(베지밀 개발자) 의원에 입원했다. 갑작스럽게 찾아온 폐결핵은 나를 거의 혼수상태로까지 몰고 갔다. 부모님은 어쩔 줄 몰라 하셨고, 병원 역시 긴장했다. 그때 정 박사가 아버지께 이런 제안을 했다고 한다.

"일본에서 약을 수입해 와서 치료를 해야 할 것 같은데… 감당할 수 있으시겠습니까?"

아들의 절망적인 상황에 아버지는 흔쾌히 동의하셨다. 하나밖에 없는 자식을 살리려는 아버지의 간절함은 돈이 문제가 아니었다. 가산을 다 팔아서라도 살릴 수만 있다면 뭐든 다 하시려는 그런 마음이었다. 훗날 어머니가 이런 말씀을 해 주셨다.

"너를 고치는 데 든 돈이 얼마나 되는지 아니? 아마도 네 몸무게보다 돈의 무게가 더 무거웠을 거다."

시장에서 평생 돈만 만지신 아버지였지만 자식을 살리기 위해서는 그 돈이 전혀 문제가 되지 않았다. 이게 바로 내 아버지의 사랑, 어머니의 사랑이다. 이와 같은 헌신적인 사랑 때문에 지금의 내가 존재한다고 생각하니, 부모님께 불효한 것이 죄송스럽기 한이 없다.

일본에서 '파스'라는 약을 수입해서 그 약을 증류수에 끓여 주사약으로 만든 후 나의 혈관에다 놔 주셨다. 약의 효과는 거짓말같이 빠르게 나타났다. 처음에는 절망적이라고 판단되었던 병이 놀랍게 치유되기 시작했다. 어느 날 저녁이었다. 불현듯 이런 마음이 강하게 들었다. '하나님을 찾아야겠다.' 그래서 국민학교 때 불렀던 그 하나님을 찾았다. 침대에서 무릎을 꿇으니 나도 모르게 이런 기도가 터져 나왔다.

"하나님, 저를 살려 주시면 하나님을 위해서 살겠습니다. 살려 주십
시오."

눈물로 간절히 기도했다. 정말 치열하게 기도했다. 파스 주사의 효과였을까? 아니면 눈물의 기도였을까? 기적같이 한 달 만에 퇴원할 수 있었다.

절망을 희망으로 바꿔 주신 하나님! 사춘기를 아직 벗어나지 못한 나에게 하나님은 신실하시고 위대하셨다. 나는 이때 하나님께 내 모든 것을 걸겠다고 결심했다. 하나님을 위해 살기로 한 것이다. 감히 "하나님 한 분만으로 만족합니다"라고 고백하기에는 아직도 성숙되지 못한 면이 많은

나였지만, 그 고백을 나의 고백으로 삼고 나의 남은 날을 살아가려고 했다. 그 첫 번째 실천이 새벽 기도를 나가는 것이었다. 새벽에 책가방을 챙겨서 새벽 기도회에 나가기 시작했다. 비가 오나 눈이 오나 거의 하루도 빠지지 않고 기도회에 나갔다. 기도회에서 참 많이 울었다. 정말 많이 울었다. 이 울음에는 내 안에 쌓인 원통함과 많은 아픔, 상처가 들어 있었다. 눈물은 그런 것들을 씻어 냈다. 그러나 눈물은 또 차오르고 차올라서 지금도 내 안에는 많은 눈물이 고여 있다. 아마도 주님의 나라에 갈 때까지 내 눈물샘은 마르지 않을 것 같다.

새벽 기도회에 나가기 시작한 교회는 성도교회가 아닌 충무로교회였다. 친구의 소개로 한 번 갔었는데, 목사님(故 방병덕 목사)의 설교를 듣고 기도를 시작하면 내 안에 쌓여 있던 더러운 것들이 빠져나오는 신비한 체험을 했다. 그러면서 눈물은 쏟아져 흐르고, 동시에 마음에는 알 수 없는 잔잔한 평화가 내려와 앉았다. 새벽 기도는 삶의 용기를 갖게 했고 누구 앞에서든지 의연해지는 힘을 가져다주었다. 비로소 내가 바라고 의지해야 할 것이 무엇인지 알게 되었다. 그것은 전능하신 하나님이셨다. 나의 하나님은 "약할 때 강함 되시는 하나님"이셨다.

한 달 휴학 후 복학을 해 보니 학업 진도가 다른 학생들과 많이 벌어져 있었다. 그래도 학교에서 유급을 안 시키고 같은 학년 같은 반에서 계속 공부할 수 있도록 배려해 준 학교에 감사했다. 뒤떨어진 학업을 따라가기 위해서 열심히 공부했다. 모르는 것은 선생님을 찾아가서 물어보고, 배우지 못한 것들은 친구들의 노트를 빌려서 거의 밤을 새면서까지 복사했다. 그 결과 2학년 올라갈 때는 그래도 좋은 성적으로 진급할 수 있었다.

내 일상은 아주 단순했다. 학교와 집 그리고 교회였다. 낮은 자존감 때문에 친구들을 사귀고 교제하는 데 여전히 꽤나 서툴렀다. 친구가 먼저 찾아오면 그제야 반응을 보이는 그런 식이어서 학교에 친구가 거의 없었다. 고독한 외톨이였다. 친구들이 쉬는 시간에 여학생들에 관해서 이야기하는 것을 들으면 마치 먼 나라 이야기같이 들렸다. 나에게도 이성에 대한 그리움이 있었음에도 말이다. 낮은 자존감과 자격지심 때문에 내 감정을 밖으로 나타내지 못하고 속으로만 그것을 삭이고 있었다.

교회는 나의 유일한 안식처였다. 학교 공부를 마치고 집엘 가도 아무도 없었다. 부모님은 시장에 장사하러 나가시고 집 열쇠는 언제나 앞집에 맡겨 놓으셨다. 나는 그 열쇠를 찾아서 집에 들어가곤 했다. 그렇게 해서 집에 들어서면 내 마음에 밀려오는 외로움과 원인을 알 수 없는 그리움이 나를 기다리고 있었다. 그래도 가끔 어머니가 저녁 준비를 위해 들어오시기 전에 집 안 청소를 해 놓고, 쌀을 씻어서 밥을 앉혀 놓기도 했다. 밥물을 얼마나 부어야 하는지는 어머니가 하시는 걸 봐 둔 게 있어서 그대로 했다. 어머니는 밥물을 정하실 때 밥물이 손등 중간쯤에 올 때까지 붓곤 하셨다.

나의 이런 행동에는 아마도 두 가지의 동기 부여가 있었던 것 같다. 하나는 살림살이를 하면서도 시장에 나가서 아버지를 돕는 어머니께 대한 일말의 효심이었고, 다른 하나는 칭찬을 받기 위한 일종의 보상 심리였다. 나에게는 칭찬과 격려가 필요했다. 부모님은 이런 것에 매우 인색하셨다. 지금은 두 분 다 소천하셨지만 소천하실 때까지 나는 부모님께 칭찬이나 격려의 말을 한 번도 들어 본 적이 없다. "잘했다", "자랑스럽구나", "훌륭했다" 등의 말은 우리 가정에서 마치 금기어같이 여겨졌다. 아마도 두 분의 가정이 다 역기능 가정이었기 때문이 아니었을까 생각해 본다.

교회의 분위기는 집과 완전히 달랐다. 자유로움이 있었다. 마음이 편하고 왠지 모르게 푸근함이 느껴졌다. 집은 적막했고 우울함이 감돌았다. 특히 아버지의 무거운 성품이 가정에 그대로 투영되어서 그랬던 것 같다. 생각해 보면 전형적인 역기능 가정의 모습이었다. 이런 분위기 속에서 사는 게 너무도 힘들었다. 그런데 교회는 그렇지 않았다. 더할 나위 없는 위로의 장소였다. 특히 목사님의 사택이 교회당 내에 있어서 가끔씩 목사님을 대면할 수 있었던 것은 내게 큰 복이었다. 그만큼 목사님은 내게 큰 바위와도 같은 흠모의 대상이었다.

그래서 학교 수업을 끝내고 집으로 오는 날보다 교회로 가는 날이 더 많았다. 특히 수요일에는 저녁 수요 예배가 있어서 너무 좋았다. 수업이 끝나고 교회에 가면 오후 4시쯤 되었는데, 예배 시간까지는 약 세 시간 정도 기다려야 했다. 그동안 숙제도 하고 기도도 하고 성경도 읽고 하는 일이 그렇게 좋을 수가 없었다. 그래서 저녁은 보통 굶었다. 예배가 끝나고 집에 오면 거의 밤 9시가 되었는데, 그때 집에 들어가면 아버지의 언짢아하는 모습이 너무 싫었다. 조용히 부엌에 들어가서 세숫대야에 물을 담아 세수를 하면, 어머니가 "밥 먹었니?"라고 우선 물으셨다. "안 먹었어"라고 답하면, 밥도 아직 안 먹고 이게 무슨 짓이냐고 나무라셨다. 그러시면서 "지금 아버지가 너를 벼르고 계신다"라고 말씀해 주셨다. 그러면 나는 어머니가 부엌에 차려 주신 저녁을 먹고 고양이 발걸음으로 2층 내 방으로 올라가곤 했다.

| 교회냐? 집이냐? |

드디어 아버지가 벼르고 계시던 날이 왔다. 교회에 있다가 저녁 먹을 때쯤 집에 들어갔는데, 아버지가 "너 어디서 이제 오는 거냐?"라고 노한 음성으로 물으셨다. 솔직하게 "교회 예배드리고 옵니다"라고 말씀드렸더니, 책가방을 빼앗아 가방 속에 있는 성경책을 꺼내서 화장실 변기통에 던져 버리시고는 가방도 집 밖으로 내던지셨다. 그리고 이렇게 호통을 치셨다.

"너, 한 번만 더 교회에 가면 그때는 이 집에서 나가는 줄 알아라!"

나는 울면서 아버지께 아무 대답도 안 하고서 서 있었고, 어머니는 내게 다시는 그러지 않겠다고 말씀드리라고 재촉하셨다. 그러나 나는 아버지께 그러겠다고 대답하지 않았다. 그렇게 울며 서 있는 나를 어머니가 끌고 부엌으로 들어가 밥상을 차려 주시고 다독여 주셨다.

나는 눈물 반, 밥 반을 삼키면서 불쌍한 어머니를 바라보았다. 어머니 역시 꾸역꾸역 밥 먹는 나를 보시면서 눈물을 글썽거리셨다.

나로 인한 가정의 긴장감은 날로 더해져 갔다. 교회에 가는 문제로 인한 아버지와의 갈등에 어머니는 그 틈바구니에서 어쩔 줄 몰라 하셨다. 아버지의 태도는 조금도 달라지지 않으셨고 오히려 더 강경해져 갔다. 결국 나는 아버지께 굴복할 수밖에 없었다. 그러나 나의 굴복은 아버지를 향한 분노로 가슴에 쌓여 갔다. 학교를 마치고 교회가 아닌 집으로 오면 마치 창살 없는 감옥과 같이 느껴졌다. 차츰 내 마음에는 나쁜 생각이 들기 시작했다.

그 당시 극장에서는 서부 영화를 많이 상영했다. 나는 그런 영화가 너무 재미있었다. 말을 타고 광야를 시원하게 달리는 것이라든가, 악당들이 결국에는 심판을 받게 된다는 권선징악의 이야기가 그렇게 통쾌할 수가 없었다. 영화를 보러 가야겠다는 생각이 강하게 들면서 결국 어머니가 장롱 속에 숨겨 놓은 돈을 훔치게 되었다. 그래서 하루에 영화를 두 편까지 보곤 했다. 저녁에 집에 늦게 들어가도 교회에 갔다가 늦은 게 아니기 때문에 아버지는 아무 말씀도 하지 않으셨다. 그러나 어머니는 나를 끈질기게 추궁하셨다. 결국 어머니에게 다 말씀드렸더니 내 등을 때리시면서 이렇게 탄식을 하셨다.

"이놈아, 너 언제 사람 될래!"

내가 특히 서부 영화를 좋아했던 것은 아마도 장애와 관련이 있지 않았을까 싶다. 광야를 시원스럽게 달리는 말과 같이 맘껏 뛰고 달리고 싶은 것이었다. 그러나 그럴 수 없었다. 사실 지금도 나는 서부 영화를 좋아한다. 커크 더글러스(Kirk Douglas)나 버트 랭커스터(Bert Lancaster) 또는 존 웨인(John Wayne)처럼 되고 싶은 것이다. 내 마음속에 장애로 인해 응어리져 있는 게 아직도 있기 때문일지도 모르겠다. (이런 것을 심리학에서는 '보상 심리'라고 한다.) 사춘기 때, 나는 새같이 공중을 훨훨 날고 또 공중에서 낙하하는 꿈을 꾸곤 했다. 지금도 가끔씩 그런 꿈을 꾼다. 왜 그런 꿈을 꾸는 걸까? 불편한 몸으로부터 자유롭고 싶은 욕망 때문일 것이다. 장애는 나에게 뭘까? 누군가 사랑을 '눈물의 씨앗'이라고 했듯이 나에게는 장애가 눈물의 씨앗이었고, 지금도 그렇다. 내 속에는 늘 눈물이 고여 있어 마를 줄을 모른다.

06
기적 (1)

    등하교는 내게 너무 힘든 일이었다. 집(중구 회현동)에서 학교(용산구 후암동)까지 직선거리로 하면 얼마 되지 않는 거리지만, 집을 나서서 버스를 타고 오면 거의 30-40분이 걸렸다. 그러면 걸어 다닐 수 있었을까? 나로서는 거의 불가능한 일이었다. 만약 도보로 하교한다고 하면, 후암동 병무청 앞 비탈진 언덕길을 따라서 남산 170계단을 올라가야 하고, 또 그다음 반대 방향 길을 따라 내려가야 비로소 집에 올 수 있었다.

│ 손 떼고 걷기 │

    그런데 어느 날 학교 공부를 마치고 그날따라 무슨 마음이 들었는지 걸어서 집에 가고 싶었다. 오른손에 가방을 들고 왼손은 왼쪽 다리 무릎을 짚고 절뚝거리며 후암동 비탈진 길을 지나 남산 170계단에 이르렀다. 이제 이 계단을 다 올라서면 그다음부터는 집으로 가는 내리막길이어서 힘이 덜 들었다. 숨을 고르고 난 후 170계단을 올랐다. 계단 중간쯤 갔을 때 갑자기 하늘에서 "발에서 네 손을 떼라!"라는 소리가 들렸다. 그래서 엉겁결에 왼쪽 무릎에서 손을 뗐다. 손을 뗀 채 나머지 계단을 다 올라갔다. 너무도 놀라운 일이었다. 왼 손바닥으로 왼쪽 다리 무릎을 짚어야 다리에 힘을 줘서 걸을 수 있었는데, 그렇게 하지 않아도 걸을 수 있다는 것이 믿어지지 않았다. 놀라운 일이었다. 기적이었다.

빨리 집에 왔다. 마침 어머니가 저녁 준비를 하기 위해서 장을 봐서 막 들어와 계셨다. 흥분을 가라앉히고 어머니께 나에게 일어난 기적을 말씀드렸다. 그랬더니 어머니는 그냥 무덤덤해하셨다. 나는 기뻐서 어쩔 줄 몰라 했는데 말이다. 다시 어머니께 말했다.

"엄마, 나 이제 왼손으로 왼쪽 다리 무릎을 짚지 않고도 걸을 수 있단 말이야!"

그래도 어머니의 반응은 똑같았다. 저녁에 돌아오신 아버지에게 일어난 사실을 말씀드리니까 아버지 역시 어머니의 반응과 같으셨다. 왜 아들에게 일어난 놀라운 일에 대해 부모님의 반응은 그러했을까? 추론해 보건대, 자식이 '다리에서 손을 떼든 안 떼든 간에 장애라는 사실이 바뀌겠는가?' 하는 그런 마음이신 것 같았다. 장애의 몸이 온전한 몸으로 변화가 되었느냐? 아니지 않은가? 부모님에게는 그 일이 그렇게 놀랄 만한 일이 아니었다. 장애 자식을 둔 부모의 슬픈 마음을 조금이나마 엿볼 수 있는 단면이다.

물론 아직도 절뚝거리며 걷는 것은 마찬가지이지만, 왼쪽 무릎 위에 손을 얹고 걸었을 때와 비교해 보면 이건 정말 천양지차(天壤之差)다. 당시 교복을 입었는데 하복의 경우는 바지 왼쪽 무릎 부분에 때가 묻어서 꺼멓게 되고, 동복의 경우는 검은 바지 그곳이 하얗게 변색되었는데, 이제는 그런 걱정을 안 해도 된 것이다. 사실 이것이 얼마나 내 자존심을 상하게 했는지 모른다. 너무 기쁘고 좋았다. 여전히 절뚝거렸지만, 걷는 폼이 그전보다는 훨씬 나아 보였다. 솔직히 알게 모르게 고민했던 것을 하나님께서는 단번에 해결해 주셨다.

| 가리방의 추억 |

부모님으로부터 핍박이 가해지면 가해질수록 나는 교회에 더욱 열심을 내었다. 아버지가 아침에 일찍 시장에 나가셨다가 저녁 늦게 들어오시는 틈을 타서 나는 교회 고등부에서 맡았던 일을 했다. 고등부 주보를 만드는 일이 내 몫이었다. 지금은 볼 수 없지만 당시에는 '가리방'이라는 게 있어서 그것을 사용해서 주보를 만들었다. 고등부 리더로서 정말 열심히 봉사했다. 이렇게 고등부를 위해 봉사하기 위해서 나는 아버지가 눈치채지 못하시도록 지혜롭게 처신했다. 여기에는 어머니의 도움이 컸다. 어머니는 내 편이셨다. 물론 큰소리로 꾸중은 하셨지만, 그것은 부모로서 체면을 유지하는 정도였다.

주일이 되면 9시 고등부 예배를 위해 8시쯤에 가서 예배실 청소를 하고 예배드리는 데 필요한 것들을 준비했다. 이런 일을 하는 게 그렇게 즐거울 수가 없고 좋았다. 그러나 선생님(지금으로 말하면 전도사님 정도)이나 학생들 가운데 그 누구도 내가 그렇게 수고한 일에 대해 고맙다는 말을 하지 않았다. 그럼에도 나는 왜 그 일을 그렇게 정성을 들여 했을까? 믿음 때문이었을까? 물론 믿음 없이 이런 헌신을 할 수 있다고 보지는 않는다. 그러나 그보다는 이것 역시 장애를 극복하기 위한 나의 처절한 몸부림이었다고 본다. 일종의 보상 심리라고 할까? 나의 내면에는 이 요소가 믿음보다 훨씬 컸었던 것 같다.

고등부에는 약 40-50명의 학생들이 모였었는데, 그중에 남자와 여자의 비율이 거의 비슷했다. 나는 의식적으로 여학생들의 시선에 많은 신경이 쓰였다. 그도 그럴 것이 이성에 이미 눈을 뜬 내가 그럴 수밖에 없지 않았겠는가? 그러나 그 누구도 나에게 관심을 가져 주지 않았다. 그러면 그럴수록 나는 더욱더 열심히 고등부를 위해서 일했고, 모임이 없어도 그냥 교회당에 왔다. 고등부에서 신앙생활을 하면서 나는 장애와 신앙이 상관관계에 있다는 것을 알았다. 긍정적인 것은 장애로 인해 보이지 않는 거절을 신앙으로 승화시키는 것이고, 부정적인 것은 자존감의 결여로 인한 자기 비하다.

07
부모님의 삶의 방식

아버지는 매일 아침 일찍 시장에 나가서 저녁 늦은 시간까지 돈을 버려야 했기에 스트레스가 이만저만이 아니셨다. 거의 줄담배를 하셨다. 그런데 이상하게 술은 들지 않으셨다. 아버지에게도 삶의 긴장감을 풀어야 할 거리가 있어야 했다. 낚시였다. 아버지는 강가나 저수지 같은 데서 하는 대낚시가 아니라 얕은 강물에 들어서서 하는 얼레 낚시를 좋아하셨다. 얼레 낚시는 낚싯줄을 물살에 천천히 흘려보내면서 미끼도 함께 보내는 방식의 낚시이다. 그러면 물고기들이 미끼를 하나둘 먹으면서 올라오다가 낚싯바늘에 끼어 있는 미끼를 물었다.

| 아 버 지 와 낚 시 |

아버지가 물에 들어가서 고기를 잡으면, 나는 뭍에서 잡은 고기를 받아 배를 따서 내장을 다 꺼내고 물에 씻어서 자갈 위에다 한 마리 두 마리 햇볕에 말리는 일을 했다. 낚시는 주로 서빙고(지금의 이촌동)에 가서 했다. 많이 잡을 때는 대략 70-80마리나 잡았다. 꾸러미에 꿰어 집에 가지고 오면 어머니는 매운탕을 끓이셨는데, 그 맛은 열 사람이 먹다 열 사람이 다 죽어도 모를 맛이었다. 지금도 어머니가 끓이셨던 그 매운탕 맛을 잊을 수가 없다.

재미있었던 것은 미끼로 구더기를 사용한 것이다. 아버지는 미끼를 동대문 밖 우시장에서 구해 오셨는데, 소똥에 생긴 구더기들을 모아 자루 부대에 넣어 가지고 오셨다. 그러면 큰 대야에다 구더기를 쏟아 놓고 거기다 깻묵을 섞어서 물고기 밥을 만드셨다. 깻묵이 들어가서 냄새가 아주 구수했다. 어머니는 질색이셨지만 나는 재미있었다. 그때 나는 구더기가 참 깨끗한 벌레라는 것을 알았다. 적어도 구더기가 어릴 때는 말이다. 낚시를 통해 부자지간에 참 끈끈한 정을 쌓았던 것 같다.

처음에는 아버지가 낚싯대를 구입해서 쓰시더니 언제부턴가 아예 재료

를 사다가 낚싯대를 직접 만들기 시작하셨다. 낚싯대는 고래 심줄이었다. 아버지의 말로는 고래 심줄은 매우 유연해서 아무리 큰 물고기가 물어도 대가 부러지는 일이 없다고 하셨다. 어디서 사 오시는지는 몰라도 보기에 꽤 비싸 보였다. 그것을 사포로 갈고 다듬은 후에 낚싯대 살을 끼우기 위해서 대에 작은 구멍 뚫을 자리를 자로 재 가면서 표식을 한 후에 오차 없이 뚫었다. 그러고 나서 대나무로 낚싯대 살을 일정한 길이로 잘라 놓은 후, 만들어진 살들을 뚫어 놓은 구멍에 하나하나씩 끼워 넣었다. 낚싯대 살들이 뒤틀리지 않도록 가장자리를 대로 고정시킨 후 아교풀을 발라서 마무리하셨다. 보통 낚싯대 한 대를 만드는 데 거의 한 달 이상의 시간이 소요되었다.

하루는 집에 큰일이 벌어졌다. 어머니께서 집 안 청소를 하시다가 그만, 아버지가 손수 만들어 신주같이 모시던 낚싯대를 부러뜨리시고 말았다. 보통 일이 아니었다. 이런 엄청난 실수를 하신 어머니는 안절부절 사색이 되어 어쩔 줄 몰라 하셨다. 저녁에 집에 들어오신 아버지가 이 사실을 알고 얼마나 화가 나셨으면 부러진 낚싯대로 어머니를 마구 때리셨다. 어머니는 맞으면서 "여보, 잘못했수…"라는 말만 연신 하시며 울먹이셨다. 그러나 아버지는 화가 안 풀리시는지 한참을 어머니에게 매질하셨다. 아버지는 폭군이나 다름없었다. 나는 보다 못해 아버지를 말렸지만, 화가 안 풀리신 아버지는 여전히 어머니를 향하여 듣기 거북스러운 험한 말을 내뱉으셨다.

| 아버지는 주인, 어머니는 종 |

　역기능 가정에서 태어나고 자란 두 분의 삶은 이랬다. 아버지는 주인이셨고 어머니는 종이셨다. 아버지는 어머니께 늘 명령조였고, 어머니는 아버지의 명령을 순순히 따르고 복종하셨다. 두 분이 어디를 가셔도 아버지는 앞서가시고 어머니는 뒤따라가는 식이었다. 어머니가 조금 뒤처진다 싶으면 아버지는 뒤를 돌아보며 "빨리 와!"라고 소리를 지르셨고, 당신 친구에게 어머니를 소개할 때면 "이게 내 마누랄세"라고 하셨다. 그래서 그때 나는 다짐을 하나 했다. '나는 아버지 같은 남편은 절대로 되지 않으리라.' 훗날의 이야기지만, 내 핏속에도 그런 아버지의 피가 흐르고 있다는 사실을 결혼 후에 알게 되었다. "피는 못 속인다"라는 말이 결코 빈말이 아니었다.

　아버지의 권위 아래 거의 기를 못 펴고 사시는 어머니를 볼 때면 그렇게 불쌍할 수가 없었다. 그런데 어느 날, 어머니에 대한 나의 측은지심을 송두리째 흔든 사건이 발생했다. 당시 우리 집에는 가정부(당시는 식모라고 부름)가 늘 있었다. 보통 스무 살 안팎의 여자였다. 우리와 숙식을 함께하며 지내는 가족 같은 사람이었다. 그런데 가정부를 향한 어머니의 질투와 구박은 상상을 초월했다. 가정부가 아버지와 무슨 이야기를 나눠도 어머니의 신경은 늘 곤두섰다. 그리고 아무것도 아닌 것을 갖고 트집을 잡아서 혼을 내곤 하셨다. 그래서 하루는 어머니에게 이렇게 말했다.

"그 아이가 그렇게 싫으면, 내보내고 어머니가 하시면 되잖아요?"

그랬더니 어머니는 화를 벌꺽 내시면서 "니가 뭘 안다고!"라고 하시면서 매우 불쾌해하셨다. 어머니의 이런 몰 인정스러운 일은 한두 번이 아니었다. 나는 그때마다 어머니에게 얼마나 실망했는지 모른다. '저분이 나를 6년간 등에 업고 다닌 어머니가 맞나?' 하는 의아심이 들었다.

그러면 어머니는 왜 가정부에게 그토록 모질게 하셨을까? 자신도 결혼 전에 계모 밑에서 마치 식모처럼 가정일을 하면서 겪었던 아픔이 있었을 텐데, 왜 집에서 일하는 가정부에게 그런 아픔을 주었을까? 일종의 복수심이었을까? 계모에게 받은 구박 또는 아버지에게 당하고 사는 슬픔 등에 대한 반동의 결과였을까? 프로이트(S. Freud)의 정신분석학에서 말하는 '치환(Displacement)'이라고 말할 수 있지 않을까? 어머니의 심리 상태는 '동대문에서 뺨 맞고 남대문에서 화풀이하는 격'이었다.

이때부터 나는 어머니를 다시 보기 시작했다. 아버지에게는 그렇게 양 같은 분이, 가정부에게는 왜 그리 호랑이 같으셨을까? 어렸을 때 어머니 안에 심긴 쓴 뿌리의 결과라고 본다. 특히 계모에게 그리고 이복형제들에게서 받은 많은 시달림과 구박 속에 뿌리내린 아픔과 상처 그리고 눈물이 지금 어머니의 또 다른 모습으로 나타난 것이었다. 어느 정도 어머니의 그런 행동에 동정이 갔다. 그러나 가정부에 대한 어머니의 뒤틀린 생각과 태도로 인해, 가정부는 1년을 못 채우고서 나가곤 했다. 아버지는 이상스럽게도 어머니의 이런 행동에 아무 반응도 보이지 않으셨다.

여러 명의 가정부가 우리 집에서 일하다가 거의 쫓겨나다시피 해서 나갔는데, 그중에 두 명은 어머니에게 인정을 받으며 일했다. 그들은 종이었다. 종으로서 주인인 어머니께 철저히 복종하고 시키는 대로 군소리 한

마디 없이 충성했다. 어머니는 그들이 결혼할 때까지 마치 친어머니와 같이 도와주었다. 어머니에게도 이런 아름다운 심성이 있으셨다. 이들은 때가 되면 우리 집을 친정인 양 바리바리 선물 꾸러미를 사 들고서 인사를 왔다. 한 가정부는 어머니가 칠순이 넘을 때까지 마치 딸같이 찾아와서 어머니를 위로해 드렸다.

| 부 모 는 자 녀 의 거 울 |

부모님의 삶을 보면서 가정 교육이 얼마나 중요한지를 새삼 깨닫는다. 두 분 다 가정에서 교육이라는 걸 받아 보신 일이 없었다. 그러니까 가정에 대한 생각이라든가, 남편으로서, 아내로서, 그리고 부모로서 어떻게 처신해야 하는지를 전혀 모르셨다. 자신들의 소견에 옳은 대로 생각하고 말하고 행동하면서 살아가시니, 그런 가정 환경 가운데서 성장해 가는 나는 그분들을 통해서 배우고 본받을 만한 것이 거의 없었다.

그러나 아버지에게서 배운 게 두 가지 있다. 하나는 정직함이고, 다른 하나는 웃어른께 인사하는 것이었다. 아버지의 삶은 정직하고 투명했다. 그리고 동네 웃어른들에게 누가 보든 깍듯이 인사를 드리곤 하셨다. 비록 아버지는 시장에서 돈을 벌기 위해 동분서주하며 사셨지만, 거짓과 부정 그리고 불의한 일에는 칼같이 매우 단호하셨다. 그래서 누가 돈을 벌 수 있는 투자에 관해 이야기하면 거의 듣지 않으셨다. 당시 말죽거리나 낚시를 자주 다니던 서빙고 쪽에 땅을 사두면 나중에 큰 이윤을 볼 수 있을 거라는 이야기를 여러 사람이 와서 해 주었는데, 그때도 아버지는 한 귀로 듣고 다른 한 귀로 흘려보냈다는 것이 지금에 와서 조금 아쉽다. 아버지는 현금주의자셨다. 만약 그때 사람들의 말을 듣고 말죽거리나 서빙고 쪽에 땅을 사두었으면, 아마도 지금쯤 나는 거부가 되지 않았을까? 그리고 어쩌면 목사의 길을 가지 않았을지도 모른다.

그런데 놀랍게도 목사가 되고서도 경제적으로 너무 힘들 때면, 그때 아버지가 조그만 땅이라도 사 두셨으면 얼마나 좋았을까 하는 생각이 든다. 혹자는 아무리 어려워도 목사로서 어떻게 그런 생각을 하느냐고 꾸짖을지 모르지만, 나는 그분께 이렇게 묻고 싶다.

"당신은 장애인의 삶이 어떤지 아는가?"

장애인으로서 목사의 길을 간다는 것은 한편으로는 복일 수 있지만 다른 한편으로는 저주다. 중요한 것은 나의 선택 여하에 달렸다. 삶에서 모든 게 정상적이고 원활하면 복으로 생각된다. 그러나 그렇지 못할 때 다가오는 어려움은 저주에 가깝다.

인간에게 가장 기본적인 욕구는 생존하는 일이다. 그런데 나에게 그 생존의 문제가 생기면 엘리야의 탄식이 먼저 나온다. 그러나 엘리야같이 기도할 수 없다. 해서도 안 된다. 아내와 두 딸이 있기 때문이다. 또 혹자는 이렇게 뭐라 할 수 있을지 모르겠다.

"목사가 너무 세속적이네요. 그런 믿음 없는 소리를 하는 걸 보니 참 목자가 아닌가 봅니다."

신앙적으로 맞는 말일 수 있다. 그러나 목사도 연약한 한 인간이기에, 조금은 이해해 주었으면 한다. 오죽했으면 그런 생각까지 했을지 말이다.

또한 아버지가 나에게 보여 주신 삶의 모범은 웃어른에게 인사하는 것이었다. 그리고 아버지는 나에게 동네 웃어른들을 뵈면 꼭 인사를 드리라고 분부하셨다. 철저하게 실천했다. 그랬더니 동네에서 소문이 나기 시작했다. "인사성이 바른 아이"라든가, "예의 바른 학생", 또는 "그렇게 인사 잘하는 것을 보니 앞으로 큰 인물 되겠다" 등, 듣기 거북스러운 많은 칭찬이 쏟아졌다. 부모님은 그런 칭찬 소리를 들으실 때마다 아주 흐뭇해하셨다. 나는 정말로 웃어른들에게 정중하게 인사를 드렸다. 한 번도 가식으로 드리지 않았고, 마지못해 하지도 않았다.

"자식은 부모의 거울"이라는 말이 있듯이, 웃어른들에게 인사하는 나를 보면서 적어도 동네 사람들은 부모님을 존경했다. 그러나 가정에서 부모님이 어떤 삶을 살고 있는지를 동네 사람들이 본다면 아마도 그 평가는 달라질 수도 있지 않을까. 인간의 삶에서 가장 어려운 게 가정에서 화목하고 행복한 것이다. 그런데 그런 가정이 많지 않다는 데 문제의 심각성이 있다. 우리 집도 그중의 하나였다. 상처 많은 어머니였지만, 그래도 가정의 화목을 위해서 '죽었소'의 삶을 사셨다.

의대인가? 법대인가?

고등학교 2학년 말이 되니 대학에 진학하는 문제를 좀 더 구체적으로 생각하게 되었다. 나는 본래 의사가 되는 게 꿈이었다. 이 꿈은 중학교 2학년 때 자살할 것을 생각하다가 꾼 꿈이다. 내 의지대로 되지 않자 마음을 바꾸어 먹고서, 그러면 나와 같은 장애를 가진 사람들을 도와야겠다는 결심을 했었다. 그래서 부모님께도 그렇게 말씀드렸다. 두 분은 내 포부에 대해 아무 말씀도 하지 않으셨다. 그냥 묵묵히 듣고만 계셨다. 나는 부모님께서 허락하신 줄 알고 마음에 준비를 하고 있었고, 친구들이 대학 진학에 관한 이야기를 할 때도 의사 될 꿈을 나누었다. 그런데 하루는 아버지가 부르시더니 이런 말씀을 하셨다.

"너 꼭 의과대학에 가야겠니?"

나는 조금 당황스러웠지만, "네. 아버지도 그때 허락하신 거 아니었어요?"라고 대답을 드렸더니, 아버지는 이런 속내를 비치셨다.

"네 꿈은 참 좋아. 그런데 네 몸으로 의과 공부를 감당할 수 있겠니?"

사실, 나는 그 공부가 얼마나 힘든지는 몰랐다. 그런데 좀 더 알아보니 아버지의 말씀대로 장애를 갖고 있는 나에게는 힘들겠다는 생각이 들었다. 아버지는 의대 대신 법대를 가면 어떤지를 물으셨다. 그러시면서 아주 의미 있는 말씀을 하셨다.

"내가 시장에서 장사를 해 보니까 억울한 일 당하는 사람들이 너무 많은 것 같다. 법이 있으면 뭐 하나 하는 생각이 들 때가 많아. 네가 이런 억울하고 힘없는 약한 사람들을 돕는 일을 했으면 하는데…"

말끝을 흐리시다가 이어서 이런 말씀을 덧붙이셨다.

"법관들은 의자에 앉아서 일을 하지 않니?"

문득 나는 이런 생각을 했다.

'아버지가 시장에서 젊은 청춘을 보내면서 겪으셨던 많은 일들 가운데는 선하고 아름다운 일들보다는 악하고 더러운 일들이 더 많았겠구나.'

그래서 나는 그 자리에서 "아버지의 의견에 따르겠습니다. 법과대학에 갈게요"라고 말씀을 드리니까, 두 분은 매우 기뻐하시면서 "아무쪼록 우리 아들, 좋은 법관이 되어서 세상을 좀 깨끗하게 해 주면 좋겠다"라는 당부의 말씀을 잊지 않으셨다. 나는 그때부터 법과대학으로 진로를 바꾸고 열심히 공부했다. 부모님은 가문에서 처음 법관이 나올 것에 대한 기대가 이만저만이 아니셨다.

집에서는 아들이 어느 법과대학에 들어갈 수 있는지에 관하여 두 분이 정답게 두런두런 이야기 나누시는 것을 가끔씩 들을 수 있었다. 당시 나는 어느 법과대학에도 갈 수 있는 성적을 가지고 있었다. 그래서 서울 법과대학을 목표로 삼았다. 동시에 나는 교회 생활도 학교 공부 못지않게 열심이었다. 대학 진학에 관하여 부모님의 뜻에 따르기로 하니까, 부모님은 내가 교회 가는 일에 예전같이 언짢은 표정을 짓거나 심하게 간섭하지 않으셨다. 부분적이지만 가정에서 모처럼 만에 느끼는 자유로움이 나를 편안하게 해 주었다.

갈림길

08
기적 (2)

고등학교 3학년 때 교회 여름 수련회가 있었다. 부모님은 수련회에 가는 것을 흔쾌히 허락해 주셨다. 수련회는 2박 3일간 도봉산 기슭 '다락원'이라는 곳에서 있었고, 강사는 이응선 목사님(약수교회 원로목사)이셨다. 출발하는 날 아침, 학생들이 교회당에 모여서 예배를 드렸다. 그때 담임목사님이 수련회에 가는 우리에게 이런 부탁을 하셨다.

"여러분, 갈라디아서 2장 20절 말씀을 암송하고 열심히 기도하세요."

그 성경 구절은 나에게 생소했다. 그러나 떠나면서 그 말씀을 암송하기 시작했다. 그리고 속으로 계속 중얼거리면서 그 말씀을 암송했다.

│ 거룩한 혁명 │

수련회 장소에 도착해서 남녀의 숙소를 정하고 저녁 시간까지 휴식 시간이 주어졌다. 나는 바로 산으로 올라가서 갈라디아서 2장 20절을 외우면서 기도했다. 기도는 아주 단순했다. '장애를 갖고서 어떻게 살아야 할지', '장애를 갖고도 정상인들과 같이 살아갈 수 있는지', '나 같은 사람도 결혼을 해서 가정을 이룰 수 있는지'를 위해 기도했다. 그러나 기도가 잘되지 않았고, 기도하면 할수록 왠지 모르게 마음이 더 답답해졌다. 그래서 아무 소득 없이⑦ 산에서 내려왔고, 답답한 마음이 계속 내 안에 남아 있었다.

저녁을 먹고 첫날 집회가 시작됐다. 강사 목사님은 '거듭남과 구원'에 관해 설교하셨다. 설교가 끝난 후 목사님은 우리에게 "각자 흩어져서 취침 전까지 기도하세요"라고 거의 명령에 가까운 톤으로 말씀하셨다. 나는 또다시 기도했던 산으로 더듬더듬 기어서 올라갔다. 그리고 처음과 같은 기도를 또 하기 시작했다. 왜 그런지, 기도를 하면 할수록 마음은 더 답답해져서 도저히 기도를 할 수가 없었다. 그래서 그냥 "주여! 주여!"만 되풀이했다. 얼마의 시간이 지났는지 모르겠지만, 산 여기저기서 기도하던 소리들이 조용해져 나도 내려왔다.

이튿날부터는 수련회 분위기가 시작할 때와는 달리 서로들 간의 말수가 적어지기 시작했고, 다들 은혜 받으려는 열망들이 커져 갔다. 목사님의 설교는 회개하라는 메시지로 강력하게 도전을 주었다. 회개해야 하나님의 은혜를 받을 수 있고 하나님을 만날 수 있다고 하시면서, 회개의 기도를 독촉하셨다. 이날 학생들은 목사님께서 주신 말씀을 붙들고 저녁 식사 시간 전까지 전심으로 회개의 기도를 드렸다. 나는 갈라디아서 2장 20절의 말씀을 잘 몰랐지만, 그 구절을 기도에 넣어서 회개의 기도를 드렸다. 회개 기도를 하면서 심지어 중학교 2학년 때 반에서 몽당연필 따먹기를 반에서 할 때 속인 것까지 생각이 났고, 속였던 친구 이름까지 생각이 나서 회개했으며, 중학교 3학년 때는 생물 시험을 치루는 데 선생님 몰래 가방에서 노트를 꺼내서 보고 썼던 것도 생각나서 회개했다. 그리고 고등학교 1학년 때 장롱에서 어머니 쌈지 돈을 훔쳤던 것도 생각나 하나님께 회개해야 했다. 나의 회개 목록을 이 정도로 나열한 것은 단지 빙산의 일각일 뿐이다. 그 외에도 웬 회개 거리가 그렇게 많은지, 회개를 하면서도 내가 나 자신에 대해 놀라고 실망하지 않을 수 없었다. 사도 바울이 "죄인 중에 내가 괴수니라"(딤전 1:15)라고 고백을 했는데, 나는 그 이상이라고 생각되었다. 세상에서 제일 나쁜 놈같이 여겨졌다. 저녁도 거른 채 울면서 통회하며 자백했다. 그렇게 답답했던 마음이 시원해지기 시작하면서 마음에 큰 평화가 찾아왔다.

저녁 시간 집회를 마친 후에는 모두 수련회장 잔디밭으로 갔다. 마지막 밤인지라 목사님께서 오늘 밤은 이곳에서 철야를 하겠다고 하시면서 모두 원형으로 둘러앉히셨다. 밤 자정을 넘긴 시간이었다. 우리는 목사님의 인도를 따라 찬송을 여러 장 계속해서 불렀다. 그 가운데서도 〈빈들에 마른 풀같이〉 찬송을 여러 번 반복적으로 부르면서 모두들 은혜 받기를 원했다. 특히 이 찬송의 후렴 가사 "가물어 메마른 땅에 단비를 내리시듯 성령의 단비를…"에서 "성령의 단비"를 '성령의 불길'로 바꿔서 불렀다. 뜨겁게 불렀다. 부르고 또 불렀다. 계속해서 불렀다. 성령의 불길이 임하기를 간절히 바라며 힘껏 불렀다.

그렇게 찬송을 부르는 가운데 목사님께서 우리 주위를 다니시면서 한 사람 한 사람 머리에 안수를 해 주셨다. 내 앞에 오시더니 머리에 손을 얹으시고 기도를 해 주시는데, 그때 나는 무슨 불덩어리가 내 몸 전체를 태우는 것 같아서 나도 모르게 "고만요! 고만요!"라고 비명을 지르면서 너무 뜨거워 풀밭에서 뒹굴기 시작했다. 얼마나 그렇게 뒹굴었는지 모르겠지만, 정신을 차리고서 나도 모르게 그 자리에서 일어났다. 그분이 나를 찾아오셔서 나를 위에서 내려다보고 계셨다. 그분을 인격적으로 느낄 수 있었고, 나는 오른손을 들고 이렇게 서원했다.

> "이 나라, 이 민족을 위해서 세례 요한과 같이 주님을 힘 있게 전하겠습니다."

이때 주님은 나에게 이런 위로와 격려의 말씀을 주셨다.

> "나는 너의 있는 모습 그대로가 참 좋단다. 괜찮다!"

나는 그분 앞에 무릎을 꿇고 한참을 펑펑 울었다. 마치 이 여름 수련회가 나를 위한 수련회같이 된 것 같아 친구들에게 미안했다. 그러나 강사 목사님은 매우 기뻐하셨다. 나에게 이런저런 권면의 말씀을 해 주셨다. 그 가운데 하나는 은혜를 받으면 열매가 있게 되는데, 그 열매가 가정과 학교 그리고 교회 생활에서 나타나야 하니 항상 겸손하고 행실을 바르게 해야 한다는 것이었다.

여름 수련회 마지막 날은 내가 장애로부터 해방된 날이었다. 이전까지 나의 영혼과 몸은 다 장애의 포로였다. 나의 보이는 부분과 보이지 않는 부분 모두가 다 장애였다. 머리에서 발끝까지, 오장육부 모두, 정신과 마음 그리고 정서까지도 다 장애에 묶여 있었다. 그러나 마지막 날 이 모든 포로 됨과 묶임에서 해방되었다. 몸만 장애고 영혼은 장애가 아님이 확인되었다. 바로 주님께서 "너의 있는 모습 그대로 괜찮아!"라고 확인을 해 주셨기 때문이다. 이제는 누가 나를 아래위로 이상한 듯 훑어본들 상관없었다. 뒤에서 웃는 소리가 들려도 괜찮았다. 심지어 '병신', '절뚝발이'라는 말을 들어도 괜찮았다. 그런 느낌과 소리를 들을 때마다 주님은 이렇게 내게 말씀하셨다.

　"괜찮아! 네가 걷는 모습이 어때서…. 나는 좋다."

　이날 비로소 나는 내 자존감을 찾았다. 내가 나인 것이 이제는 부끄럽지 않았고, 누구 앞에서도 주눅 들지 않고서 당당할 수 있게 되었다. 고등부에서 여학생들과 어떤 일로 마주칠 때 나는 작아지곤 했다. 수치스럽다는 생각이 많이 들었다. 그런데 이제는 여학생들 앞에서도 내 모습 그대로 감정의 흔들림 없이 자유로울 수 있었다. 장애란 단지 육체의 문제지 정신의 문제가 아니다. 이 사실을 깨닫고 나니 마음이 그렇게 평안할 수가 없었다. 세상이 환하게 보이기 시작했고 마음에 여유가 생기면서 그 누구하고도 자연스럽게 대화할 수 있게 되었다.

　사람이 은혜를 받으면 그 어떤 것으로부터도 자유로울 수 있게 된다. 삶에 놀라운 변화가 생긴다. 인생관이 바뀌고 가치관이 바뀐다. 삶이 두렵지 않게 된다. 자신감이 생겨서 이전에 불가능하게 생각되던 일도 대수

롭지 않게 여기게 된다. "태산아 네가 무엇이냐 스룹바벨 앞에서 평지가 되리라"(슥 4:7)라는 말씀이 내 말씀이 된다. 이것이 믿음이요 신앙이 아니 겠는가. 나에게 이런 믿음이 생기기 시작했다. 이 믿음은 먼저 가정에서 실천되었다.

| 회개하고 예수 믿으세요! |

수련회를 마치고 집에 돌아와 부모님께 인사를 드렸다. 저녁 식사 시간 이 되어 어머니가 저녁상을 들고 방으로 들어오셨다. 그때 나는 부모님께 드릴 말씀이 있다고 하면서 저녁상을 잠시 옆으로 미루고 두 분 앞에 무릎을 꿇고 이렇게 말씀드렸다.

"아버지, 어머니. 제가 이렇게 불구가 된 건 우리 조상들의 죄 때문이 에요. 그러니 이제라도 회개하고 예수님 믿으셔야 합니다."

나는 아주 담대하고도 단호하게, 그리고 또박또박 말씀을 드렸다. 어디서 이런 용기가 나왔는지 나 자신도 놀랐다. 내 말을 들으시더니 아버지께서 "알았다. 밥 먹자." 이 두 마디를 하시고는 아무 말 없이 저녁을 드셨다. 세 식구가 저녁을 먹는 동안 집안 분위기는 적막하고 침울했다.

저녁을 다 드신 아버지는 "가서 자거라." 이 한마디를 하시고는 담배를 피우기 시작하셨다. (아버지는 당시 거의 줄담배를 피우셨다. 그러나 술을 입에 전혀 대지 않으셨다.) 어머니는 아버지와 내 눈치를 보시면서 상을 들고 슬금슬금 부엌으로 가셨다. 그러시면서 나에게 얼른 내 방으로 올라가라는 눈짓을 주셨다. 나는 아버지께 "안녕히 주무세요"라고 인사를 드리고 나왔다. 확신에 차서 부모님께 구원의 메시지를 드렸지만, 왠지 불안하고 답답했다. 그래도 방에 들어와서 다시 하나님께 부모님의 구원을 위해 기도했다.

나중에 어머니께 들은 이야기지만, 그날 밤 아버지는 거의 뜬 눈으로 밤을 지새우셨다고 한다. 그리고 다음 날 아버지는 시장에 나가지 않으셨다. 아침을 드시고는 뭔가를 종이 봉지에 싸서 들고 나가셨다. 아버지는 목사님 댁을 찾아가셨다. 목사님과 마주 앉으신 아버지는 들고 간 종이 봉지에서 식칼을 꺼내시더니, 그 칼로 목사님 탁자 앞에 내리꽂으시면서 격앙된 목소리로 말씀하셨다.

"아들 녀석이 병신 된 게 내 탓이오? 당신이 뭐라고 가르쳤길래 자식 녀석이 내 가슴에 칼을 꽂는 거요?!"

그러면서 아버지는 목사님께서 들으시기에 거북스러운 말씀을 하셨다. 하지만 목사님은 이에 대해 아무런 말씀도 하지 않으셨다. 아버지는 울분 섞인 말씀을 혼자서 한동안 쏟아 놓으시더니 목사님 방을 박차고 나가셨다. (이 이야기는 주일날 목사님께서 저를 부르시더니 해 주신 것이다.) 목사님은 나에게 "집에서 무슨 일 없니?"라고 걱정을 해 주시면서, 잘 참고 인내할 것을 권면하셨다.

목사님 댁에 가서 그런 소동을 일으키고 돌아오신 아버지는 내게 일절 그런 기미를 보이지 않으셨다. 집안 분위기는 좀처럼 회복되지 않았다. 세 식구가 한 가족으로서 한 집에서 숨을 쉬며 먹고 자고 했지만, 모두 남남 같았다. 아버지는 담배 연기 자욱한 방에서 신문만 보시고, 어머니는 부엌에서 무얼 하시는지 거의 나오질 않으시고, 나 역시 내 방에서 내 진로에 관한 고민의 시간을 가졌다.

09
신학교 아닌 법과대학으로

   드디어 대학 입학 원서를 제출해야 하는 날이 왔다. 나는 부모님과 약속한 대로 법과대학에 진학하기로 하고 서울대 법과대학에 원서를 냈다. 학교에서는 지금 성적으로 충분히 합격할 수 있을 거라고 자신 있게 말해 주었다. 나 역시 그리 떨리지 않았다. 그 당시에는 체능 시험이라는 게 있었는데, 총 시험 점수 400점 만점에 체능 점수가 무려 40점이나 되었다. 그러니까 체능이 합격 여부의 결정적 변수였다. 이틀에 걸쳐서 시험을 보았다. 첫날은 필기 고사였고, 둘째 날에는 체능 시험을 보았다. 필기 시험은 그런대로 잘 본 것 같았는데, 체능에서 다시 장애로 인한 아픔을 경험해야 했다.

   당시 체능 시험에 달리기가 있었다. 그러나 나는 달리기를 할 수 없었다. 그래서 한 점도 받지 못했다. 결국 체능 40점 만점에 24점밖에 받지 못했다. 보니까 다른 지원자들은 거의 다 만점에 가까운 점수들을 받고 있었다. 1-2점 차이로 합격 여부가 갈리는 때에 16점 차이는 너무 컸다.

억울한 눈물이 한없이 흘러내렸다. 아들의 이런 모습을 시험장에 와서 보신 아버지 역시 눈물을 훔치셨을 것이다.

　나중에 어머니로부터 들은 것인데, 체능 시험까지 다 끝난 후에 아버지는 당시 서울대 법대 학장이신 유기천 박사를 찾아가셨다고 한다. 아들의 억울한 사정을 이야기하고 선처를 부탁하기 위함이었다. 그때 아버지는 틀림없이 빈손으로 가지는 않으셨을 것이다. 중학교 입학 때와 마찬가지로 말이다. (그런데 그것이 무엇이었는지는 어머니도 모르셨고, 아버지만 아는 비밀이다.) 그러나 당시 입학 사정에서 내 장애 문제가 크게 논란이 되었다는 것을 훗날 들었다. 결론은 불합격 처리였다.

"있는 모습 그대로 괜찮아?"

　하늘에서는 "괜찮아"라고 하는데, 세상에서는 아니라고 한다. 장애에 대해 왜 하늘의 생각과 세상의 생각이 이렇게 차이가 날까? 단지 서로 다를 뿐인데. 걷는 모습이 다르고, 말하는 게 어눌하고, 생김생김이 다르고, 듣지 못하거나 보지 못할 뿐인데…. 이것이 비장애인에게 무슨 손해를 끼치는 것도 아니고, 그렇다고 방해하는 것도 아닌데 말이다. 자신들보다 못하다는 그런 이유 때문이라면, 우리가 사는 세상은 결코 공평한 세상이 아니다. 물론 세상은 처음부터 공평하지 않았지만 말이다. 그렇다면 그것은 비장애인들의 우월감 때문이라고밖에 볼 수 없다. 하나님은 장애인이나 비장애인이나 다 그분의 형상대로 만드셨으나, 세상은 이 진리를 인정하지 않는 것이다. 그러면 하늘의 생각은 뭘까? 예수님은 이렇게 말씀하셨다. "… 그에게서 하나님의 영광을 나타내고자 하심이라." 제자들이 길을 가시다가 맹인을 만난 예수님께 이렇게 물었을 때 주신 대답이다. "이 사람이 맹인으로 난 것이 누구의 죄로 인함인가요?"(요 9:1-3 참고). 장애를 갖는 것은 하나님의 뜻이요, 그분께서 하기를 원하시는 바와 관련이 있다는 말씀이다.

물론 모든 장애가 다 그런 것은 아닐 것이다. 자신의 실수나 죄 때문에 생긴 장애도 있을 수 있다. 그러나 성경은 하나님의 생각이 근본적으로 비장애인들이 갖고 있는 생각과는 다르다고 말한다. "… 내 생각은 너희의 생각과 다르며 내 길은 너희의 길과 다름이니라 여호와의 말씀이니라"(사 55:8)라고 하시고, 이어서 "…하늘이 땅보다 높음같이 내 길은 너희의 길보다 높으며 내 생각은 너희의 생각보다 높음이니라"(사 55:9)라고 말씀하셨다. 비장애인과 장애인 모두를 창조하신 하나님께서 하시는 일은 그들 한 사람 한 사람에게 각각의 뜻을 갖고서 그 뜻을 이루어 가시는 것이다. 그러나 우리는 그분의 그런 높고 깊은 뜻을 다 헤아리지 못해서 자신과 다름을 볼 때 편견을 갖는 것이다.

| 재산을 삼등분하자는 아버지 |

서울대 법대에서 고배를 마신 나는 며칠간 거리를 헤매며 갈등하고 울었다. 억울해서 울었다. 울지 않을 수 없었다. 하늘로부터 "괜찮다"라는 위로와 격려를 받아 자유로워졌다고 믿었지만, 사회로부터 장애로 인한 불공정과 불공평한 처사가 내 앞에 현실로 다가왔을 때 참으로 감당하기 힘들었다. 몹시 혼란스러웠다. 이때 내 마음에 불현듯 이런 생각이 들었다.

'내가 법대에 불합격한 것은 하나님께서 나를 신학교로 보내시기 위한 뜻이 아닐까?'

갑자기 나는 뭔가를 보고 들은 듯, 법대 불합격으로 인한 아픔에서 해방되는 것 같은 기분이 들었다. 그러나 문제는 부모님께 이걸 말씀드리는 일이었다. 며칠 기도하면서 고민하다가, 어느 날 부모님 앞에 무릎을 꿇고 이렇게 말씀드렸다.

"아버지, 하나님께서 제가 법대 가는 것을 막으시는 것 같습니다. 그래서 며칠을 고민하다가 신학교에 가려고 입학 원서를 받아 왔습니다."

뜻밖의 말을 들으신 부모님은 두 분 다 정신이 나간 듯 보였다. 아버지는 다시 담배를 피우기 시작하셨고, 어머니는 아예 방문을 열고 나가셨다. 담배를 피우며 한숨을 푹푹 쉬시던 아버지께서 드디어 입을 여시며 상상할 수 없는 말씀을 하셨다.

"그래, 신학교 가거라. 그리고 우리 집 재산을 처분해서 삼등분으로 나누자. 네 엄마 몫, 네 몫, 그리고 내 몫. 너는 네 몫을 가지고 가서 신학교에 가거라."

너무도 뜻밖이고 당혹스러운 아버지의 제안에, 나는 마치 그분 앞에서 얼음덩이와 같이 되었다. 정말 뭐라고 말씀을 드려야 하는지 생각나질 않앉고, 또 이 상황에서 어떻게 해야 할지를 몰랐다. 곁에서 부자간의 대화를 다 들으신 어머니께서 내게 이렇게 말씀하셨다.

"아버지께 잘못했다고 빌어라. 신학교 가지 않겠다고. 그리고 다시 재수를 하든지 후기 대학에 가면 되지 않니?"

어머니의 이런 제안에 아버지는 아무 말씀도 하지 않으셨다. 그러나 내심 좋은 제안으로 생각하셨을 것이다. 그러나 나는 아직도 이런 상황에서 어떻게 대답을 드려야 할지 몰랐다. 그래서 그냥 주무시라는 말씀만 드리고 방을 나와 내 방으로 올라왔다. 가정이 큰 소용돌이에 휩싸였다. 아버지는 아버지대로, 어머니는 어머니대로, 또 나는 나대로 각각 일당백이었다. 이튿날 이른 새벽, 아버지는 아침도 거르신 채 시장에 나가시고, 어머니께서 내 방에 올라오셨다.

"너, 엄마 죽는 꼴 보려고 이러냐? 이놈아! 너를 업어서 학교 보내서 사람 되라고 공부시켰더니, 너 지금 이렇게 아버지 엄마 가슴에 칼을 꽂아? 이 불효막심한 놈아!"

그러시면서 펑펑 우셨다. 나는 어머니가 그렇게 서럽게 우시는 모습을 지금까지 본 일이 없었다. 나도 어머니 손을 잡고 울었다. 이른 아침 모자는 이렇게 울면서 서로를 치유했다. 나는 어머니께 이렇게 약속했다.

"엄마, 나 엄마 말대로 후기 대학 시험 볼게요. 저녁에 제가 아버지께
　　말씀드릴게요."

　　이 말을 들으신 어머니는 내 등을 두드리면서 내 눈에 고인 눈물을 닦
아 주셨다. 등을 두드려 주시고 눈물을 닦아 주시는 어머니의 손은, 옛날
국민학교 다닐 때 나를 등에 업고 손으로 내 엉덩이를 바치시던 그 손의
느낌이었다.

　　저녁에 상을 무른 후, 아버지께 신학교에 가는 것을 포기하고 일반 대학
에 진학하겠다고 말씀드렸다. 아버지는 또 한참 담배를 피우시더니 마치 마
지못해 말씀하시는 양 "재수를 할 거냐? 후기 대학에 시험을 볼 거냐?"고 물
으셨다. 나는 후기 대학에 진학하겠다고 했다. 내가 재수를 포기하고 후기
대학에 진학하려고 했던 것은 1년이라도 빨리 대학을 졸업하고서 신학교
에 가려는 속셈이었다. 아버지는 나의 그런 깊은 속마음을 아실 리가 없었
다. 아버지는 "그러면 어느 대학을 생각하고 있냐?"라고 물으셨다. 사실, 나
는 그때까지 후기에 어느 대학들이 있는지를 전혀 알지 못했다. 그래서 "아
버지는 내가 어느 대학에 가는 것을 원하세요?"라고 여쭈었더니 "중앙대학
교가 어떠냐?"라고 하셨다. 나는 "그럼, 생각해 볼게요"라고 했고, 그 저녁
아버지와의 협상은 원만하게 끝났다. 방으로 올라오니 어머니가 따라 올라
오시면서 "이놈아, 진작 그럴 것이지 이 어미 애간장을 녹이고 나니 속이 시
원하냐?"라고 하시며 내 등을 손바닥으로 두드리셨다. 두드리셨다기보다는
때리셨다. 그러나 전혀 아프지 않았다. 오히려 어머니의 따뜻한 손을 느낄
수 있어서 좋았다.

나는 반 친구들에게 후기 대학 중에는 어떤 대학들이 좋은지를 물었다. 그랬더니 한 친구는 "왜? 재수를 하지 않고?"라고 했다. 나는 "재수를 해서 시험을 본다고 해도 체능 때문에 자신이 없어"라고 하니까, "그러면 다른 대학이나 서울대 다른 학과를 지원하면 되지 않나?"라고 물었다. 나는 이미 마음에 결정한 게 있어서 후기 대학을 진학하겠다고 말했더니, 친구들도 아버지께서 추천하신 중앙대학교가 괜찮겠다고 동의해 주었다. 저녁에 아버지께 "추천해 주신 중앙대학교에 진학할게요"라고 말씀드리니까, 아버지의 얼굴에 비로소 미소가 띠어졌다. 입학 원서를 또 아버지가 사 가지고 오셨다. 학교에 가서 담임선생님께 말씀드렸다.

"선생님, 저 중앙대학교에 진학하려고요. 그래서 입학 원서를 가지고 왔는데, 학교에서 기재해야 할 난에 선생님이 좀 써 주세요."

그러자 키가 몹시 크셔서 '기린'이라는 별명을 가지신 담임선생님은 원서를 책상에 놓고 한참을 생각하셨다. 그러시더니 "너, 재수해서 다시 거기에 지원하면 네 실력으로는 체능 점수를 충분히 따라잡을 수 있을 것 같은데, 왜 여기를 가려고 하니?"라고 하시면서 "너처럼 법대에 불합격한 OOO도 재수한다고 하더라"라고 후기 대학에 진학하는 것을 간곡하게 말리셨다. 선생님도 내 속마음을 몰라서 하시는 말씀이었다.

"선생님, 저 체능 시험에 자신이 없어요. 후기 대학에 가도록 써 주세요.”

이렇게 말씀드리고서 입학 원서를 준비했다.

아버지는 아침 일찍 준비해 온 중앙대 입학 원서를 들고 학교로 가셨다. 그리고 수험 번호표를 저녁에 나에게 주시면서 “시험 잘 보거라.” 이 한마디만 하시고는 더 이상 아무 말씀도 하지 않으셨다. 아들의 대학 진학을 위해서 두 대학교 입학 원서를 사다 주시고, 또 준비된 원서를 손수 제출해서 수험 번호표를 받아다 주시던 아버지의 마음은 어땠을까를 생각해 본다. 결코 가벼운 마음은 아니셨을 것이다. 아마도 눈물을 머금은 무거운 마음이 아니셨을까? 마치 물기를 흠뻑 머금은 스펀지 같은 그런 마음이셨을 것 같다. 누가 약간이라도 건드리면 금방 터질 것 같은 그런 마음. 장애 아들을 둔 아비의 마음은 가정에 장애아를 두어 봐야 알 수 있다.

그분들은 내가 네 살 때부터 대학에 진학할 때까지 무려 14-15년간을 오롯이 자식 때문에 힘겨운 삶을 사셔야 했다. 만일 그분들이 ‘하나님의 영광을 위해서’ 이와 같은 긴 한숨과 멈추지 않는 눈물 그리고 극심한 갈등을 겪어야 했다면, 이런 성경적 논리를 이성적으로 받아들이기 힘들었을 뿐 아니라 잔인하다고 생각했을 것이다. 그래서 어쩌면 다행이었다고 생각된다. 그분들은 다만 자식이 당한 신체 불구를 그의 운명으로 이해했고, 자신들에게는 그것을 하나의 숙명으로 받아들였기 때문이다.

나는 중앙대 법학과에 무난히 입학할 수 있었다. 드디어 대학 생활이 시작되었다. 부모님, 특히 아버지의 기대는 대단하셨다. 이제 아들이 사법 고시에 합격해서 법관이 될 것이라는 꿈을 벌써부터 꾸고 계셨다. 아버지의 이런 기대가 나에게는 그렇게 고통스러울 수가 없었다. 법관이 되는 것보다 목사가 되는 게 내 꿈이었기 때문이다. 주변에서 권면하는 재수를 마다하고 후기 대학에 진학한 의도는 1년이라도 빨리 목사가 되려고 했기 때문이다. 이런 내 마음을 모르시는 아버지는 가끔씩 "공부는 어떠냐?", "앞으로 고시 준비는 어떻게 할 거냐?" 등을 묻곤 하셨다. 그러실 때마다 나는 몹시 괴로웠다.

대학 공부에는 정말 흥미가 없었다. 강의가 끝나면 바로 도서관에 가서 성경을 읽었다. 내게는 하나님의 말씀인 성경만이 희망이요 힘이었다. 그래서 열심히 읽고 또 읽었다. 시간 가는 줄 모르고 읽었다. 시편 기자의 "꿀과 송이 꿀보다 더 달도다"(시 19:10)의 고백과 "주의 말씀의 맛이 내게 어찌 그리 단지요 내 입에 꿀보다 더 다니이다"(시 119:103)라는 고백이 곧 나의 고백이었다. 하나님 말씀을 읽는 것이 그렇게 즐거울 수가 없었다. 법을 공부하는 것과는 비교도 되지 않았다. 그러나 성경에 심취하면 할수록 내 안에는 부모님께 대한 죄송함이 커져만 갔다.

'이렇게 부모님을 속이면서까지 학교에 다녀야 하나?'
'아예 솔직하게 나의 진심을 털어놓을까? 그렇게 하는 것이 하나님과 부모님께 더 정직한 일이 아닐까?'

심한 갈등이 꼬리에 꼬리를 물고 일어났다. 하지만 부모님께 지금 나의 진심을 말하는 것은 지혜롭지 못한 것이라고 자위하며 학교를 계속 다녔다. 1학년 봄 학기말 시험을 치루고 성적표를 받았다. 그런데 지금까지 이렇게 형편없는 성적을 받아 본 적이 없었다. 평균 C를 받았으니 말이다. 나 스스로도 너무 부끄러웠다. 부모님께 보여 드릴 수가 없었다.

10
사법 고시는 뒷전으로

나는 교회 생활에 더욱 열심을 냈다. 학교 수업이 끝나면 교회에 가는 게 아예 일상이 되었다. 교회가 남산 밑에 자리하고 있어서 기도하러 종종 남산에 올라가곤 했다. 그런데 어느 날 남산 케이블카 운행을 위해 세워 놓은 기둥 밑에서 작은 기도 굴 하나를 발견했다. 누가 만들어 놓은 것인지는 알 수 없었지만, 한 사람이 들어가서 기도하기에는 너무 안성맞춤인 굴이었다. 수업을 마치면 교회에다 가방을 놓고서 기도 굴에 기도하러 가곤 했다. 학교에서는 성경을 읽고, 교회에 와서는 기도 굴에 가서 기도하고…. 주님의 은혜만을 간절히 사모했다.

| 은혜를 사모하여 |

그러던 어느 날 나처럼 은혜를 사모하는 친구를 만나게 되었다. 이 친구는 나와 같은 교회에 출석하는 친구의 소개로 알게 되었다. 하루는 이 친구가 철야 은사 집회를 하는 곳이 있는데 자기하고 같이 한번 가 보지 않겠냐고 제안을 했다. 교회 친구는 다른 약속이 있어서 같이 갈 수 없다고 했고, 나는 왠지 가 보고 싶었다. 은사 집회라는 말은 처음 들어 보는 것이어서 더 가 보고 싶었다. 그래서 아버지께 친구네 집에서 공부하는 모임이 있는데 아마 밤을 새워야 할 것 같다고 거짓말을 하고서 허락을 받았다. 이 집회는 친구 할아버지가 출석하는 교회(보광동 한광교회)의 이천석 집사님(후일에 이천석 목사님이 되심)께서 월요일마다 집에 모여서 하는 집회였다.

그렇게 크지 않은 방에 약 20여 명이 모여서 밤 9시경부터 집회가 시작되었다. 찬송을 여러 장 간절한 마음으로 부르고, 이어서 통성 기도를 했다. 그리고 이 집사님께서 말씀을 읽으시고서 간증 겸 설교를 하셨다. 설교는 힘이 있었고 뜨거웠다. 설교 후 각자가 기도를 하는 가운데 집사님께서 한 사람 한 사람을 위해 안수 기도를 해 주셨다. 집회는 자정 가까이 되어서 마쳤다. 집에 갈 사람은 가고, 나는 친구와 함께 교회 본당에 가서 철야 기도를 하기 시작했다. 새벽 3시경쯤에 기도하는데 나도 모르게 내 입에서 이상한 나라의 말이 나오기 시작했다. 후에 안 일이지만 이것이 방언이었다. 나는 새벽 기도를 마치고 이 집사님 댁에 가서 기도 중에 받은 방언을 말씀드렸더니 해 보라고 해서 했다. 집사님께서 통변을 해 주셨는데, 그 내용은 내 생애 마지막에 이루어질 일에 대한 것이었다. 성경 한 구절 말씀을 주셨는데, 나는 지금도 그 말씀을 가끔씩 묵상하곤 한다.

나는 집사님 댁을 나와서 집으로 가지 않고 바로 담임목사님께 갔다. 목사님께 지난밤에 있었던 일련의 일들을 말씀드리면서 방언을 받았다는 것을 자랑스럽게 이야기했다. 그랬더니 목사님은 한동안 아무 말씀도 하지 않으셨다. 무안했다. 그래서 "목사님, 저 가 볼게요"라고 말씀드리고 일어나는데, 목사님께서 이런 말씀을 하셨다.

"황 선생이 받았다는 방언이 진짜인지 가짜인지는 황 선생의 삶을 보면 알게 될 걸세."

즉각적으로 "열매로 (그들을) 알리라"(마 7:20)라는 성경 말씀이 생각났다. 생활에서 열매가 없으면 그 방언은 가짜라는 말씀이다.

"목사님, 명심하겠습니다."

나는 목사님께 이렇게 말씀드린 후 집으로 돌아왔다. 목사님의 말씀은 절묘했다. 방언 받은 것에 대해 칭찬도 꾸지람도 하지 않고 정말 목회자다운 말씀을 주셨다고 생각한다. 방언 기도가 내 입안에서 맴돌아 집에 와서도 혼자 방언으로 기도에 집중할 수 있었다.

왜 방언의 은사를 주신 것일까? 이런 질문이 하나님께 대단히 결례라고 생각하면서도, 머리에서 떠나질 않았다. 그분의 절대 주권에 함부로 의문을 제기하는 것은 무례한 일이지만, 그럼에도 거기에는 무슨 뜻이 있으실 거라는 생각에 고민과 생각을 거듭하면서 나름대로 이런 결론을 갖게 되었다. '하나님께서 내게 선물을 주셨다.' 즉, 나를 위한 하나님의 사랑이라고 확신하게 되었다. 장애로부터 더욱 자유롭게 해 주시는 하나님의 사랑 말이다. 사실, 주님을 인격적으로 만난 후에도 간헐적으로 장애로 인한 흔들림이 없는 것은 아니었다. 장애는 현실이었기 때문이다. 그러한 흔들림이 생길 때마다 이 은사는 내가 그것으로부터 자유로울 수 있도록 견고하게 나를 붙들어 주었다. 내가 약할 때, 흔들릴 때 하나님은 나에게 강함이 되어 주셨다. 그래서 나는 약할 때 강함 되시는 주님을 노래할 수밖에 없었다. "내가 약한 그때에 강함이라"(고후 12:10).

| 기 도 외 에 는 |

주님을 사모하는 마음은 더욱 간절해지고 뜨거워지기 시작했다. 은혜받기 위해 기도에 전심전력을 다했다. 담임목사님이 자주 가시는 삼각산 기도원에도 갔고, 삼각산 통일봉이라는 산 정상에 기도처가 있다는 말을 듣고서 더듬어 찾아 올라가 기도하기도 했다. 집에서 남대문까지 걸어 나와서 세검정에 가는 137번 버스를 타고 종점에 내려서 그 기도처까지 가는 데 약 두 시간이 걸렸다. 토요일마다 이곳에 올라서 기도했다. 아침에 올라와서 오후 늦은 시간까지 성경을 보고 찬송을 부르며 전심으로 부르짖으면서 기도했다. 내 기도 소리에 삼각산 전체가 화답을 하듯 그 메아리의 울림이 대단했다. 인적이 없는 가운데 홀로 온 산을 호령하듯 우렁차게 기도했다. 특히 이 나라 이 민족을 위해서 간절히 기도했다.

어디서 그런 힘이 나와서 기도했는지는 모르겠지만, 바위 위에 무릎을 꿇고서 시간 가는 줄 모르게 기도했다. 이렇게 혼신을 다해 기도하고 나면, 마치 온몸에서 진이 다 빠진 것 같은 느낌이 와서 한참을 혼미한 가운데 풀밭에 누워 있어야 했다. 점심을 거르고 해가 뉘엿뉘엿 져 가는 가운데 하산을 했다. 이렇게 기도의 불이 붙은 나는 기도하는 일에 전심전력을 다했다. 교회의 권사님 세 분이 늘 산 기도를 다니셨는데 나를 아들같이 사랑해 주셨다. 하루는 소백산에 기도하러 가신다고 같이 가자고 하셔서 2박 3일 풍기에 있는 기도원에 가서도 기도했다.

후에 나는 3일간 금식 기도를 작정하고 혼자서 풍기 기도원을 다시 찾아갔다. 그런데 금식 이틀째 되는 날, 나는 견디지 못하고 기도원 여전도사님께 먹을 것을 달라고 부탁했다. 그랬더니 계란국을 가져다주셔서 먹었는데, 그것이 문제가 되어 죽을 뻔하다 살아나기도 했다. 이렇게 마치 어린아이같이 천방지축으로 은혜가 있다는 곳은 물불을 가리지 않고 쫓아다녔다. 또한 당시에는 부흥회를 하는 교회가 많았고, 유명하다고 하는 부흥사들도 많았다. 나는 은혜를 받기 위해 이런 부흥회를 열심히 찾아다녔다. 정말 못 말리는 나였다.

왜 나는 이렇게 주님의 은혜에 목말라했을까? 첫째는 내게 은혜 주시길 원하시는 하나님의 뜻이 있었기에 그렇게 간절했다. 그것은 하나님께서 나를 그토록 사랑하시는 하나의 실증이었다. 이런 이해는 신앙적인 관점에서 보는 해석이다. 현실적이고 인간적인 관점에서 보면, 그것은 장애로 인해 그동안 내 가슴에 응축된 감정의 발로라 할 수 있다. 은혜를 사모하며 기도할 때, 특히 목소리를 높여서 기도할 때, 속에 쌓였던 아픔이나 상처들이 눈물과 함께 쏟아져 나왔다. 이렇게 은혜에 잠겨 한참을 울고 나면 가슴이 뻥 뚫리는 것 같은 시원함을 느끼게 되었다. 카타르시스(catharsis)가 찾아왔던 것이다. 장애로 인한 설움, 수치, 분노 그리고 절망에서 나를 일으켜 위로와 용기를 주는 것은 바로 기도였다. 기도는 장애를 극복하게 해 주는 하나의 거룩한 수단이었다. 그래서 아직도 내 기도에는 눈물이 항상 함께한다.

불편한 몸임에도 내가 남산, 삼각산 그리고 소백산 등 10리, 20리 길을 은혜 받기 위해 마다하지 않고 갔던 것은 내 내면에 이런 아픔의 동기가 있었기 때문이었다. 이때 기도는 내가 내 연약함을 지킬 수 있는 거룩한 무기였으며, 여기서 생기는 힘은 장애로부터 나를 자유롭게 하는 하나님의 은혜였다. 마치 내 안에 누가 있어서 나에게 끊임없이 힘을 공급해 주고 있는 것 같았다. 그래서인지 대학 2학년 학기 말에 우리 법학과 학생들과 어느 여자 대학교 가정학과 학생들이 같이 MT를 했는데, 그때도 나는 여학생들과 자연스럽게 대화를 나눌 수 있었고 그들의 시선에 전혀 개의치 않을 수 있었다.

이성에 대한 나의 생각은 은혜를 받은 후 초연해졌다. 한번은 비가 억수로 쏟아지는 날, 남산 기도 굴에서 한참을 기도하고서 나오려는데 어느 여성이 굴 문 앞에 우산을 들고 서 있었다. 나는 너무 놀랐다. "누구세요?", "왜 여기 서 있으세요?"라고 물으니, 아무 말 없이 나를 바라만 보고 서 있었다. 그래서 "내려가야겠다"라고 말하고 내려오는데, 그 여성이 나를 따라 오는 것이 아닌가! 집에 다 와서 모른 척하고 문을 열고 들어가려고 하는데, 그 여인이 불쑥 내게 이렇게 물었다.

"저랑 사귀실래요?"

그러면서 자기의 이름과 사는 곳, 출석 교회, 어느 대학 무슨 과에 다닌다는 자기소개를 스스럼없이 해 주는 것이 아닌가! 여인이 거짓말하는 것 같지는 않았다. 하지만 나는 한마디 말만 던지고서 얼른 들어와 버렸다.

"글쎄요. 저는 아직 누군가를 사귈 준비가 되지 않은 것 같아요."

내가 은혜에 목말라서 기도 생활에 열중할 때, 희한하게 이와 유사한 일이 몇 번 더 있었다. 심지어는 자기와 결혼하면 내 연약함을 도와주겠노라고 말하는 여인도 있었다. 그러나 나는 이성 문제에 대해서 이렇게 정리를 하고 있었다.

'하나님께서 나를 위해 예정해 놓은 여인이 있을 거야. 때가 되면 만나게 해 주실 거니까, 지금 이 문제로 시간을 허비할 필요가 없어.'

이렇게 다짐은 했지만, 내 속에서는 또 다른 내가 이 문제로 꿈틀거리고 있었다. 문득문득 찾아오는 이성에 대한 갈망은 그 무엇으로도 제지할 수가 없었다. 기도 생활이 느슨해지면 더 그랬다. 기도 생활과 이성에 대한 그리움은 서로 반비례하고 있었다. 비록 장애로부터 자유로워졌다고는 하지만, 마음에 드는 여성에게 먼저 다가가서 손을 내미는 것은 어려운 일이었다. 우리 속에 죄의 싹을 완전히 제거해 버릴 수 없듯이, 내 속에 장애로 인한 수치심의 그루터기는 여전히 남아 있었다.

| 부 모 님 과 눈 치 싸 움 |

이렇게 나는 더욱 하나님께 대한 신앙을 깊이 체험해 가고 있었는데, 부모님은 이제나저제나 내 눈치만 보면서 기다리시는 모습이 너무나도 안쓰러웠다. 어머니는 내가 고시 공부는 안 하고 교회 일에만 열중하고 있다는 사실을 알고 계셨다. 가끔씩 이렇게 일침을 놓곤 하셨다.

"너, 내가 아버지께 입만 뻥긋하면 어떻게 되는지 알지? 교회 가는 일 작작해라!"

그렇게 엄포를 놓으시지만, 그래도 어머니는 항상 내 편이셨다. 하루는 아버지가 "고시 공부는 어떻게 되고 있니?"라고 물으셔서 "열심히 하려고 노력하고 있어요"라는 대답으로 얼버무렸다. 그렇게 대답을 했지만 마음은 편하지 않았다. '언제까지 아버지와 눈치 싸움을 해야 하나?'

다른 학생들은 방학 때 절에 가서까지 고시 공부를 한다고 떠났지만, 나는 교회에 가서 살다시피 했다. 당시에는 지금같이 교육전도사 제도가 없었다. 그래서 주일학교 설교는 교회 집사님들이 대부분 맡아서 하셨다. 나는 고등학교 3학년 때는 주일학교 신입반에서 조교로 섬겼고, 대학교 1학년 때부터 정식 교사로 임명을 받아 반을 맡아서 섬겼다. 수요일 저녁 어린이 예배가 있었는데, 거의 내가 독점적으로 사역을 했다. 어린이들에게 설교하는 게 그렇게 즐거울 수가 없었다. 지금도 기억되는 것은 시리즈로 어린이들에게 천로역정을 이야기해 주던 일이다. 그때 주일학교 학생 가운데 지금 인천의 모 교회 담임목사님이 계셨는데, 그때 들었던 천로역정 이야기를 지금도 하시곤 한다.

주일 아침에는 일찍 교회에 가서 교회 주변 동네를 한 바퀴 돌면서 학생들을 불러내어 교회에 데리고 오곤 했다. 어떤 날은 아예 새끼줄을 준비해서 어린아이들이 기차놀이 하듯 20-30명의 어린이들을 모아서 교회에 왔다. 당시에는 어린이 전도가 아주 잘되어서 아이들이 친구들을 많이 데리고 왔다. 주일학교가 부흥하고 활기가 넘치니 교회 분위기도 덩달아

활기가 넘쳤다. 금요일 기도회는 보통 자정이 넘어서까지 진행되어서, 끝나고 집에 갈 시간이 애매해 교회에서 철야를 했다. 특히 주일학교 선생님들이 기도회에 많이 나오셨고, 끝난 후에는 선생님들끼리 모여서 또 찬송하며 기도했다. 새벽녘에는 라면을 끓여서 함께 먹었는데, 그 라면 맛을 아직도 잊을 수가 없다.

주일학교 봉사를 통해서 내 믿음은 더욱 성숙되어 갔다. 거의 일주일 내내 교회에서 산다고 해도 과언이 아닐 정도로, 나에게 교회는 집이나 마찬가지였다. 집은 다만 잠자는 곳에 불과했다. 교회는 나에게 어머니의 품과 같았다. 집과 같이 편견이 없었고, 모두가 친절했고, 마음에 평안을 주었다. 신학자 칼뱅이 "교회는 신자들의 어머니(mother of believers)이다"라고 한 말이 그대로 나에게 체험되었다. 특히 권사님들이 나를 아들같이 사랑해 주고 격려의 말을 입에 침이 마르도록 해 주었기에 나는 더욱 신이 났고 좋았다. 그분들이 기도원에 간다거나 어느 교회 부흥회에 갈 때면 같이 가자고 권하셨다. 그래서 학교 수업을 의도적으로 결석하는 경우가 종종 있었다.

교회는 나에게 지상의 천국과도 같았다. 교인들 상호 간에 사랑의 교제가 아주 풍성했다. 특히 우리 주일학교 스무 명의 선생님들은 마치 한 가족 같았다. 자주 기도원에 같이 가서 철야 기도도 하고 신앙 토론도 하면서 먹는 것도 푸짐하게 잘 먹었다. 가끔씩 주일학교 부장이 선생님들을 자기 집에 초대하든지, 아니면 음식점으로 불러서 위로의 시간을 가지곤 했는데, 이런 헌신이 주일학교뿐 아니라 교회 전체를 은혜로운 분위기로 만들었다. 교회가 참 훈훈했다. 주일학교만 그런 게 아니었다. 교회 모든 부서가 이렇게 사랑이 넘쳤다. 이런 분위기가 교회 전반에 흘러넘치니 교회가 부흥하는 것은 너무도 당연했다. 마치 초대 예루살렘 교회가 연상되는 그런 교회가 바로 우리 교회, 충무로교회였다.

11
뿌리째 흔들린 신앙

호사다마(好事多魔)라는 말이 있듯이 교회가 이렇게 은혜로운 분위기 속에 있으니 사탄이 그냥 둘 리가 없었다. 그때 한국 장로교회에는 큰 태풍이 불어닥쳤다. 표면적 이유는 교리 논쟁이었지만, 그 속으로 들어가 보면 결국 교권 다툼이었다. 결국 교회가 둘(합동 측과 통합 측)로 분열되고 말았다. 이 분열의 강풍은 급기야 개교회로까지 파급되어 교회들마다 어느 쪽에 설 것인지를 놓고 다툼이 시작되었다. 우리 교회도 이 강풍 속으로 빨려 들어갔다. 그렇게 은혜롭고 지상의 천국 같던 교회가 하루아침에 싸늘한 분위기로 바뀌더니, 드디어 여기저기서 다툼의 소리가 들리기 시작했다. 주로 교회에서 중요한 직분을 맡은 분들이 그랬다.

| 믿 는 자 들 의 추 한 모 습 |

결국 교회는 담임목사님을 중심으로 둘로 나뉘어졌다. 목사님을 따르는 교인들과 그 반대편에 서 있는 교인들, 둘로 갈라서게 되었다. 반대편 교인들은 대다수 장로님들이 이끌고 계셨다. 그렇게 점잖고 예의 바르고 주일 예배 대표 기도도 그렇게 은혜롭게 하시던 분들이 목사님께 적대적인 모습을 보이리라고는 상상도 못 했다. 이때 나는 세상에서 가장 무서운 게 교인들인 것 같다고 생각했다. 목사가 되기 전의 이러한 경험은 훗날 내 목회에 큰 도움이 되었다.

지금도 궁금하다. 목사님을 반대하던 장로님들은 도대체 어디서 교단 분열이 교회 분열로까지 이어져야 한다고 배웠을까? 누구의 지시에 의한 것이었을까? 아니면, 그동안 은혜로운 교회 분위기 속에 감추고 있던 목사님과의 갈등을 이 사건을 빌미로 터트린 것일까? 알 수 없는 일이지만 참으로 불행한 일이었다. 더욱 놀라운 것은, 목사님 반대편에 선 교인의 수가 더 많았다는 것이다. 목사님의 설교에 은혜를 받고 그렇게 감사하며 즐겁게 신앙생활 하던 교인들이 어떻게 이처럼 돌변할 수 있는 걸까? "가재는 게 편"이라는 말이 있듯이 '교인은 교인 편'인 것일까? 여기서도 나는 아주 중요한 교훈을 하나 배웠다. 목회에서 믿을 대상은 주님의 말씀과 같이 "몸과 영혼을 능히 지옥에 멸하시는 분"(마 10:28)뿐이라는 것이다.

열세였던 목사님은 결국 교회를 나오실 수밖에 없었다. 그리고 기도원에 들어가셨다. 하지만 그런 가운데 목사님을 따르던 교인들은 교회에서 멀리 떨어지지 않은 곳에 예배드릴 새로운 장소를 마련했다. 이렇게 해서 시작된 교회가 한민교회다. 나는 큰 혼란에 빠졌다. 신앙의 회의가 찾아왔다.

'그렇게 열심히 즐겁게 교회 생활 하던 교인들이 마치 처음 보는 사람들같이 어떻게 서로들 그렇게 서먹서먹해질 수 있을까?'

'예수를 잘 믿어도 이럴 수 있는 것일까?'

이런 회의감 때문에 나는 교회를 나가지 않았다. 교회에서의 아름다웠던 추억만이 내 머리에 남아서, 그런 추억들을 떠올릴 때면 눈물이 하염없이 흘러내렸다. '너무 좋았던 교회였는데…', '앞으로 이런 교회를 또 만날 수 있을까?' 등등의 생각이 꼬리에 꼬리를 물고 이어질 때면, 어디론가 멀리 떠나 버리고 싶은 충동에 마음 둘 곳이 없었다. 이런 나를 의식하셨는지 하루는 어머니께서 이렇게 물으셨다.

"너, 요새 이상하다. 어디 아프니?"

나는 그냥 이렇게만 대답했다.

"엄마, 괜찮아. 나 아무렇지도 않아."

그러나 어머니는 내 눈치를 예민하게 살피시는 것 같았다. 그도 그럴 것이 거의 매일 교회에 가서 살다시피 하던 내가 교회를 안 가고 있었으니 말이다. 나는 마치 아주 중요한 무언가를 잃어버린 사람같이, 집에 있으면서 아무것도 하지 않은 채 안절부절못하며 지냈다. 그러던 어느 날 나를 친아들 이상으로 사랑해 주시던 권사님이 전화를 주셨다.

"황 선생, 교회 와서 주일학교를 좀 도와주면 좋겠어. 아이들은 많이 오는데 가르칠 선생님이 없어!"

가르칠 선생이 없다는 말이 내 마음을 흔들었다. 사실 교회가 나누어질 때 주일학교 반 이상의 선생님들이 목사님의 반대편에 섰었다. 그들 중 대다수는 장로님들의 자녀들이었다.

| 여름성경학교 부흥사로 |

나는 다시 마음을 잡고 교회에 나갔다. 교인들은 분에 넘칠 정도로 열 렬히 환영하고 반겨 주었다. 미안한 마음에 감히 어느 누구에게도 머리 를 들 수가 없었다. 특히 목사님께 매우 죄송스러웠다. 목사님은 나를 보 시더니 마치 그동안의 내 마음 상태를 꿰뚫어 보시는 듯한 말씀을 한마디 하셨다.

"황 선생, 그동안 고민 많았지?"

그 말씀에 내 눈에서는 또 눈물이 흘러내렸다. 글썽이는 내 앞에 오시 더니 손으로 어깨를 두드려 주시는데, 그 손은 언젠가 아버지가 대학교에 입학했을 때 내 어깨에 손을 얹으시고 격려해 주셨던 때의 손과 같은 느 낌이었다.

나는 다시 열심을 내었다. 여름성경학교가 코앞이어서 몇 명의 선생님 이 거의 밤을 새 가면서 준비했다. 그리고 동네 주변을 돌면서 며칠 동안 전도를 한 후에 성경학교가 시작되었는데, 놀랍게도 첫날부터 너무 많은 어린이들이 몰려들어서 감당할 수가 없을 정도였다. 개척 교회인지라 시설이 몹시 미비한 가운데서도 이렇게 많은 아이들이 왔다는 것은 전적인 하나님의 은혜였다고 이해할 수밖에 없었다. 기존의 교회들과 같이 여러 가지 프로그램을 마련할 수 있는 공간이 턱없이 부족해서, 아이들에게 간식을 나눠 주면서 전체를 모아 놓고 설교 중심의 여름성경학교를 할 수밖에 없었다. 어린이 부흥회인 셈이었다. 설교는 주로 내가 맡아서 했다. 아이들이 점점 늘어나더니 마지막 날에는 400여 명이 넘는 아이들이 몰려들어서 정말 발 디딜 틈도 없을 정도였다. 본의 아니게 나는 어린이 부흥사가 되었다. 하나님의 말씀은 연령과 상관없이 "혼과 영과 및 관절과 골수를 쪼개는 것"(히 4:12)임을 설교를 통해 체험할 수 있었다. 어린이들의 변화는 곧 교회의 부흥이었기 때문이다. 그들이 변화되니까 부모님들이 교회를 찾아 나오셨다. 주일학교의 부흥은 곧 교회가 부흥하는 데 하나의 중요한 요인이라는 사실을 깨닫게 되었다.

여름성경학교 행사를 끝내고 나는 거의 탈진 상태였다. 솔직히 교회에 나가고 싶지가 않았다. 그래서 행사가 끝나고 한동안 교회를 멀리했다. 이런 나의 심리 내면에는 교회의 분열로 인한 충격이 컸다. 불려 나가서 헌신을 하긴 했지만, 사실 자의에 의한 것이었다기보다 타의에 의한 면이 더욱 컸다. 물론 이 모든 배후에는 전능하신 하나님의 섭리가 있으셨겠지만 말이다. 그래서 주일에는 그냥 집에 있었다. 먼저 어머니로부터 반응이 왔다.

"너, 이제 교회 안 가니? 끊었어?"

어머니는 나를 걱정스러운 눈으로 바라보셨다. 나는 아무 대답도 안 하고서 그냥…

"좀 쉬고 싶어서요, 엄마."

이 한마디 말고는 더 할 말이 없었다. 그렇다고 학교 공부에 열심인 것도 아니었다. 가야 하기에 학교에 가는 것이지 무슨 목적이 있어서 가는 게 아니었다. 삶이 무기력해지고, 삶의 질서가 무너지기 시작했다. 급기야 신앙에 회의가 찾아왔다. 성경 읽는 일과 기도하는 일이 더 이상 중요한 일이 아니었다. 그렇다고 이런 나의 상태를 누구와 의논할 사람도 없었다. 교회와 관련된 사람들은 누구든 멀리하고 싶었다. 오히려 신앙이 있다고 하면서 싸우는 신자들보다 예의 바른 불신자들이 더 좋아 보였다. 목적을 잃어버린 나는 혼란스러운 삶을 하루하루 살아갔다.

| 지혜로운 말로 위로를 준 여학생 |

그러던 어느 날 내 신앙을 뿌리째 흔드는 일이 생겼다. 수업을 마치고 도서관에서 과제를 하고 있는데, 건너 맞은편에 아름다운 여학생이 앉아서 책을 보고 있는 것이 아닌가. 나는 이상하리만치 그 여학생에게 끌렸다. 과제를 하는 둥 마는 둥 하면서 그 여학생을 흘끔흘끔 쳐다보는 데 온 마음이 갔다. 그 이튿날도, 그리고 거의 일주일간 그 여학생은 같은 자리에 앉아서 책을 보고 있었다. 그날 내 호기심은 극에 달했다. 그녀는 책을 가방에 넣더니 자리에서 일어나 가려고 했다. 그때 나도 얼른 책을 가방에 챙겨 넣고 그녀의 뒤를 따라나섰다. 버스 정류장에서 같이 버스를 기다리게 되었다. 버스가 와서 같이 탔다. 종점인지라 빈자리가 많았지만, 나는 의도적으로 그녀 옆에 앉았다. 그리고 차를 한잔할 수 있는지를 물었더니, 그녀는 그러자고 했다. 그래서 중간에 버스에서 내려 어느 다방에 들어갔다. 나를 소개하고 그녀에게 어느 과인지를 물었다. 그녀는 우리 학교 학생이 아니었다. 어느 여자 대학에 다니고 있었다. 몇 마디 서로 주고받은 후에 나는 그녀에게 단도직입적으로 요청했다.

"나와 결혼해 주십시오."

그랬더니, 그녀는 의외로 침착했다. 나를 부드러운 눈으로 한참을 바라보더니 이런 대답을 주었다.

"당신은 참 좋은 분 같아요. 그런데 나는 아직 결혼할 준비가 안 되었습니다. 미안합니다."

예상한 대답이었지만 막상 들으니 마음이 그렇게 아플 수가 없었다. 그래서 나는 이렇게 말했다.

"내가 불구자이기 때문에 그런가요?"

나의 자격지심에서 터져 나온 말이었다. 그런데 그녀는 이런 말로 나를 위로해 주었다.

"세상에는 장애를 가진 사람이 많아요. 그런데 겉으로 장애를 가진 사람보다 속으로 장애를 가진 사람이 훨씬 더 많아요. 당신의 장애는 나에게 별로 문제가 되지 않아요. 나는 아직 학생이고, 말씀드렸듯이 결혼할 준비가 안 되었다는 거예요. 죄송해요."

이 말을 하고 그녀는 먼저 일어나야겠다고 하면서 자리에서 일어났다. 비록 위로의 말을 해 주었지만, 왠지 모를 장애로 인한 부끄러움과 수치심에서 견딜 수가 없었다.

│ 감자탕과 막걸리 │

드디어 내 생애 처음 세속에 빠졌다. 다방을 나와 명동 어느 술집에 들어가서 막걸리 반 되와 감자탕을 시켜 놓고 울면서 마셨다. 너무 서럽고 슬펐다. 하나님을 향한 불평과 원망이 봇물처럼 쏟아져 나왔다.

"하나님, 왜 나를 장애인이 되게 하셨나요?"
"나를 장애인으로 만들면 하나님께 무슨 유익이 있는 건가요?"
"장애인으로 사는 내 모습에 만족하세요?"

등등의 불신앙적인 반문이 내 안에서 꼬리에 꼬리를 물고 이어져 나왔다. 막걸리 반 되를 먹었더니 몸의 중심을 잡을 수가 없었다. 조심스럽게 걸어서 집에 왔다. 어머니께서 들어오는 나를 보시더니 "너 얼굴이 왜 이렇게 벌거니? 술 먹었니?"라고 다그치셨다. 아무 말도 안 하고 2층 내방으로 올라갔다. 그리고 방바닥을 두드리면서 대성통곡을 했다. 어머니께서 놀라서 올라오셨다. 어머니를 보고 "엄마, 왜 이런 병신 자식을 낳았어요? 왜요?"라고 하며 울면서 소리쳤다. 이때 아버지는 아래층에 계셨다. 이런 나를 어머니가 아무 말 없이 보시더니 문을 닫고 나가셨다. 어머니가 나가신 후에도 한동안 정말 서럽게 울었다.

아침에 어머니가 올라오시더니, "너, 아버지가 좀 보자고 하신다"라는 말씀을 하고 나가셨다. 올 게 왔다는 생각을 하고서 아버지 앞에 가 무릎을 꿇었다. 아버지는 담배 한 대를 거의 다 피우실 때까지 아무 말씀도 하지 않으셨다. 그러시더니 "너 어제 술 먹었니?"라고 물으셨다. "네. 먹었습니다"라고 짧게 대답했다. 또 한참을 아무 말씀이 없으셨다. 불호령이 떨어질 것을 각오하고서 숨을 죽이고 있었다. 그런데 아버지는 술 마시는 것을 긍정적으로 봐 주셨다.

"너, 앞으로 술을 마시려면 점잖게 마셨으면 좋겠다. 남이 봐도 불쾌
하지 않게 말이다."

뜻밖이었다. 아버지께서 전혀 술을 마시지 못하셔서 그런 권면을 해 주신 것인가라는 생각이 들었다.

술은 또 다른 세속적인 것으로 나를 유인했다. 담배였다. 평소에 담배 피우는 모습이 참 멋있다는 생각을 하고 있었는데 마침 기회가 온 것이

다. 용기를 내어 담배를 한 갑 사서 한 개비 피워 보았다. 사람들이 왜 담배를 피우는지 도무지 알 수가 없었다. 더욱이 아버지는 거의 줄담배를 피우시는데, 무슨 맛으로 그렇게 피우시는지 궁금했다. 나는 멋으로 담배를 피웠다. 뻐끔담배였다. 그러나 술이나 담배는 내 체질에 맞지 않았다. 하나님을 향한 일종의 항의였기에 오래 지속되지는 않았다. 하나님과 나와의 전쟁은 확전 일로였다. 교회를 등지고 세상 것에 더욱 관심을 가지며 의도적으로 하나님께 반항했다. 교회에서는 '심방을 가겠다', '나를 위해 권사님들이 열심히 기도하고 계신다'라고 했다. 하지만 내 마음은 요지부동이었다. 교회 가기가 싫었다. 교회 안에서 험한 말을 서로 주고받으며 싸웠던 교인들이 보기 싫었다.

| 멀어지는 신학의 꿈 |

대학 졸업이 가까이 왔다. 신학교에 빨리 가기 위해 재수도 포기하고 후기 대학에 입학했는데, 그때의 각오가 물거품이 되었다. 도저히 이런 신앙 상태로는 신학교에 갈 수가 없었다. 아니 솔직히 말해서 신학교에 가기 싫었다. 그래서 대학원으로 요나와 같이 도망을 갔다. 나는 대학을 졸업하고 신학교에 가겠다고 한 하나님과의 약속도 지키지 못했고, 공부를 열심히 해서 고시에 합격하겠다고 했던 부모님과의 약속도 지키지 못했다. 나는 하나님과 부모님께 신용 불량자였다. 대학원에서 전공하는 헌법학은 나에게 또 다른 꿈을 갖게 했다. 고시에 합격해서 판검사가 되기보다는 법학 교수가 되는 게 더 좋겠다는 꿈이 생긴 것이다. 신학교는 나에게서 더 멀어졌다. 하나님과의 전쟁에서 내가 이기고 있는 상황이었다.

나는 의기양양했다.

급기야 논문 지도 교수는 내게 유학을 권유했다. 너무 흥분되었다. 어디로 유학을 갈 것인가를 놓고 교수와 의논했다. 지도 교수는 독일에서 공부하신 분이었는데, 나에게는 미국으로 가서 공부하는 게 어떻겠냐고 하셨다. 그래서 미국의 명문 대학교에 입학 원서를 보내 달라는 서신을 보냈고, 몇몇의 곳에서 바로 보내 주었다. 그때는 국가에서 시행하는 유학 시험이 있었는데 이 시험에 합격해야 유학을 갈 수 있었다. 그래서 나는 미국 대학교 입학 원서를 쓰는 일보다 유학 시험에 합격하는 일이 더욱 급했다. 시험 준비를 하고 있는 나를 하나님께서 다시 찾아오셨다.

12
세 번째로 찾아온 저주의 불청객

그분은 폐결핵이라는 저주와 함께 나를 다시 찾아오셨다. 반갑지 않았다. 반가울 리가 없었다. 그러나 그분은 이것으로 결국 나를 굴복시키셨다. 백기를 들 수밖에 없었다. 유학의 꿈은 끝내 산산조각이 나고 말았다. 유학 시험에 합격하면 미국 법과대학 두 군데나 갈 수 있었는데 포기해야 했다. 다시 병원 치료를 받기 시작했다. 다행히도 입원은 하지 않아도 되었다. 대신 온전한 치료를 위해 피곤하지 않도록 하고 몸을 잘 관리해야 했다. 자연히 집에서 조용한 시간을 많이 갖게 되면서 지난날 나의 신앙생활에 대해 생각을 하게 되었다. 하면 할수록 하나님께 투정한 일, 반항한 일, 그리고 불평과 불만을 쏟아 내었던 어리석은 일들이 주마등처럼 스쳐 지나가며 나로 하여금 무릎을 꿇게 했다. 나는 회개하기 시작했다.

| 다시 백기를 들다 |

회개를 하면서도 내 깊은 내면에는 이러한 눈물 머금은 부르짖음이 있었다.

'하나님, 내가 지금 이러는 것의 궁극적 원인은 하나님께 있습니다. 교회의 분열도 그렇고, 나의 장애도 그렇습니다. 교회에 그런 사건이 없었다면, 그리고 장애가 없었다면, 나는 흔들리지 않았을 겁니다. 하나님, 저는 좀 억울합니다.'

나는 탄식하며 회개했다. 그러나 이렇게 회개를 하면 할수록 마음에는 평안이 없고 불안하기만 했다. 이런 가운데 마음에서 이런 음성이 들렸다.

"회개는 따지는 게 아니란다."

나는 지금 회개를 하는 게 아니라 하나님께 따지고 있다는 것을 깨달았다. 하나님께 반쯤만 들었던 백기를 높이 들었다. 그리고 다시 무릎을 꿇고 정식으로 항복을 선언했다.

교회가 분열되고 그 충격으로 세속에 빠져들 때 다시 찾아오신 하나님께 진심 어린 회개를 한 후, 미국 유학의 꿈을 접고 신학교에 가려고 다시 마음을 잡았다. 이러기까지 일어났던 일련의 과정을 뒤돌아보면서 이런 가르침을 받았다. 교회가 흔들리면 교인들의 삶도 흔들리고 그들의 가정도 흔들린다. 교회는 교인들이 살아가는 데 필요한 힘을 공급받는 저수지와 같은 곳이다. 교회가 편안하면 교인들도 편안하고 그들의 가정도 편안하다. 그러나 그 반대로 교회가 불안하면 교인들의 삶도 불안하고 가정도 불안하다. 교회와 가정은 서로 떼려야 뗄 수 없는 불가분의 관계에 있다. 그러므로 목회자의 입장에서는 교회를 편안한 안식처로 세워 갈 거룩한 책임이 있고, 반면에 교인들은 교회가 편안한 안식처가 되도록 서로 겸손한 마음을 갖고 사랑과 위로를 나누려고 노력해야 한다.

│ 모교회(母敎會)를 찾다 │

　재발된 폐결핵으로부터 회복된 후, 유학의 꿈을 완전히 접고서 다시 교회에 나가기 시작했다. 국민학교 4학년 때 친구 따라 나갔던 성도교회를 찾아갔다. 이 교회는 불신 가정에서 처음 신앙을 갖도록 동기를 준 내 신앙의 모(母)교회였다. 생소하고 서먹서먹했지만 옛집에 돌아온 그런 기분이었다. 그런데 뜻밖에도 남산국민학교 동창 몇 명이 나를 알아보고서 반갑게 맞아 주었다. 그들이 나를 쉽게 알아볼 수 있었던 것은 내가 다른 사람들과 다르기 때문이었을 것이다. 그중에 특히 조정웅이라는 친구가 나를 따뜻하게 대해 주었다. 담임목사님께 나를 소개해 주고 자기가 섬기고 있는 주일학교 전도사님께도 나를 소개해 주면서, 같이 주일학교를 섬기게 해 달라고 요청했다. 전도사님은 나에 관한 이야기를 들으시더니 고등부 학생들을 지도해 주면 좋겠다는 말씀을 해 주셨다. 나는 흔쾌히 승낙했다.

　주님께서는 교회에 출석하자마자 마치 기다렸다는 듯이 나를 사역의 현장으로 이끄셨다. 처음에는 고등학교 1학년 반을 맡았다. 다시 복음의 열정이 내 안에서 불타올랐다. 지난 교회에서는 주로 유년부 어린이들을 가르쳤는데, 여기서는 그 가르침의 수준이 좀 달라야 했다. 여기서 달라야 한다는 말은 내용이 아닌 방법에 관한 이야기다. 글쎄, 대학원까지 졸업하고 나이가 들어서 그런지, 고등부 학생들을 가르치는 게 더 맞는 것 같았다. 더욱이 성경을 가르치면서 서로 토론할 기회를 갖는 교육 방법은 내 적성에 아주 잘 맞는 것 같았다. 그다음 해에는 고등부 3학년 반을 맡게 되었다.

고등부 3학년 반을 맡은 지 얼마 되지 않아 정기 건강 검진을 받았다. 그런데 뜻하지 않게 위장에 호두알만 한 혹이 발견된 게 아닌가! 가족 모두 놀랐다. 발견된 혹이 어떤 혹인지에 대한 검사도 생략한 채 바로 절제 수술을 받았다. 다행히도 암과는 상관없는 위벽의 살이 뭉쳐져서 생긴 혹이었다. 덕분에 일주일가량을 입원해 있었다. 교회에서 병문안을 오시고 특히 고등부 학생들이 와서 열심히 위로해 주었다.

│ 스승과 제자의 이루어질 수 없는 사랑 │

그런데 그중 한 여학생이 거의 매일 병문안을 왔다. 고마웠지만 부담스러웠다. 매일 오니까 그렇게 할 이야깃거리도 없었는데, 퇴원할 때까지 그렇게 지극정성을 보여 주었다. 그런데, 어느 순간부터 그 여학생이 이성으로 느껴지기 시작했다. 그녀는 고등학교를 졸업하고서 모 대학에 입학했다. 대학생이 되더니 나를 이성으로 대하는 듯한 느낌이 왔다. 심지어 집에까지 찾아와서 좋아하는 마음을 드러냈다. 솔직히 나도 싫지 않았다. 그래서 서로의 관계는 급속히 가까워졌다. 그녀는 거의 일주일에 한 번은 학교 수업이 끝나면 우리 집에 왔다. 우리는 서로 미래를 약속했다. 그 증표로 커플링을 했다.

그런데 어느 날부터 갑자기 집에 오지 않았고, 교회에서 만나도 반기는 기색이 없었다. 나는 다시 사랑의 딜레마에 빠졌다. 하루는 어머니께서 아침에 내 방에 올라오시더니 "아버지가 보자고 하신다"라고 하셨다. 내려갔다. 아버지께서 대뜸 "너, 여자 사귀냐?"라고 물으셔서 "네"라고 대답을 드렸다. 그랬더니 이런 말씀을 하시는 것이었다.

"어젯밤에 그 여자 집에서 전화가 왔다. 자기 딸이 더 이상 너를 만나
지 못하도록 해 달라고 하더라."

아버지는 이어서 이런 충고를 해 주셨다.

"너, 이 애비 얼굴에 먹칠하지 말거라."

며칠 후에 어머니께서 나에게 이런 말을 해 주셨다.

"그 전화를 받고 아버지가 밤새 한잠도 못 주무셨다."

그러시면서 이런 말을 덧붙이셨다.

"딸을 너 같은 불구자에게 시집 못 보낸다고 했다더라."

아버지의 충고 말씀을 듣고서 밤새 아픈 마음을 품고 기도했다. 새벽에 헤어지기로 결심하고서 손에 끼고 있던 커플링을 뺐다. 바로 그날, 그녀

가 피아노 레슨 다니는 길목에서 기다렸다가 그녀에게 반지를 돌려주면서 이 한마디만 하고서 돌아왔다.

"…마음대로 해…"

집에 왔는데 큰 슬픔이 나를 아무것도 할 수 없게 만들었다. 스승과 제자의 사랑, 이상적이라고 생각했다. 상대를 속속들이 잘 알고 이해해 줄 수 있을 거라고 생각했기 때문이다. 내 경우는 더욱 그렇지 않을까?

훗날 유학을 마치고 한국에 돌아와서 우연히 단둘이 만날 기회가 있었다. 그녀도 결혼을 해서 슬하에 자녀를 두고 있었고, 나도 가정을 이룬 상태였다. 그때 그녀는 생각지도 못한 충격적인 질문을 내게 던졌다.

"그때, 왜 그렇게 빨리 나를 끊으려고 했어요?"

자기는 나와 끝까지 가려고 했는데, 내가 너무 성급했다는 말이었다. 나는 그녀를 보면서 한참 동안 할 말을 잃고 멍하니 있었다. 그녀의 말이 사실이었는지는 모르겠지만, 이것도 하나님의 섭리로 이해해야 하는 것은 너무 고통스러운 일이 아닐 수가 없었다.

| 병으로 쓰러지신 아버지 |

성도교회에서 다시 열심을 내어 신앙의 불을 붙이고 있을 때, 반갑지 않은 손님이 가정에 찾아왔다. 아버지에게 고혈압과 동맥경화증이 발견된 것이다. 이미 앓고 계신 당뇨병의 합병증으로 인한 것이었다. 아버지의 사업을 도와드리지 않을 수 없게 되었다. 유학의 길을 포기하고 다시 신학교 갈 준비를 하려고 하는 바로 그때, 아버지의 발병은 신학교 진학의 꿈을 또 미루게 했다. 그러나 이 일은 꿈을 이루기 위한 2보 후퇴라는 생각이 들었다. 병원에 다니시느라 상점을 자주 비워야 하는 아버지를 열심히 도와드렸다. 심지어 아침에 아버지를 대신해서 상점 문을 열기도 했다. 아버지는 나에게 점점 더 의지하려는 듯한 태도를 보이셨다. 그럴수록 더 열심히 아버지를 도와드렸다.

당시 아버지는 잡화 도매상을 하셨는데 직원이 10여 명이 넘는, 그런대로 꽤 규모 있는 상점을 경영하고 계셨다. 공장, 납품업자, 소상인들 그리고 관계 기관원 등 많은 사람들과의 교류가 있었다. 나도 이런 사람들과 교분을 하나둘씩 가지면서 경영 능력을 쌓아 가기 시작했다. 물건을 사고팔면 자연히 돈을 만질 수밖에 없는데, 이 일이 신학을 공부해서 목사가 되겠다고 하는 나에게 생각지 않은 도전이 되었다. 돈의 위력은 대단했다. 돈이면 세상에서 못 할 것이 없다는 것을 몸과 마음으로 느낄 수 있었다. '그래서 사람들이 새벽부터 밤까지 물불 가리지 않고 돈을 벌려고 바쁘게 동분서주하는구나' 하는 생각이 들었다. 상인들은 정말 치열했다. 돈 때문에 그렇다.

상인들의 이런 치열함 가운데서 나는 초연하려고 했다. 아마도 돈보다 더 큰 그 무엇 때문이었다. 빨리 목사가 되는 것이었다. 언제 그리고 어떻게 신학교에 가서 공부할 수 있을 것인지에 대한 생각뿐이었다. 그래서 나는 아버지의 병세와 가정의 분위기를 보면서 적절한 때에 신학교 진학에 대한 나의 꿈을 말씀드리려고 했다. 이렇게 기회를 기다리고 있는데, 아버지께서 결국 서울성모병원에 입원하시게 되었다. 마치 아버지의 병세와 나의 신학교 진학의 꿈이 서로 시소를 하는 듯했다. 내가 말씀드리려고 준비를 하면 아버지는 병이라는 날개를 펴서 다른 곳으로 날아가는 듯했다. 벌써 두 번째였다.

이런 일련의 일들은 이런 의문을 갖게 했다. '하나님께서 신학교 진학을 막으시는 것은 아닐까?' 괴로웠다. 그러나 꿈은 흔들리지 않았다. 신학교에 가서 원서를 사 왔다. 그리고 담임목사님의 추천서가 있어야 해서 김희보 목사님(지금은 고인이 되심)을 찾아뵙고 추천서를 써 주십사 부탁을 드렸다. 그랬더니 김 목사님께서 이렇게 말씀하셨다.

"황 선생, 왜 그렇게 어려운 길을 가려고 해. 지금 아버지 사업 잘 물려받아서 앞으로 장로로 교회 봉사하면 더 좋지 않을까?"

뜻밖에도 앙드레 지드(Andre Gide, 1869-1951)가 쓴 《전원 교향곡》의 내용을 나의 경우에 빗대어 해설해 주시면서 나를 설득하시려고 했다. 그러나 나는 추천서를 써 주실 것을 아주 단호하게 말씀드렸다. 결국 담임목사님의 추천서를 받아서 입학 원서를 학교에 제출하고 시험을 보았다. 며칠 후에 합격 통지서를 받았다. 이제부터가 문제였다. 이것을 어떻게 아버지께 말씀드리고 허락을 받느냐였다.

| 아버지와의 거룩한 흥정(?) |

어느 날 오후, 무거운 몸을 이끌고 상점에 나오신 아버지와 차를 나누면서 드디어 내 꿈에 관해 말씀드렸다.

"아버지, 저 신학교 가야겠어요. 허락해 주세요."

내 말을 들으시더니 아버지는 이렇게 말씀하셨다.

"나 너 신학교 등록금 못 준다."

아버지는 아직까지도 나의 신학교 진학을 반대하고 계셨다.

"아버지, 나 벌써 신학교 입학 시험 보고 합격했어요."

그랬더니 이 한마디를 하시고는 침묵하셨다.

"그래?"

그래서 아버지께 이런 충격적인 제안을 했다.

"아버지, 그럼 이 상점 저한테 맡겨 주세요. 여기서 벌어서 학교 등록금 낼게요."

한동안 아무 말씀도 하지 않으시고 나를 응시하시던 아버지께서 "그래, 그렇게 해라" 그러시고는 뒤도 돌아보지 않으시고 쓸쓸한 모습으로 상점을 나가셨다.

남대문 시장에서 40여 년의 질곡의 세월을 보내신 아버지께서 그곳을 떠난다고 했을 때, 마음이 어떠셨을까? 묵묵히 뒷짐을 지시고 상점 문을 나서시던 아버지는 무슨 생각을 하셨을까? 내가 아버지께 너무 잔인한 말씀을 드린 것은 아닌가 싶어 자책을 했다. 그러나 이미 쏟아진 물이요, 또 현재의 모든 상황이 그럴 수밖에 없었다. 당시 상점의 경영 상태는 아슬아슬했다. 주인이 병원에 입원해 있다는 사실이 이렇게 표가 날 수 없었다. 그러니 내가 이제 주인으로서 상점을 운영해야 할 때, 그 결과가 어떨까에 대한 생각으로 두려움이 생겼던 것은 사실이다.

13

두 호칭: 황 전도사와 황 사장

아버지를 대신해서 사장 자리에 오른 나는 우선 신학교에 등록금을 내고서 입학했다. 그런데 문제는 '상점을 누구에게 맡기고 학교에 가서 공부를 하느냐'였다. 학교에 나가는 일수를 최대한 줄여 보려고 했지만 불가능했다. 그나마 월요일과 금요일에는 수업이 없어서 다행이었다. 학교에 가는 날에는 아버지와 어머니께서 교대로 나와서 봐 주시곤 했다.

| 공부와 사업을 동시에 |

학교 공부와 사업을 동시에 한다는 게 정말 힘들고 어렵다는 것을 경험하면서, 주님께 이렇게 기도하곤 했다.

"주님, 언제까지 이렇게 해야 합니까?"

솔직히 말해서 나는 돈을 버는 일에 관심이 없었다. 빨리 목사가 되는 데에만 마음이 가 있었다.

신학교에 입학하고 나니 교회에서 나를 부르는 호칭이 달라졌다. '황 선생'에서 '황 전도사'로! 교회에서 전도사로 맡은 사역은 특별히 없었으나 신학교에 들어갔다는 이유 하나로 호칭이 이렇게 달라진 것이다. 그래서 남대문 시장에서는 '황 사장'으로 불리고, 교회에서는 '황 전도사'로 불리면서 정말 분주한 삶을 살아야 했다.

상점은 아버지의 방식이 아닌 내 방식대로 운영했다. 가장 먼저, 주일에는 상점 문을 닫았다. 그리고 십일조를 드렸다. 주일 성수를 위해서는 상점 문을 닫으면 되는데, 십일조는 어떻게 드려야 할지가 문제였다. 상품의 종류가 많고 그것들의 이윤이 각각 다른데 어디에 기준을 두고서 10의 1을 드릴지 고민이 되었다. 고민 끝에 나는 매상의 십일조를 드리기로 했다. 아버지께는 이 사실을 말씀드리지 않았다. 그러나 주일에 내가 상점에 나가지 않으니 금방 알게 되셨다. 아버지로부터 불호령이 떨어졌다.

"이놈아! 너 미쳤냐?"

격노하신 목소리가 병실을 울렸다. 나는 아무 말도 하지 않았다. 아버지께서 그러신다고 타협할 생각이 전혀 없었다. 그대로 밀고 나갔다. 십일조를 드리고 있다는 것은 아주 나중에 알게 되셨는데, 그때는 이미 상점을 정리해야 하는 때였다.

나는 학교를 다녀오는 사이에 직원들이 일을 더 잘해 주도록 그들을 격려하고, 정직하고 깨끗한 마음으로 일해 주기를 부탁했다. 저녁에는 소매상들을 돌면서 수금해야 하는 일이 있었는데, 이 일은 가장 오랫동안 일을 잘하고 신임이 두터운 직원을 시켰다. 그런데 어느 날, 그가 돈에 손을 댄 것이 발각되었다. 나는 그날로 그를 해고했다. 혹자는 뉘우칠 기회를 한 번이라도 주고 나서 어떤 조처를 내리는 게 더 좋지 않았겠냐고 말할지 모르지만, 돈을 만지는 세계에서는 이 일이 대단히 중요한 일이라는 것을 나는 길지 않은 기간 상점에서 아버지를 도와드리며 배웠다. 직원들 사이에 잡음이 없진 않았지만, 나는 아버지 때보다 그들에게 대우를 더 잘해 주고 인격적으로 대해 주었다. 특히 주일마다 쉬는 것은 그들에게는 큰 혜택이요 위로였다.

│ 내 반쪽이 여기에! │

부모님은 몸도 약한 내가 학교와 상점, 두 가지를 일을 동시에 하는 것을 보시고서는 빨리 결혼을 시켜야겠다고 결정하셨다. 그리고 주위 분들에게 본격적으로 며느릿감을 찾는다고 부탁하셨다. 나도 결혼 이야기에 굳이 반대하지 않았다. 그러다 몇 명의 여성을 만나 보았는데, 어느 여성은 우리 집까지 찾아와서 나를 유혹하기도 했다. 그러나 나는 배우자로 정해 놓은 원칙이 있었다. 예수를 믿고 거듭난 사람이어야 했다. 소개받고 만난 여인들은 하나같이 불신자였고 집도 가난했다. 내가 여기서 가난의 문제를 이야기하는 것을 편견이라고 생각하는 사람이 있을지 모르겠지만, 내 장애가 자신들의 가난과 서로 상쇄된다고 여기는 것 같았기 때문이다. 하루는 어머니가 속칭 중매쟁이 아주머니와 나누는 대화를 듣게 되었다.

"아드님이 불구자이지 않어? 불구자에게는 그 애가 과분하지 않나?

집이 가난해서 그렇지, 사실 이런 데 시집 올 애가 아니야."

결혼의 말이 나왔을 때부터 예견하고 있었지만, 막상 현실로 경험하게 되니 화가 나고 불쾌했다. 장애인의 비애로 다시 내 안에서 울기 시작했다. 중매쟁이의 말을 듣고 난 후, 나는 이곳저곳에서 들어오는 소개를 거절했다. 그 어떤 여성도 만나고 싶지 않았다. 그런데 그때 불현듯 생각나는 여성이 있었다. 대학생 때 남산 굴에서 기도하고 집으로 돌아올 때 나를 집까지 따라왔던 모 여대생. 그녀는 산에서부터 집에 올 때까지 절뚝거리며 걷는 나를 뒤따라오면서, 내 뒷모습을 보았으면서도 아무 말 없이 집에 들어가려는 나를 붙잡고 "내가 당신을 평생 도와줄게요. 네?"라며 순정 어린 마음을 보여 주던 여성이었다.

신학교 공부는 대학에서의 공부와 질이 달랐다. 우선 강의 시간마다 교수도 학생들도 매우 진지했다. 그래서 강의실의 분위기가 꽤 무겁고 진중했다. 그도 그럴 것이, 모두가 자기 삶을 주님께 기꺼이 바치겠노라며 각오하고서 왔기 때문이다. 몇몇 교수님의 강의는 나의 대학과 대학원 도합 6년간의 학교생활에서 경험해 보지 못한 치열함과 절절함이 있었다. 특히 지금도 기억에 생생하게 남아 있는 강의는 어느 교수님의 자유주의 모 신학자에 대한 강의다. "이런 사람은 세상에 태어나지 말았어야 했다"라고 혼신의 힘을 다해 강의하시던 그 교수님의 모습은 훗날 신학교에서 내가 강의할 때의 모범이 되었다.

당시 나는 학교에서 친하게 교제하는 친구가 거의 없었다. 그들과 함께할 시간이 거의 없었기 때문이다. 학생들은 수업이 끝나면 교정 풀밭에 모여 배운 것을 서로 공유하면서 기도도 하고 교제도 나누었다. 그리고 그들 대부분은 교회에서 맡은 사역들이 있어서 서로 간의 공감대가 있었다. 그러나 나는 수업이 끝나면 바로 상점으로 와야 했다. 그래도 강의실에서 늘 나와 가까이 앉아서 강의를 듣는 몇몇 학생들과는 교분이 있었다. 그 가운데 어느 여학생은 늘 나와 가까운 곳에 앉기도 했으며, 자기가 책을 안 가지고 온 날에는 내 책을 같이 보고 싶어 했다. 하지만 나는 의도적으로 그것을 허락하지 않았다. (나중에 안 일이지만 그 여학생은 경제적 여력이 없어서 책을 구입하지 못했다고 한다.) 사실, 그 당시 나는 장래를 약속하고 커플링까지 주고받았던 여학생과 헤어진 지가 얼마 되지 않은 때여서 가슴에 맺힌 아픔이 그대로 남아 있던 때였다. 그래서 여자를 만나는 일이 왠지 조심스러웠다. 장애로 인한 아픔이 또 찾아오지는 않을까 하는 두려움 때문이었다.

그런데 하나님은 그러한 때에 미모의 한 여성을 내 앞에 등장시켜 주셨다. 한 친구가 내게 그 여성을 정식으로 소개해 준 것이다. 그 이후 그 여성은 내 마음에 서서히 둥지를 만들어 가기 시작했다. 이런 내 감정이 싫지 않았다. 나도 그 여성에게 호감을 갖기 시작했다. 어느 날부턴가는 서로 자연스럽게 대화를 나눌 수 있을 만큼 되었다. 옆자리에 앉아서 강의도 듣고 책도 같이 보곤 했다. 학교에 가는 또 다른 즐거움이 생긴 것이다. 그녀를 소개해 준 친구를 통해서 그녀에 관한 여러 가지 정보를 얻을 수 있었다. 고향은 경북 경산이고, 부모님은 슬하에 딸이 다섯 있는데 그 중에 제일 큰딸이고, 지금은 인천에 있는 모 고아원에서 성경을 가르치는 선생님으로 일하고 있다는 것이었다. 그런데 디스크 때문에 신학교를 거의 1년간 휴학했고, 다시 복학했다는 것이다. 특히 디스크를 앓았다는 말이 내게 동질감 같은 것을 느끼게 했고, 또한 고아원에서 선생님으로 일하고 있다는 것이 내게 깊은 연민의 정을 갖게 했다.

| 첫 데 이 트 |

1972년 12월 23일, 같은 반 전도사님 한 분의 결혼식에서 그녀가 피아노 반주를 했다. 결혼식이 끝나고서, 나는 그녀에게 처음 데이트 신청을 했다. 그러자 그녀는 "고아원에 가 봐야 해요"라고 했다. 그래서 나는 조금 더 용기를 내어 "그러면 같이 가도 괜찮을까요?"라고 물었다. 그녀는 잠시 멈칫하더니 그렇게 하자고 했다.

그녀와 나는 조금 설레는 마음을 가지고서 서울역에 있는 삼화 고속버스 터미널에서 버스를 같이 탔다.  그녀가 창가에 앉고, 나는 그 옆에 앉았다. 이런저런 이야기를 서로 주고받으면서 가는 도중에, 나는 그녀의 손을 슬그머니 잡았다. 그녀는 나를 힐끔 쳐다보더니만 쑥스러운 듯 잡힌 손을 그대로 둔 채 내내 창밖만 바라보았다. (결혼 후에 들은 이야기지만, 그때 자기 몸에 마치 전기가 흐르는 것 같은 느낌을 받았다고 한다.)

고아원에 도착해 원장님께 인사를 드리고 나온 후, 그녀는 나를 선생님들에게 소개시켜 주었다. 나를 그냥 '학교 같은 반에서 공부하는 전도사'라고 소개했다. 그러나 선생님들은 나를 그녀의 애인으로 보려는 것 같았다. 그곳에서 저녁까지 먹고 같이들 모여서 이야기를 나누다가 서울행 마지막 버스를 타고서 집에 왔다. 겨울 방학 중이어서 학교에서는 만날 수가 없어 내가 버스를 타고 일주일에 두 번 정도 그녀가 있는 인천으로 갔다. 그녀와 데이트를 하면, 점심은 거의 중국음식점에서 먹었다. 자장면이나 짬뽕이 좋아서라기보다는 그녀의 디스크 때문이었다. 중국음식점에는 방들이 있었다. 그 방에 들어가 누워서 쉬어야 했다. 그러면 나는 그녀의 아프고 불편한 부위를 마사지해 주곤 했다.

│ 프로포즈를 하다 │

  1973년, 새해에 들어와서 나는 프로포즈를 하기로 결심했다. 그래서 어느 날 한 다방에서 아무런 증표도 없이 그냥 구두(口頭)로 그녀에게 결혼해 줄 것을 요청했다. 더군다나 그때는 아버지의 병환이 나빠지고 있어서 내일을 보장할 수 없던 시기였기에, 아버지께서 돌아가시기 전에 아들 결혼이라도 시켜야겠다는 부모님의 강한 의지가 있었던 때였다. 그녀에게 이런 사정을 이야기하면서 프로포즈를 했다. 그랬더니 그녀는 한참을 생각하다가 수줍은 듯이 나를 바라보며 한마디 말만 하고는 고개를 숙였다.

  "… 그래요"

  이렇게 우리는 결혼을 약속했다. 지금 생각해 보면 당시 우리 둘은 너무 순수하고 순진했다.

양가에게 결혼 이야기를 했다. 그러나 두 집안에서는 모두 다 부정적이었다. 둘의 건강이 문제였다. 사실, 나는 프로포즈를 하기 전에 그녀가 다니고 있던 을지병원에 가서 그녀의 주치의를 만났었다. 내 관심은 그녀가 디스크를 앓고 있기에 아기를 정상적으로 분만할 수 있는지에 대한 여부였다. 의사의 대답은 반반이었다. 심지어 건강상 임신의 가능성이 희박할 수도 있다는 말까지 해 주었다. 나는 우리가 과연 결혼을 할 수 있는가에 대해 며칠을 고민하며 기도했다. 그리고 신앙의 어머니와 같은 권사님께 내 고민을 이야기했다. 기도해 보시더니 부모님들의 말씀과 같은 말씀을 해 주셨다. 그럼에도 나는 약한 사람들끼리 합하면 더욱 강해진다고 믿었다. 마이너스 곱하기 마이너스는 플러스('-' × '-' = '+')라는 수학의 공식처럼 말이다. 성경의 "내 능력이 약한 데서 온전하여짐이라 … 이는 내가 약한 그때에 강함이라"(고후 12:9-10)라는 말씀이 내 결심에 더욱 확신을 갖게 했다. 나는 비록 외아들이요 독자였지만 자녀를 갖지 못할 수도 있음을 각오했다. 양가가 상견례를 하고서, 결혼 날짜를 학교 개학 전인 1973년 2월 28일로 잡았다. 그리고 명동 YMCA 강당에서 김희보 담임목사님의 주례로 결혼식을 올렸다.

주님의 노예

14
준비되지 않은 결혼

신혼여행을 마치고 돌아왔다. 신혼집에는 부모님과 우리 두 내외 그리고 가정부까지 다섯 명이 함께 살게 되었다. 새로운 식구가 들어오니 집안에는 보이지 않는 긴장이 감돌기 시작했다. 그리고 허니문 베이비까지 생긴 데다, 아내의 입덧이 너무 심했다. 그래서 가사는 거의 어머니가 가정부를 데리고 하셨고, 아내는 거의 누워 지내다시피 했다. 이런 상황이 부모님에게 좋아 보일 리 없었고, 아내에게는 그것이 늘 미안한 마음의 가시방석이었다.

그런데 불에 기름을 붓듯, 어머니는 아내를 제쳐 놓고 가정부를 마치 딸처럼 데리고서 일을 하셨고, 아내가 가사에 나서는 것을 불편해하셨다. 한마디로 며느리가 못마땅하신 것이었다. 신혼 초기 며느리가 임신을 하면 당연히 힘들 걸 아셨을 테지만, 우리 어머니도 역시 '시'어머니였다. 여기에 아버지는 침묵으로 일관하셨다. 그러나 은근히 어머니 편을 드시는 바람에, 중간에 선 나는 이러지도 저러지도 못하고 매우 난감했다. 그럼에도 아내를 적극적으로 방어하고 위로해 줬어야 했는데, 그러지를 못했다. 아내의 입장에서 보았을 때 나는 무능한 남편이었다. 실제 그렇기도 했다.

우리는 모두 결혼에 대한 준비가 전혀 되어 있지 않았다. 우선 나는 결혼에 대해 기도해 본 적이 한 번도 없었다. 배우자를 만나는 일이 인생에서 세 번의 중요한 만남 중에 하나라고들 하지만, 이 만남을 위해 누구로부터 권면을 듣거나 상담을 받아 본 일이 없었다. 아예 그런 생각조차 해본 적도 없었고, 남자와 여자가 만나서 가정을 이루어 사는 모습은 부모님에게서 본 것이 다였다. 그냥 막연히 '결혼하면 좋겠다', '결혼해야겠다'라는 생각뿐이었다. 비록 신학생이었지만 이런 중요한 일에 대처하는 신앙 훈련이 전혀 되어 있지 못했고, 불신앙의 가정이었는지라 그 어떤 신앙적인 가정의 삶에 관하여 보고 배운 것이 전혀 없었다.

부모님도 마찬가지였다. 새 식구를 가정에 맞아들이는 것에 있어서 전혀 준비가 되어 있지 않으셨다. 다만 '집안에 사람이 잘 들어와야 한다'고만 생각하고 계셨지, 들어올 사람을 어떻게 대해 주고 어떻게 화목한 가정을 이룰지에 관해서는 아무 생각도 없으셨다. 한마디로 '결혼의 성공 여부는 들어오는 사람에게 달렸다'라는 그런 생각만을 가지고 계셨고, 자신들이 감당하게 될 시부모로서의 위치나 역할에 대해서는 거의 무지한 상태였다.

아내 역시 준비가 안 되기는 마찬가지였다. 경제적으로 넉넉하지 못한 가정에서 대학을 거의 고학으로 하다 보니, 사실 결혼을 생각할 여유가 없었다. 그러나 아내는 내 프로포즈를 받고서, 불편한 몸을 갖고서도 하나님께 받은 사명을 이루어 드리겠다는 내 열정에 감동하여 결혼을 결심하게 되었다. 그래서 당시 아내에게 결혼은 곧 인생의 무거운 짐이었다. 거기다가 첫 데이트를 시작해서 연애 기간도 없이 두 달 만에 결혼을 한 정황이었다. 이렇게 결혼을 서두를 수밖에 없었던 이유는 아버지의 병환이 언제 어떻게 될지 몰랐기에, 돌아가시기 전에 외아들이 결혼하는 것을 보기 원하셨기 때문이다.

우리 두 사람뿐만 아니라, 사실 양쪽 가정 모두 결혼할 준비가 되어 있지 못했다. 결혼하고서 살아 보니, 결혼과 결혼 생활이 이렇게 다를 수가 있을까 하는 의심이 들 정도로 서로는 그야말로 천양지차(天壤之差)였다. 준비되지 않은 우리의 결혼은 두고두고 서로 간에 많은 갈등과 상처 그리고 눈물을 만들어 냈다. 우리의 결혼 생활은 처음부터 가시밭길이었다. 그렇게 아슬아슬한 순간들이 정말 많았지만, 결혼식에서 하나님과 하객들 앞에서 했던 그 고백을 상기하며 믿음으로 힘겹게 지켜 오늘에까지 왔다. 하나님의 은혜가 아니면 오늘의 나와 내 가정이 있을 수 없음을 고백하지 않을 수가 없다.

| 첫 딸 혜심이 |

해산의 날이 왔다. 그런데 문제가 생겼다. 아내가 디스크를 앓았었고 당시도 온전치 못한 상태였는지라, 과연 자연 분만이 가능하겠느냐는 것이었다. 의사는 제왕절개를 권했고, 그의 말에 동의할 수밖에 없었다. 수술을 했고, 딸을 분만했다. 부모님은 딸이라는 말에 겉으로는 기뻐하셨지만 속으로는 아쉬워하시는 모습이 역력했다. 외아들의 뒤를 이을 아들을 기다리셨기 때문이다. 그러나 건강하게 태어난 아기가 너무도 사랑스러웠고, 수술을 잘 이겨 내고 분만한 아내가 그렇게 대견스럽고 고마울 수가 없었다. 하나님께 감사하고 아내에게 감사했다.

아기의 이름을 무엇으로 지어야 할지를 이야기하는 가운데 아버지는 이름 있는 모 작명 집에 가서 이름을 지어 오겠다고 하셨다. 그러나 나는 아버지의 뜻을 완강히 반대하고서 주례를 서 주신 목사님께 부탁을 하자고 했고, 부모님은 내 뜻을 따라 주셨다. 그래서 지어진 첫딸의 이름이 '혜심(惠心)'이다. 목사님께서 딸의 이름을 지어 주시면서 "은혜로운 마음을 갖는 아이로 컸으면 좋겠습니다"라고 하셨다. 혜심이가 태어난 후부터 가정의 분위기는 많이 좋아졌다. 관심이 자연히 아기에게 모일 수밖에 없었기 때문이다.

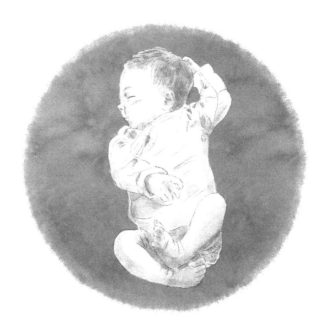

| 새 보금자리 |

결혼 이후 아버지의 병세는 좋아지기 시작해 거의 정상적으로 활동하시게 되었다. 아버지는 가족이 며느리와 손녀까지 합해 다섯 식구가 살기에는 지금의 집이 좁다고 생각하시고서 마포에 이미 사 두었던 땅에다 새집을 지으셨다. 공사가 끝나고, 우리 가족은 새집으로 이사를 했다. 2층집으로 코너에 위치하고 있었기에 목이 좋았다. 시장에서 장사꾼으로 오랜 경험을 쌓으신 아버지는 이런 좋은 조건을 그냥 넘기실 분이 아니셨다. 건축할 때부터 1층은 점포로 사용하려고 하셨기에, 간이 슈퍼마켓을 개점하셨다.

새집은 옛날 집보다 넓고, 정원도 있고, 옥상도 있고 해서 모든 것이 좋았다. 그러나 가정에서 점포를 운영하는 것이라 조금 분주하고 어수선했다. 이것이 가정에 또다시 긴장을 서서히 만들어 가기 시작했다. 부모님 두 분 다 건강이 좋지 않은 데다가, 아내 역시 몸이 약한 상태에서 이른 아침부터 늦은 저녁 시간까지 점포를 돌본다는 게 가족 모두에게는 엄청난 스트레스였다. 부모님은 일이 힘에 부쳐 서로 다투시는 경우가 많아지고, 그 중간의 아내는 늘 좌불안석이었다. 자연히 시부모와 며느리 사이에 보이지 않는 불편함이 깊어지기 시작했다. 여기에 어머니가 가정일에서 아내를 제쳐 놓고 가정부를 끼고 도는 상황에까지 도달하니, 아내는 정말 견디기 힘들었다.

나 역시 여유 없는 하루하루의 삶을 살았다. 아침에 일찍 시장 점포의 문을 열어 주고 학교에 가서 공부를 해야 했기 때문이다. 저녁에 집에 들어오면, 아내는 하루 동안 집에서 받았던 스트레스를 나에게 쏟아붓곤 했다. 나는 중간에서 정말 죽을 맛이었다. 이런 상황을 지켜보시던 아버지가 하루는 내게 이렇게 물으셨다.

"너희들, 따로 나가 살 수 있겠니?"

나는 바로 대답을 하지 못했다. 그런데 곁에 있던 아내가 아버지께 물었다.

"아버님, 저희 따로 나가 살아도 괜찮으시겠어요?"

그런데 어머니는 매우 못마땅한 표정을 짓고 계셨다. 아버지는 "괜찮다" 하시고서는 시장 가까운 곳에 전세를 얻도록 해 주셨다. 우리는 그렇게 신혼 2년 차에 분가하게 되었다. 그러나 분가해 나오는 마음이 그렇게 편치 않았다. 외아들로서 이렇게 하는 것이 불효하는 것 같았기 때문이다. 그러나 가정의 평안과 나의 건강을 위해서는 다행스러운 일이었다. 학교와 상점 일을 동시에 봐야 하는 나에게는 많은 도움이 되었다.

| 아내의 대리 출석 |

상점에 물건이 많이 들어오고 바쁠 때는 직원들에게만 맡기고서 학교에 가기가 어려웠다. 그래서 아이디어를 하나 생각해 냈는데, 내가 학교에 가면 아내가 상점에 나와 있고, 상점이 바빠서 내가 학교를 갈 수 없을 때는 아내가 대신해서 학교에 가는 것이었다. 교수가 "황성철!" 하고 부르면, 아내가 "네" 하고 대답했다. 교수들도 신대원을 다니던 중에 나와 결

혼한 아내를 이미 잘 알고 있었기 때문에, 그것이 편법임을 알면서도 눈감아 주었다.

이것은 당시 학교에 유명한 에피소드 가운데 하나였다. 지금 생각하면 사실 부끄러운 일이다. 하지만 당시 내 입장에서는 이렇게라도 하는 게 하나님의 뜻을 이루어 드리는 최선의 길이라고 확신했다.

15
고통받는 제2의 롯!

아버지로부터 상점 운영권을 물려받은 후, 운영을 시작하면서부터 주일에는 상점 문을 닫았다. 물건마다 이윤이 천양지차여서 십일조는 아예 매상의 십분의 일을 드렸다. 이와 같은 운영에 대해 아버지는 노발대발하셨다. 정말 아버지의 염려대로 매상이 줄기 시작했다. 그러나 개의치 않고 계속 밀고 나갔다.

| 세 속 의 달 콤 함 |

믿은 대로 한 달 정도 지나면서부터 매상이 원상태로 회복되기 시작했다. 그러더니 오히려 전보다 가계 상황이 호전되어 갔다. 주일에 문을 닫으니까 소매상들이 토요일에 몰려와서 물건을 구매해 갔다. 여기서 나는 하루가 아쉬운 생존 경쟁의 상황 가운데서도 하나님 말씀대로 사업을 운영하면, 하나님께서 복을 주신다고 확신하게 되었다. 그러나 이런 확신이 세속적인 일들과 부딪히면서 서서히 약화되기 시작했다. 시장의 다양한 사람들과 어울리는 가운데 당구, 포커 그리고 고스톱 등에도 발을 들여놓게 되었다. 지금까지 경험해 보지 못한 즐거움이었다. 당구는 250점까지 쳤다. 포커와 고스톱에서도 누구에게 뒤지지 않는 솜씨로 결코 돈을 잃지 않았다. 학교에서는 거룩을 배우고, 시장에 와서는 세속을 배웠다. 학교에서는 '황 전도사'로 불리고, 시장에서는 '황 사장'으로 불리는 그 자체가 바로 내 안에 성속(聖俗)이 공존하고 있다는 반증이었다. 버스를 타고 학교에 가는 시간은 회개 기도를 하는 시간이었다. 그러나 학교 수업을 마치고 시장에 들어오면 다시 회개의 이전 상태로 돌아가는 것 같아 괴로웠다. 세속의 현장이 그렇게 매력적이고 강력했다.

장사는 잘되었다. 돈에 여유가 생길 때면 가끔씩 급해서 싸게 파는 물건들을 차떼기로 사서 창고에 쌓아 놓곤 했다. 그런데 이런 호황 가운데 문제가 있었다. 세금이었다. 당시에는 세무 공무원이 6개월에 한 번씩 상점에 나와서 매출 장부를 살펴보고 과표(課標)라는 것을 매겼다. 이 정도 규모의 점포면 1년 매상이 얼마 정도는 될 것이라고 세무 공무원이 임의로 세금을 추정해서 정하는 제도였다. 그렇게 정해진 과표에 따라서 세금이 고지되면 그에 따른 납부를 해야만 했다.

| 무법한 세리들 |

이윤의 십일조가 아닌 매출의 십일조를 드리는 나에게 세금은 솔직히 뜨거운 감자였다. 그 당시의 세무 제도는 오늘날과 판이했다. 우선 매출과 매입을 위한 장부 정리가 어려웠는데, 그 이유는 영세한 업자들이 많았기 때문이다. 세무 공무원들도 그것을 잘 알고 있었고, 그들은 그런 사실을 교묘하게 자신들의 유익을 위해 이용했다. 그래서 세무 공무원이 시찰을 나오면, 의례 1차·2차 대접을 하는 게 상례였고 돈까지 집어 줘야 했다. 과표의 결정은 그날 접대의 질과 돈의 양에 따라서 달라졌다. 질과 양이 좋으면 과표가 현상 유지되거나 내려가는 경우도 있었는데, 그들이 좋지 않다고 생각되면 과표는 당연히 올라갔다. 심지어 생각보다 높게 올라가는 경우도 있었다. 아버지도 이런 일을 다루시는 데 익숙치 않으셨다. 과하게 부과되는 세금을 피하기 위해서 아예 폐업을 몇 번 하기도 하셨다. 물론 상호도 바꾸셨다.

나는 세금 문제로 딜레마에 빠졌다. 세무 공무원의 환심을 사기 위해 타협을 하느냐, 아니면 아버지의 방식대로 폐업을 하고 다시 개업하는 방식으로 과도한 세금을 피하느냐, 또는 부과되는 세금을 이의 없이 납부하느냐 마느냐를 놓고 고민하다가, 결국 일만 악의 뿌리인 돈의 유혹에 굴복하고 말았다. 한참 장사가 잘되고 돈을 많이 만지게 되니까 이 유혹을 물리치기가 몹시 힘들었다. 세상과 타협한 것이다.

신학생인 내 믿음은 이렇게 허약했다. 돈의 위력 앞에 허무하게 무릎을 꿇은 것이다. 그런데 그 당시는 그것을 그렇게 심각하게 생각하지 않았던 것 같다. 그러나 아내는 나의 그런 행동을 통렬하게 질책하면서 힐책했다.

"당신, 신학생 맞아요?"

나는 아무 대꾸도 할 수 없었다. 아내의 영혼이 나보다 맑고 순수했다. 내 영혼은 이미 죽어 있었다. 죽은 신학생이었다. 껍데기는 경건한 신학생이었지만, 속은 세속에 물들 대로 물이 든 타락한 신학생이었다. 어느 날 새벽, 이런 나에게 결국 하나님께서 찾아오셨다.

| 화마(火魔)로 찾아오신 하나님 |

이른 아침에 시장에 나가려고 문을 나서는데 시장 하늘이 벌겋게 타오르고 있었다. 며칠 전에 차떼기 물건을 사서 창고에 잔뜩 쌓아 두었는데, 바로 그 창고가 있는 시장 중앙동 상가 건물에 불이 난 것이었다. 창고에 쌓아 둔 물건은 이미 잿더미가 되었고 상점을 경영하기가 힘들 만큼 큰 타격을 입었다. 재기하기가 힘들 것 같았다. 결국 상점을 폐업하고서 맞은편 건물 2층에 작은 창고를 빌려서 빚잔치를 했다. 거래처에 지불해야할 돈을 한 사람도 남김없이 갚기 시작했다. 있는 물건은 세일(sale)로 처분하고, 은행에 예금해 둔 돈을 찾아서 정말 깨끗이 청산했다. 거의 한 달 가까이 정리를 하고 나니까 수중에 남는 것은 물건 얼마뿐이었다.

아버지께 미안했다. 거의 평생을 땀 흘려 일구어 놓으신 사업이었는데 내가 이렇게 끝을 냈으니, 그분의 마음이 얼마나 착잡하실지 충분히 이해되었다. 화재로 인해 엄청난 손실을 입은 날, 나는 죄송한 마음을 가지고서 아버지를 찾아뵈었다. 그때 아버지는 이런 말씀을 해 주셨다.

> "화재를 핑계로 대금 지불 늦추지 말고, 지불하기로 한 날짜에 지불해 드리거라. 누구 한 사람도 훗날 우리 때문에 손해를 보았다는 말을 듣지 않도록 말이다."

아버지의 말씀에 따라서 정말 깨끗하고 정직하게 정리했다. 빚잔치를 하고 나니 한편으로는 무거운 짐을 내려놓은 듯한 자유로움이 생겼다. 그런데 다른 한편으로는 세속에 대한 알 수 없는 연민의 눈물이 걸음을 옮겨 놓을 수 없을 정도로 흘러내렸다.

이런 삶의 소용돌이 속에서 어렵게 신학교를 졸업하게 되었다. 아내와 내가 수업을 반반 듣고 졸업했다고 해도 과언이 아니다. 사실 나는 아내와 결혼을 약속할 때 같이 공부해서 유학을 가기로 했었다. 하지만 허니문 베이비가 생기는 바람에 아내는 본의 아니게 학업을 중도에서 내려놓게 되었다. 그래서 아내는 나를 대신해서 수업 들으러 가는 날을 좋아했다. 그렇게 좋아하는 공부를 같이 마치지 못해 아내에게 미안했다.

하나님의 타이밍은 참으로 절묘했다. 신학교 졸업과 거의 동시에 남대문 시장에서의 삶을 청산케 해 주신 하나님께 나는 다시 한번 무릎을 꿇을 수밖에 없었다. 하나님은 처음부터 마치 자로 잰 듯이 내 삶의 여정을 정해 놓으시고 정확하게 이끌어 가셨다. 나는 시장에서 약 5-6년 동안 보낸 시간이 결코 헛된 것이 아니었다는 것을 훗날 목회에서 깨달았다. 시장에서 다양한 사람들을 만나고 그들의 삶을 직접 보고 듣고 경험할 수 있었던 것들이 내 목회에 많은 도움이 되었다. 목회는 만남이기 때문이다. 하나님과의 만남이고 사람과의 만남이 바로 목회이기 때문이다.

| 둘째 딸 혜진이 |

학교와 시장을 오가면서 바쁜 날을 보내고 있는 때에 하나님께서는 둘째 아이를 선물로 주셨다. 딸이었다. 해산의 날이 되어 출산을 하려는데, 또 문제가 생겼다. 의사가 첫째 아이와 같이 제왕절개를 권했다. 이번에

도 역시 아내의 디스크 때문이었다. 그래서 또다시 수술을 하고 아이를 출산하게 되었는데, 이때 의사는 뜻밖의 권유를 했다.

"이제 더 이상 수술로 아기를 출산하는 것은 산모에게 위험합니다."

의사는 우리에게 어떤 결단을 내려야 한다고 했다. 더 이상 아기가 생기기 않도록 관을 묶어 놓자는 것이었다. 부모님은 결혼 초기부터 외아들이니까 아들을 낳아 대를 이어야 한다는 생각을 갖고 계셨는데, 딸을 또 낳았으니 난감하게 되었다. 그러나 의사는 현재 제왕절개를 한 상태이니 하려면 지금 하는 게 좋다고 조금 재촉하는 듯했다. 나는 할 수 없이 아버지께 의사가 권유하는 말씀을 전해 드렸다. 아버지는 한참 눈을 감고 뭔가를 생각하시더니 이 한마디를 하셨다.

"그래, 그렇게 하자!"

그렇게 나는 슬하에 딸 둘을 둔 아버지가 되었다. 사실 나도 둘째는 아들이었으면 하고 바랐다. 그렇다고 부모님같이 가정의 대를 위해서 아들이 꼭 필요하다고 생각하지는 않았다. 우리 부부가 다 몸이 약했기 때문에 든든한 아들이 하나 있었으면 했다. 그러나 하나님은 우리에게 아들을 주지 않으셨다. 그것도 딸 둘 이상의 아이를 갖는 것을 허락하지 않으셨다. 왜 그러셨을까 하고 종종 하늘을 바라보곤 했으나 그것은 하나님의 주권에 속한 일인지라 잠시 잠깐의 생각으로 끝나곤 했다.

아이의 이름은 우리 부부가 짓기로 하고, '은혜' 할 때의 '혜' 자와 '진리' 할 때의 '진' 자, 이 두 자를 합해서 '혜진(惠眞)'이라고 지었다. 몸이 약했던 아내는 두 아이를 키우는 게 힘에 부치는 일이었다. 그래서 외할머니가 오셔서 도와주셨다. 아이들은 잘 자라 주었다. 그런데 간혹 큰아이가 자다가 경기를 일으켜서, 아내가 아이를 업고서 새벽에 동네 병원으로 달려가 문을 두드리곤 했다. 당연히 아버지가 해야 할 일이었지만, 내가 그럴 수 없는 몸이라 그럴 때마다 아내에게 미안하고 면목이 없었다. 그러나 아내는 그런 나에게 불편한 표정 하나 보이지 않고서 잘 감당해 주었다. 그런 아내를 볼 때마다 이런 아름다운 여인과 살게 해 주신 하나님께 감사했다.

16
모(母)교회로 부르신 하나님

    성도교회의 목회 리더십이 교체되었다. 담임이셨던 김희보 목사님은 총신대학교 학장으로 부름을 받아 가셨고, 후임으로 김성환 목사님이 부임하셨다. 한번은 새로 오신 목사님이 나를 보시더니 의미심장한 권면의 말씀을 해 주셨다.

    "이제 세상 것 다 내려놓고 하나님의 일에 집중해야 하지 않겠나?"

    신학교를 나온 사람이 목회가 아닌 시장에서 장사를 하고 있으니 딱해서 하신 말씀이었다. 그러나 당시는 그렇게 할 수 있는 상황이 아니었다. 하루아침에 정리하기에는 사업 규모가 너무 컸다. 그러던 차에 의도치 않게 타의에 의해서 엄두가 나지 않던 그 모든 것들이 한순간에 정리되는 날이 왔다.

| 청년부를 맡아라! |

이제 담임목사님을 뵈어야 할 날이 왔다고 생각하고, 연락을 드려서 뵙게 되었다. 목사님은 모든 것을 다 알고 계셨다.

"황 전도사, 이제 교회 일을 좀 해야지?"

목사님은 내게 청년부를 맡아 달라고 하셨다. 그때 교회 대학부를 옥한흠 목사님이 맡고 계셨다. 너무 당황스러운 부탁이었다. 교회 사역 경험이 전무한 나를 너무 과대평가하신 것은 아닌지 오히려 의심이 갔다.

"목사님, 저는 경험이 없는데요. 그런 제가 어떻게 청년부를…?"

그렇게 말끝을 흐리며 말씀드렸더니, 목사님은 아주 단호하게 말씀하시며 나를 격려하셨다.

"황 전도사는 충분히 할 수 있어요. 경험도 중요하지만 마음가짐이 더 중요해요. 겁내지 말고 맡아서 한번 해 보세요."

나는 당회장실을 나오면서 하나님께 감사드렸다. 나같이 부족하고 더러운 사람에게 이런 귀한 사역을 맡겨 주시다니…. 집에 와서 아내에게 이야기를 하니 나보다 더 기뻐하며 좋아했다. 연신 '할렐루야'를 외쳤다.

솔직히 교회 사역은 사람을 돌보고 섬기는 일이기에 두려웠다. 내 장애 때문이었다. 사실 시장에서 장사할 때는 장애 따위 전혀 문제가 되지 않았고, 될 상황도 아니었다. 시장에서는 사람이 아닌 돈이 중심이었기 때문이다. 돈이 많으면 모든 것이 덮이고 가려지는 곳이 바로 시장이다. 그러나 교회는 그와는 정반대다. 돈이 아닌 사람이 중심인 곳이 교회다. 그래서 나는 나 자신을 의식했고, 매우 조심스러웠다. 그런데 담임목사님은 전격적으로 교회 앞에 나를 청년부 담당 전도사로 임명해 주셨다.

청년부를 맡을 당시 옥한흠 목사님이 지도하는 대학부가 폭발적으로 부흥하고 있었던 때였다. 그런데 그들이 대학부를 졸업하면 그 이후를 위한 양육 프로그램이 교회에 준비되어 있지 않았다. 교회의 이런 상황이 청년부를 필요로 했다. 그러니까 나는 교회에 새로 시작되는 청년부의 초대 교역자가 되는 것이었다. 청년부가 새롭게 출발하는 그해에 대학부에서 첫 졸업생들이 나왔고, 그들이 청년부 첫 회원이 되었다.

| 책별 성경공부 (Through the Bible) |

대학부에서 청년부로 들어오는 회원들 대부분은 옥 목사님에게서 신앙 훈련을 잘 받고서 왔다. 길게는 대학 1학년 때부터 4학년 졸업 때까지 무려 4년간 신앙 훈련을 받고 온 청년도 있었다. 이들이 받은 신앙 훈련을 보니 처음에는 청년부에서 무엇을 더 가르쳐야 할지 엄두가 나지를 않았다. 그래서 기도했다. 그리고 회원들과 이 문제를 가지고 의논했다. 대학부에서는 네비게이토 선교회(The Navigators)에서 발행한 성경공부 교재를 사용하고 있었기에, 청년부에서는 성경의 한 책 한 책 책별 성경공부를 하는 것이 좋겠다고 결의했다. 교재를 찾던 중 마침 *Through the Bible*이라는 원서로 된 책별 성경공부 교재가 있어서, 이 교재를 번역해 사용하기로 했다. '생명의 말씀사'를 통해서 미국 출판사의 허락을 받고, 청년부에서 번역을 하고, 생명의 말씀사에서 출판을 했다.

이 교재를 번역하는 데 거의 모든 청년 회원들이 자원함으로 동참했다. 세 팀으로 나누어서 이 일을 진행했는데, 번역하는 팀, 번역된 내용을 다시 점검하는 팀, 정리해서 출판사로 넘기는 팀이 있었다. 출판사에서 최종 점검하라고 보내 주는 내용은 모두 같이 확인을 했다. 그리고 최종적으로 내가 마무리를 지었다. 이 작업을 집에 가져가서 하는 청년도 있었고, 직장 일을 마치고서 교회에 와서 하는 청년도 있었다. 특히 주말 같은 때는 교회에서 라면을 끓여 먹으면서 밤을 새워 가며 작업하기도 했다.

그들의 열정은 정말 대단했다. 어디서 그런 에너지를 공급받았을까? 우선은 대학부에서 받은 훈련을 들 수 있다. 당시 대학부는 일사불란한 영적 군대였다. 그리고 또 하나 들 수 있는 것은 교회 담임목사님의 설교와 인격이었다. 목사님의 설교는 故 박윤선 박사님이 "100년에 한 번 나올까 말까 한 설교다"라고 극찬을 아끼지 않았을 만큼의 변증적인 설교로서, 교회 부흥의 원동력이었다. 여기에 그분의 인격이 더해지니 그야말로 금상첨화였다. 그때 청년부 회원들은 정말 큰 복을 받은 사람들이었다.

청년들의 헌신적인 노력 끝에 출간한 성경공부 교재는 창세기부터 요한계시록까지의 내용이 문답식으로 되어 있어서, 리더의 인도하에 그룹으로 지어서 공부하기에 적합한 교재였다. 대학부에서 공부한 네비게이토 교재가 주제별로 나뉘어져 있었다면, 청년부의 교재는 성경 강해 식으로 되어 있는 교재였다. 청년들은 이 교재를 통해 성경을 처음부터 끝까지 꿰뚫어 볼 수 있는 안목을 가질 수 있게 되었기에 지도자로서 나는 대단히 만족스러웠다. 주일에는 이 교재로 리더의 인도에 따라 그룹별 성경 공부를 하고, 한 달에 몇 번은 요일을 정해서 특강을 했다. 결혼을 앞두고 있는 청년들인지라 성경적 결혼관에 관한 강의라든가, 직장에서의 그리스도인으로서 가져야 할 직업 윤리 등을 강의했다. 물론 질의응답의 시간도 가지면서 진행했다.

| 중 매 를 서 주 다 |

청년부 사역에서 내가 지금도 잊지 못하는 일 가운데 하나는 청년들을 중매해 준 일이다. 청년부를 섬기는 5년 동안 다섯 쌍을 맺어 주었다. 혹자는 교회 사역은 안 하고 교회에서 뚜쟁이 짓을 했느냐고 비난할지도 모르겠지만, 나는 교회 안에서 건전하고 아름다운 '매치 메이킹(match making)'만큼 좋은 사역이 없다고 믿는다. 대학을 졸업해서 취직을 한 그들에게 가장 중요하고도 필요한 것은 '배우자와의 만남'이다. 그 만남의 일을 교회에서 도와준다는 것은 하나님의 거룩한 뜻을 이루어 드리는 일이라고 믿었다. 그래서 아예 회원들에게 우리 안에 배우자감으로 마음에 드는 형제나 자매가 있으면 교회 안에서 사귐을 가지라고 공개적으로 권면하곤 했다.

청년부 안에서 결혼하는 커플들이 나오니까 교회 권사님들이 나를 찾아와서 부탁하는 일이 생겼다. 하루는 청년부 모임이 끝났는데 권사님 한 분이 나를 보자고 하시더니 이렇게 중매를 요청하셨다.

"내 딸 결혼시켜야 하는데, 청년부에 좋은 신랑감이 없을까?"

"권사님은 어떤 사윗감을 원하셔요?"

"믿음 좋으면 돼! 그거면 다지 뭐!"

"권사님, 그래도 생각해 보신 조건들이 있지 않으시겠어요?"

"글쎄… 그래도 대학은 나와야겠지? 그리고 직장은 있어야겠고….
하지만 무엇보다 믿음이 좋으면 다야!"

"그럼, 제가 좀 찾아보고 권사님께 말씀드리겠습니다!"

그렇게 권사님과 헤어진 후 몇 주가 지나, 권사님을 다시 찾아가 말씀
드렸다.

"권사님, 믿음이 좋은 형제 한 사람을 점찍어 놨는데, 다음 주일 회원
들이 성경공부하는 시간에 청년부실에 오셔서 한번 보실래요?"

마침 그 주일에 점찍어 놓은 청년이 나왔다. 성경공부가 시작될 시간에
맞춰서 권사님이 청년부실에 오셨다. 그래서 권사님께 "저 그룹에 앉아서
공부하고 있는 청년이에요"라고 가리켜 드렸다. 권사님은 공부가 끝날 때
까지 앉아서 뭔가를 기다리시는 것 같았다. 공부가 끝나고 다들 자리에서
일어나서 주일 집회를 마무리하기 위해 자리에들 앉았다. 이때 권사님은
조용히 청년부실을 나가셨다. 집회를 마치고 권사님을 만나서 그 형제가
어떠냐고 물었더니 하시는 말씀이 너무 실망스러웠다.

"키가 좀 작던데…"

마음에 안 드신다는 말씀이었다.

"좋은 청년들이 많은 것 같던데, 다른 청년은 없을까?"

권사님의 물음에 나는 아무 대답도 안 하고 잘 가시라고 인사를 드린 후 교회를 나섰다. 그 이후 여러 권사님들이 며느릿감, 사윗감을 좀 구해 달라고 부탁하셨지만, 나는 일절 응대하지 않았다. 그때 나는 궁금해졌다.

'교회에서 다들 믿음이 좋다고 칭찬이 자자한 권사님들의 그 믿음은 어디까지가 진짜 믿음일까?'

자녀 결혼을 위한 일까지는 그분들의 믿음이 작동되지 않는 것 같았다. 믿음 좋고, 학벌 좋고, 직장과 가정까지 빵빵한 데다가, 준수하거나 미모까지 갖추었다면, 배우자로서 이보다 더 좋을 수가 있을까? 이런 조건들은 거의 다 외적인 조건 중심의 것들이다. 그런 조건이라면 나 같은 사람은 평생 결혼을 못하고 혼자 살아야 한다. 성경은 사람을 판단할 때 외모가 아닌 중심을 보아야 한다고 가르치고 있다. 우리 아내는 이 말씀의 가르침으로 세상적인 결혼 조건을 초월해서 나 같은 사람과 결혼해 주었다. 아내는 보석 같은 믿음을 가지고 있었다. 참 고마운 사람이다.

| 1년 늦어진 목사 안수 |

당시 나는 '강도사 고시'라는 숙제를 안고 있었지만, 크게 걱정하지는 않았다. 청년부 회원들과 나를 아껴 주시는 권사님들께 기도를 부탁했다. 대전중앙교회에서 시험을 보았는데, 결과는 교회정치 과목에서 불합격하는 바람에 1년을 더 기다려야 했다. 나는 내가 이 시험에 불합격하리라고는 꿈에도 생각하지 못했다. 대학과 대학원을 합해서 6년간 법을 공부했었기 때문이다. 그러나 그게 아니었다. 교회법과 세상법이 다르다는 것을 그때 새삼스럽게 깨달았다.

고배의 잔을 마시고 돌아오는 마음은 몹시 복잡했다. 우선 아내의 얼굴이 떠올랐다. '낭보를 갖고 올 것을 기다리고 있을 텐데… 어떻게 보나?', 그리고 '교회 담임목사님과 교회 어른들 그리고 청년회원들에게는 뭐라고 말해야 하나?' 마음은 짙은 먹구름으로 덮였다. 집에 들어서니 아내가 어떻게 되었냐고 물었다. "안 됐어…"라고 하니, 처음에는 아무 반응이 없더니만 잠시 후에 불평과 불만이 쏟아지기 시작하는데, 정말 한방 먹이고 싶은 심정이었다. 그러나 꾸욱 참았다. 아내가 그렇게 화가 나서 쏘아붙이는 것은 결혼 후 처음이었다. 이 일로 며칠간 냉전이 시작되었다.

나는 왜 아내가 위로를 못 해 줄망정 그렇게 화를 냈을까를 생각해 보았다. 우선 떠오르는 생각은 목사 안수를 다른 동기들보다 1년 늦게 받아야 하는 것 때문이라고 판단되었다. 내 신대원 동기들은 아내에게도 동기들이었다. 우리는 클래스메이트(classmate)로 결혼했기 때문이다. 남편이 동기들보다 1년 늦게 목사가 된다는 것에 나름 자존심이 상한 것이다. 더욱이 아내는 장애를 갖고 있는 남편이 그 누구에게도 뒤지지 않아야 한다는 생각이 마음에 잠재해 있었던 것 같다. 나는 아내의 그런 깊은 마음을 이해하지 못했다. 그만큼 아내는 나를 사랑했던 것이다. 마음이 차츰 가라앉으면서 아내가 많이 고마웠고, 이런 배우자를 만나도록 섭리해 주신 하나님께 감사를 드렸다.

이튿날 담임목사님께 강도사 고시에서 불합격한 것을 말씀드렸더니 "괜찮아~ 힘내!" 이 한 말씀만 해 주시면서 어깨를 두드려 주셨다. 감사했다. 그런데 주일이면 청년들을 만날 텐데 뭐라고 말해야 할지가 걱정이었다. 주일 모임 시간에 계면쩍은 태도로 "저, 떨어졌습니다!" 이 한마디만 말하고 청년들을 바라보는데, 놀랍게도 그들은 뭐가 그렇게 좋은지 "와…!" 하면서 한바탕 웃었다. 동병상련의 마음들이 있어서 그렇게 웃은 것일까?

| 명실상부한 호주(戶主)가 되다 |

아버지는 결국 살고 계신 마포의 집을 파셨다. 그리고 두 분이 거주하실 집과 우리가 살 집을 각각 마련하셨다. 우리 집을 부모님의 집과 불과 5분 거리에 마련해 주셨는데, 손녀들을 가까이에서 자주 보고 싶어서 그리 하셨다. 그런데, 우리가 분가한 후 아버지의 건강은 다시 나빠지기 시작하셨고, 두 분이 가계를 운영하는 것도 힘에 부치셨다. 아마도 무엇보다 큰 집이 두 분에게 적적함을 더 해 주었기 때문이었을 것이다. 부모님은 하루가 멀다 하고 손녀들을 보러 오셨다. 두 분에게 손녀들은 큰 기쁨이었고, 손녀들에게 할아버지와 할머니는 큰 우군인 동시에 보급 창고였다. 비록 우리는 한 집에 사는 대가족은 아니었지만, 거의 대가족이나 마찬가지의 생활이 이루어지고 있는 가족이었다.

우리는 교회에서 멀리 떨어진 마포로 다시 이사했다. 이제는 남의 집이 아닌 내 집에서 살게 된 것이다. 그 집은 우리 부부가 능력이 있어서 마련한 것이 아니라 전적인 부모님의 도움으로 된 것이었다. 지금 뒤돌아 그때를 회상해 보면, 우리는 당시 부모님께 고맙다는 말을 해 드리지 않았다. 당연한 것으로 생각했던 것 같다. 아들이 결혼을 하면 부모는 아들 몫으로 집을 사 줘야 한다는 것이 당시 하나의 관례였기 때문이다. 이런 결혼 문화의 전통은 지금까지도 지켜져 내려오고 있는 듯하다. 그러나 그리스도인은 이 문제를 성경적으로 살펴보아야 할 필요가 있다.

성경은 한 가정이 이루어지려면 먼저 남자가 그 부모를 떠나야 한다. 성경은 "남자가 부모를 떠나 그의 아내와 합하여 둘이 한 몸을 이룰지로다"(창 2:24)라고 가르치고 있다. 여기서 '떠나다'라는 단어는 원어에 따르면 '굴레를 벗다', '중지하다'라는 의미를 가지고 있다. 즉 부모의 집과 지역과 경제적 도움과 통제와 간섭과 조종으로부터의 분리를 의미하는 말이다. 다시 말해서, 자녀는 결혼을 하고서 부모에 대한 의존과 집착을 끊고, 대신 그것을 자기 배우자에 대한 관심과 의존과 하나 됨으로써 바꾸어 두 사람이 새로운 안정과 평안과 행복을 만들어 가야 함을 뜻한다.

결혼에 관한 성경적 원리 중 하나인 이것을 목사가 돼서야 깨닫게 되었다. 이것을 깨닫기 전까지 부모님의 울타리, 특히 경제적 울타리에서 벗어나지 못하고 있었다. 물론 이 진리를 깨닫고 나서도 유학을 마치고 돌아올 때까지 실제로 그렇게 살았지만 말이다. 그런 면에서 결혼 당시 신학생이었음에도 불구하고 이런 원리를 알지 못하고서 결혼한 것이다. 즉,

내 결혼은 준비되지 못한 결혼이었다.

　새삼 여기서 이런 이야기를 하는 것은 오늘날 결혼을 앞둔 그리스도인들에게 당부하고 싶은 말이 있어서이다. 결혼을 앞둔 젊은 그리스도인이라면 결혼 전에 결혼 상담을 꼭 받아 보기를 권한다. 이럴 시간적 여유가 없다면 최소한 창세기 2장 18절에서 25절까지의 말씀만이라도 목사님의 도움을 받아 배우기를 바란다. 그렇게 하면 결혼 생활에서 발생할 시행착오를 최소한으로 줄일 수 있을 것이다. 이혼이 점증하는 오늘날 건강하고 행복한 그리스도인의 가정을 이루기 위해서 이상의 가르침을 꼭 기억했으면 한다.

17
교회 리더십이 바뀌다

청년부는 하나님의 은혜로 든든히 세워져 갔다. 이 무렵 대학부를 섬기던 옥 목사님이 유학을 떠나시고, 새 교역자가 부임하셨다. 그런데 전임자와 후임자의 대학부에 대한 목회 철학의 차이로 크고 작은 문제들이 생기기 시작했다. 이 여파는 청년부에도 영향을 미쳤다. 나 역시 새로 부임한 대학부 교역자와 목회에 대한 견해차가 있었다. 따라서 전과 같이 대학부와 청년부가 서로 긴밀히 소통하며 끈끈한 신앙의 유대를 갖는 게 힘들어지기 시작했다. 이렇게 되니까 대학부와 청년부는 서로 각각 제 갈 길을 가게 되었다. 서로 간에 선후배로서의 유기적인 공동체성이 사라지기 시작한 것이다. 참으로 안타까운 일이 아닐 수 없었다.

| 병환 중의 담임목사님 |

바로 그즈음에 담임목사님이 병들어 눕게 되셨다. 겨우 주일 설교만 하시고 집에 누워 계시는 상황이었다. 얼마를 더 지나서는 설교마저도 하시지 못할 형편이 되었다. 목사님의 병은 서울대병원으로부터 '신경성 다발

염'으로 판명되었다. 그런데 이때 교회 안에는 뜻하지 않은 교리 논쟁이 발생했다. 안수집사 중 한 분이 귀신론의 권위자라고 자처하는 김기동 목사를 추종하며 교회 안에서 그의 교리를 퍼트리고 다녔다. "아담 이전에 사람이 있었다", "사람이 죽으면 귀신이 돼서 떠돈다" 등 성경에도 없는 이상한 이야기를 해서 교회가 술렁이기 시작했다.

담임목사님은 《평신도를 위한 칼빈주의 해설》 1, 2권을 쓰신 누구보다 개혁주의 교리에 철저하신 분이었기에, 이런 이야기를 들으시고 참으실 리가 없었다. 설교를 위해 출입하기도 힘드신 건강 상태였지만 이 문제를 빨리 처리하기 위해 긴급 당회를 소집하셨다. 그런데 의외로 벌써 장로님들 중 몇 분이 그 안수집사와 내통하면서 당회 회무 진행을 힘들게 했다. 몇 시간의 격론 끝에 결국 안수집사의 출교를 결정했다. 당회가 끝난 후 목사님은 거의 들것에 실려서 집에 오셨다. 그 이후 자리에서 일어나지 못하셨다.

이 와중에 나는 강도사 고시에 합격하고 병석에 누워 계신 목사님께 이 소식을 전해 드렸다. 그랬더니 내 손을 잡으시면서 힘이 하나도 없는 작은 목소리로 "황 강도사!"라고 불러 주시는데 눈물이 핑 돌았다. 그렇게 불러 주시는 그 한마디 말 속에서 나를 향한 목사님의 한없는 신뢰와 사랑을 강하게 느낄 수 있었다. 이것이 목사님을 뵙고 대화를 나눈 마지막이었다. 목사님은 며칠 후 새벽에 조용히 눈을 감으셨다. 서울대병원에 안치되셨다는 소식을 받고 급히 병원 영안실로 갔다. 조용히 눈을 감고 누워 계신 목사님의 얼굴이 그렇게 환하고 편안하실 수가 없었다. 마치 어디서 빛을 비춰 주는 것같이 밝고 맑았다. 이미 주님 품 안에서 안식하고 계실 목사님이시지만, 그래도 왠지 한없는 눈물이 두 뺨을 타고 한없이 흘러내렸다. 나의 영적 스승 한 분이 영면하신 것이다.

목사님은 편견 없이 나를 대해 주셨다. 차례에 따라 설교할 기회를 제공해 주셨고, 부교역자로서 교인 집을 심방하는 일에도 다른 부교역자와 똑같이 구역을 나눠 주셨다. 장애를 가지고 있기 때문에 심방하는 분량을 줄여 주신다거나 그 어떤 배려나 특혜도 주지 않으셨다. 교회 일을 하는 데 있어서 목사님은 나를 정상인으로 여기시고 일을 맡기셨다. 나는 늘 이런 것에 예민했는데, 목사님은 그런 내 마음을 이미 헤아리고 계신 듯했다. 그래서 더욱 존경하게 되었고 우러러보게 되었다. 목사님은 49세의 너무도 아까운 나이에 우리 곁, 나의 곁을 떠나셨다. 지금도 故 김성환 목사님을 가끔씩 그리워하곤 한다.

새로운 담임목사님이 부임하시기 전까지, 교회는 마치 부모를 잃은 가정과 같이 침울하고 어두웠다. 투병 중에 계신 목사님께서 회복하실 것을 믿으며 교회를 떠나지 않고서 열심을 다해 기도하던 교인들에게 실망이 이만저만이 아니었다. 목사님의 소천은 마치 교회가 사망 선고를 당한 것과 같은 충격을 안겨 주었고, 교회를 슬픔의 도가니로 만들었다.

| 새 목사님이 오시다 |

새로운 담임목사님이 부임하셨다. 전임 목사님과는 여러 면에서 달랐다. 우선 리더십에서 차이가 있었다. 권위주의적이었다. 대화가 경직되어 있었고 일방통행식이었다. 그래서 부교역자들이 목사님과 대화를 나눌 때는 언제나 긴장하지 않을 수 없었다. 모두 목사님의 의견이나 지시 사

항에 따라 움직여야 했고, 그 어떤 의견 제시나 토론도 허용되지 않았다. 혹 그런 경우가 있어도, 결론은 항상 목사님의 몫이었다. 부교역자들의 퇴근은 목사님이 교회에 오셔서 "이제 집에들 가지!" 하는 말이 있어야 했다. 그래서 어떤 때는 저녁 늦은 시간까지 교회 사무실에서 목사님이 오시길 기다려야 했다.

그럼에도 침울하고 무거운 분위기 속에 있던 교회에 새 목사님의 부임은 교인들에게 다시 일어날 수 있는 희망의 끈이었다. 우선 목사님은 활력이 넘치셨다. 외모에서부터 그분의 목소리, 심지어 걸음걸이까지 힘이 넘쳐서 함께하는 사람마저 기분을 앙양시키기에 충분했다. 3년을 투병하시던 목사님과는 매우 대조되었다. 더군다나 3년간 영의 양식에 굶주려 있던 교인들에게 새 목사님의 부임은 말할 수 없는 기대와 희망을 주기에 충분했다.

새 목사님과 교인들 간에 허니문 기간이 끝나갈 무렵, 목사님은 교인들에게 돌발적인 제안을 하셨다. 예배당의 기존 장의자를 새 장의자로 바꾸자는 것이었다. 이유는 교회의 분위기 쇄신을 위해서였다. 그러나 여기저기서 아직도 멀쩡한데 왜 바꾸자는 것이냐고 하는 볼멘소리가 나왔다. 솔직히 내가 봐도 그 의자들은 얼마든지 더 사용할 수 있을 뿐만 아니라 어느 정도 고색이 깃든 운치마저 느껴져서 좋았다.

│ 새 목사님의 잘못된 판단 │

이 문제는 특히 예민한 대학생들과 청년들의 공감을 얻지 못했다. 교인들 사이에 부정적인 말들이 점차 많아지기 시작하니까 급기야 교회의 안정을 위해서 당회는 목사님의 제안을 받아들이기로 결정했다. 문제는 '그럼, 기존 장의자는 어떻게 해야 하나?' 하는 문제였다. 새로 주문한 의자가 들어오고 헌 의자는 당장 어떻게 처분할 수가 없어서 부득이 교회 마당 한구석에 쌓아 두었다. 비가 오면 비를 맞고, 눈이 오면 눈을 맞고 있는 그 의자들을 보면서 교인들은 실망하기 시작했다. 나 역시 마찬가지였다. '이게 교회를 쇄신하는 방법인가? 교회의 쇄신은 영적인 것에서부터 시작되어야 하는 게 성경적이지 않나? 이건 아니지 않나?' 하는 의문이 생겼다.

그런데 교회가 안게 된 문제는 사실 예배당 장의자를 바꾸느냐의 여부가 아닌 다른 데 있었다. 목사님의 설교였다. 전임 목사님의 설교와 너무 비교가 되었기 때문이다. 목사님은 초신자에게 복음을 제시하는 것처럼 설교를 하셨다. 교리적으로 말하면, 회개와 중생 그리고 칭의에 관한 것을 주로 설교하셨다. 교인들의 신앙 수준과 맞지 않은 설교를 주일 아침과 저녁에 계속적으로 하셨다. 여기에 대한 교인들의 부정적 반응이 설왕설래하기 시작했다. 목사님은 교인들의 이런 분위기를 빨리 파악하셨다. 하루는 나에게 정말 난감한 질문을 하셨다.

"황 강도사, 황 강도사는 내 설교를 어떻게 생각하나? 그리고 교인들은 내 설교에 뭐라고들 이야기하는지 아나?"

나는 순진했다. 정말 너무 순진했다.

"교인들은 목사님께서 매주 설교 제목과 설교 본문만 바꿔 가면서 설교를 하신다고 생각합니다."

이 말은 목사님의 설교는 설교 제목만 매주 바꾸지, 내용은 늘 같다는 말이다. 그러니까 지난 주일 했던 설교를 제목만 바꿔서 다시 한다는 것이었다. 나는 목사님을 위해서 가감 없이 교회 안에서 돌고 있는 교인들의 반응을 진솔하게 말씀드렸다. 이 말을 들으신 목사님은 굳은 표정으로 "알겠네!" 이 한마디를 하시고는 나가 보라고 하셨다. 그 이후 목사님과 나 사이에는 시말서를 연상시킬 만큼의 긴장이 다시 생기기 시작했다.

'그렇게 말씀드린 게 잘못한 일인가? 그럼 어떻게 말씀드렸어야 했을까?'

후에 신학교 동기들과 만날 기회가 있어서 이 이야기를 했더니 "너 찍혔다!"라고 이구동성으로 나무랐다. 그래서 "그럼 어떻게 이야기했어야 하는데?"라고 물었더니 "잘 모르겠습니다"라고 대답했어야 한다고 했다. 글쎄, 그들의 대답이 최선이었을까? 지금도 나는 그렇게 대답해서는 안되는 것이라고 믿고 있는데 말이다.

| 시말서를 쓰다 |

전임 목사님이 편찮아 누워 계실 때 총신대학교에 일반대학원이 개설되었다. 그때 나는 목사님께 이곳에서 공부하고 싶다는 말씀을 드렸고,

허락을 받고서 제1회 일반대학원(석사) 신입생으로 공부를 시작했다. 새 목사님이 부임하셨어도 대학원은 계속 다녔다. 어느 날 담임목사님께 대학원에서 공부하고 있다는 사실을 말씀드렸다. 목사님도 이미 알고 계신 눈치였다. "대학원 수업이 월요일에 있습니다. 교회 일에는 지장이 없도록 하겠습니다"라고 말씀을 드렸지만, 느껴지는 반응은 좋지 않았다. 아니 부정적이었다. 그러나 나는 목사님의 반응에 개의치 않고 월요일마다 학교에 갔다.

대학원 논문을 쓰는 학기가 되었다. 논문 제목은 "기독교강요에 나타난 칼빈의 교육신학 연구"로 정했다. 열심히 모은 자료들을 가지고서 논문을 쓰기 시작했다. 그런데 여기서 나는 공과 사를 구분하지 못한 큰 실수를 저지르고 말았다. 개인의 학문 연구와 교회 전임 사역자로서의 책임의 한계를 분명히 하지 못한 것이다. 그때는 전임 교육 강도사로서 교회 교육 전반과 교회 행정을 맡고 있었다. 맡은 사역은 주로 교회 내에서 이루어지는 일로서, 담임목사님께서 몸이 불편한 나를 배려해 주신 것이었다.

하루는 목사님께서 보자고 하셔서 당회장실에 갔다. 목사님은 나를 보자마자 격양된 목소리로 물으셨다.

"황 강도사는 교회의 전임인가? 아르바이트를 하는 사람인가?"

나는 나지막이 "전임입니다"라고 대답했다. 그랬더니 목사님은 다그치듯 물으셨다.

"그러면 교회에 매일 출근을 해야 하는 것 아닌가?"

대답할 수가 없었다. 교회에 출근해서 일을 해야 할 시간에 집에서 논문을 쓰고 있었기 때문이다. 사실대로 잘못을 다 말씀을 드리고서 앞으로 성심껏 교회 일을 하겠다고 말씀드렸다. 목사님은 일장의 훈시를 하셨다. 나는 너무 부끄럽고 수치스러워서 목사님 면전에서 울 수밖에 없었다. 그분은 나의 아킬레스건까지 건드리면서 마치 고양이 앞에 쥐인 양 몰아붙이셨다. 마지막 남아 있는 실오라기만 한 자존심마저 짓밟으셨다. 지금까지 그 누구에게도 그런 수모를 받아 본 일이 없었는데, 너무 비참했다. '한 인간이 다른 인간을 이렇게까지 짓밟을 수 있구나' 하는 생각이 들면서 '아! 다 내려놓고 싶다'라는 격한 감정이 솟구쳐 하염없이 눈물이 흘러내렸다.

그런데 목사님은 내 모자람이 그렇게 못마땅하고 싫으셨는지 A4 용지 한 장을 가지고 오시더니 시말서를 쓰라고 내미셨다. 그분은 말로 준 모욕감과 수치심으로는 부족하셨다. 나는 시말서를 쓰라고 내민 하얀 종이를 내려다보면서, "나 더 이상 당신 같은 사람하고 교회 일 못합니다!"라고 하며 시말서 종이를 찢어 버리고 나오고 싶은 마음이 굴뚝같았다. 그러나 그러지 못했다. 장애의 몸 때문이었다. 설령 내가 그런 배짱으로 교회를 박차고 나오면 어느 교회에서 장애인 강도사를 받아 주겠는가. 사실 목사님의 입장에서 나는 큰 부담이었을 것 같다. 국민학교 4학년 때부터 이 교회에 나오기 시작해서, 중고등학교 때 잠시 다른 교회에 갔다가, 다시 모교회로 돌아와서 교육 전도사와 강도사로 있어 온 터라 교회에 동창 친구들도 많았고, 장로님과 권사님들이 나를 아들같이 생각하고 계셨기 때문이다. 특히 150여 명이 넘는 든든한 청년부 회원들이 있었기 때문이다. 그래서 어찌 보면 나는 그분에게서 뜨거운 감자였다. 그런데 이제 내보낼 절호의 기회가 온 것이었다. 이런 생각들이 번개같이 머릿속을 스쳐 지나갔다. 마음을 가다듬고 목사님께 물었다.

"시말서를 어떻게 쓸까요?"

목사님은 우선 '시말서'라고 쓰고, 그다음 줄부터 무엇을 잘못했는지, 그리고 앞으로 어떻게 할 것인지를 구체적으로 쓰라고 하셨다. 또박또박 그리고 구체적으로 시말서를 써서 드렸다. 그러면 목사님이 읽어 보시고 마지막으로 기도해 주시고서 마칠 줄 알았다. 그런데 그게 아니었다. 또 이런 주문을 하셨다. 매일 교회에서 무슨 일을 어떻게 했는지를 시간대별로 '목회 일기'를 써서 내라고 하셨다. 목사님의 이런 요구는 마치 확인 사살을 하는 것과 같다는 생각이 들었다. 목사님 편에서는 나를 신뢰할 수 없기 때문에 그렇게까지 한 것이라고 말할 수 있을지 모르지만, 내 입장에서는 속된 말로 너무 악랄하다고 말하고 싶을 정도였다. 그다음 날부터 나는 일기를 써서 목사님께 가져다드렸다. 가져다드릴 때마다 '어쩌다 이 지경까지 됐을까?' 하며 자책을 얼마나 했는지 모른다.

논문을 다 쓰고 대학원을 졸업하고 신학 석사 학위(Th. M.)를 받았다. 이 학위로 나는 세 개의 석사 학위를 갖게 되었다. 중앙대학교 대학원에서 헌법학 전공으로 받은 법학 석사 학위(M. A.), 총회신학연구원에서 받은 신학 석사 학위(M. Div.), 그리고 이번에 받은 신학 석사 학위(Th. M.)이다. 신학 석사 학위를 받고서 학교로부터 강의 요청이 왔다. 내가 쓴 논문의 내용을 대학 신학과 4학년 학생들에게 강의해 달라는 부탁이었다. 강의가 목요일이어서 교회 전임 사역자가 하기에는 문제가 있다고 생각되었지만, 일단 목사님께 학교에 출강을 해도 되는지를 여쭈었다. 목사님은 "강의를 꼭 해야겠느냐?"라고 물으셨다. 나는 아무 말도 안 하고 기다렸다. 그러자 목사님은 다른 부교역자들에게 누(累)가 안 되도록 조심해서 하라고 당부하시면서 허락해 주셨다. 시말서를 쓰라고 다그치실 때와 너무 다르셨다. 감사했다. 그러나 강의는 한 학기만 하고 그만두었다. 아무래도 월요일도 아닌 목요일에 가려고 하니 동역자들 눈치도 보이고 미안했다. 그래서 강의는 더 이상 하지 않았다.

18

목사 안수: 공식적으로 그분의 노예가 되다

강도사 1년 동안 나에게, 그리고 교회에 참 많은 일이 있었다. 가정에서는 마포에 새로운 거처를 마련한 일도 있었고, 교회에서는 청년부 담당 목회자로 임명된 일, 담임목사님의 소천, 새로운 목사님의 부임, 그리고 시말서를 쓴 일 등 참으로 숨 가쁜 1년이었다. 그리고 내 생애에 결코 잊을 수 없는 일도 생겼는데, 바로 목사 안수를 받는 일이다. 이 일은 교회 당회가 노회에 요청을 해서 이루어지는 교회의 중요한 직무 중 하나다. 교회 헌법은 이것의 열쇠를 당회의 의장인 당회장이 갖고 있다고 명시하고 있다.

담임목사님과 나와의 긴장이 다시 시작되었다. 세상적인 관점으로 볼 때 담임목사님은 '갑'이고 나는 '을'인 셈이다. 내심 목사님은 내가 교회를 떠나 주기를 바라고 계셨다. 그러나 본 교회 출신이라는 것도 그렇고, 몇몇 장로님과 권사님들이 나를 친아들 이상으로 대해 주시는 모습 등이 목사님께 보이지 않는 부담이었던 것 같다. 이런 것들이 담임목사님이 나의 목사 안수를 쉽게 거절할 수 없는 이유였다. 또한 그분들에게는 이런 자부심도 있었다. 모교회(母教會) 청년이 신학교에 가서 최초로 목사 안수를 받게 되는 자랑스러움 말이다.

결국 당회가 노회에 나의 목사 안수를 신청해 주었고, 나는 1979년 10월 16일 수도노회에서 안수를 받았다. 이날은 고등학교 3학년 여름 수련회에서 주님을 인격적으로 만나 그분께 손을 들고 서원했던 그 약속을 이룬 날이었다. 안수식에서 무릎을 꿇었다. 그리고 안수 위원들이 내 머리에 손을 얹고 안수를 해 주었다. 나는 감격스러워서 정말 많이 울었다. 그리고 이런 다짐을 했다.

'주님, 주님을 만났을 때 했던 그 서원을 꼭 이루겠습니다.'

하지만 이 거룩하고 엄숙한 자리에서 부모님은 보이지 않았다. 그때까지도 부모님은 내가 용납되지 않았던 것이다. 아내와 두 딸이 진심으로

축하해 주었고, 특히 아내는 눈물을 글썽이면서 나를 격하게 격려해 주었다. 그날 부모님을 찾아뵙고 목사 안수를 받은 사실을 말씀드렸다. "이제 아들이 목사 되었으니, 교회에 나가시면 좋겠습니다"라고 말하니, 아버지는 가만히 계시고 어머니는 의미심장한 한마디를 하셨다.

"너 하는 거 보고…."

내 목사 안수를 가장 기뻐하셨을 분은 누가 뭐라 해도 장모님이셨을 텐데, 안타깝게도 목사 안수받기 한 달 전에 우리 집에서 지병으로 소천하셨다. 장모님은 가정에서 내 유일한 기도 후원자셨다. 연약한 몸으로 거의 매일같이 교회에 나가 철야를 하면서까지 나를 위해 기도해 주셨다. 또한 아내가 도움을 요청하면 언제든 오셔서 두 연년생 외손녀를 키우며 힘들어하는 아내를 도와주시곤 했다. 두 딸, 혜심이와 혜진이는 거의 외할머니 손에서 자랐다고 해도 과언이 아닐 만큼 기도와 사랑으로 컸다.

장모님이 소천하신 후, 나는 열등감을 갖게 되었다. 부모님의 든든한 기도 후원을 받고 있는 동역자들을 보면 그렇게 부러울 수가 없었다. 우리 부모님은 아들이 목사가 되었지만 교회를 여전히 멀리했고, 장인어른도 역시 신앙생활과 동떨어져 계셨기 때문이었다. 장애를 갖고 있는 나는 그 누구보다 기도의 도움이 절실하게 더 필요한 사람이라고 생각하며 늘 부러워했다. 어쩌면 그렇기 때문에 더욱 하나님께 매달렸는지도 모르며, 그래서 그분 앞에 무릎을 꿇으면 많은 눈물을 쏟는지도 모른다. 지금도 마찬가지다.

│ 담임목사의 차별 대우 │

목사 안수를 받은 후, 나는 교육 목사로 임명되었다. 청년부를 지도하면서 동시 교회 교육 전반을 돌보는 책임을 맡은 것이다. 그래서 구역은 맡지 않았다. 그런데 담임목사님은 보이지 않게 교육 목사와 부목사를 차별하셨다. 우선 설교를 담당하는 부분에서 그것을 느낄 수 있었다. 부목사들은 주일 저녁이나 수요일 저녁에 돌아가면서 설교하는데, 나에게는 거의 차례가 오지 않았다. 심지어 나보다 늦게 목사 안수를 받은 부목사보다도 설교할 기회가 적었다. 의도적으로 설교하지 못하도록 막는 것 같았다.

나도 눈치가 없거나 그리 무딘 사람은 아니었다. 담임목사님께서 나를 좋아하지 않는다는 것을 알아차리고 기도하기 시작했다. 이제 이 교회를 떠나야 할 때가 왔다고 생각했다. 그래서 동료 목사들에게 내 처지를 설명하고 갈 곳을 좀 알아봐 달라고 부탁했다. 동기 목사가 후암동에 있는 어느 교회에 가서 주일학교 설교를 하라고 연락이 와서 그 주일 아침에 가서 설교를 했다. 설교 후 교회 지도자들과 선생들의 표정을 살펴보니 '뭐 이런 사람을 소개했어?'라는 느낌을 받고 쓸쓸하게 돌아왔다. 갑자기 자신이 없어지면서 이런 믿음 없는 의구심이 강하게 밀려왔다.

'이 교회를 떠나면 나를 목사로 불러 줄 교회가 있을까?'

담임목사님의 차별 대우는 거의 공개적인 수준에까지 이르렀다. 설교할 차례가 되었는데 의도적으로 나 대신 다른 부목사를 세우고 아예 나를 무시하셨다. 나에 대한 목사님의 압박을 부목사들이 다 알 정도였다. 하루하루의 교회 사역이 말 그대로 가시방석이었다. 정말 너무 힘이 들고 정신적으로 감당하기 어려웠다. 사람이 사람을 싫어하면 그 싫어하는 사람이 어떻게 악해져 가는지를 소설이나 드라마 또는 영화 등을 통해서 보기는 했지만, 막상 교회에서 보게 되니 너무도 추하고 측은하기까지 했다.

| 무언의 거절: "장애 목사, 넌 안 돼!" |

그러던 어느 날, 아내의 친구(사모) 남편이 나를 어느 교회에 소개할 테니 면접을 보러 같이 가자는 연락이 왔다. 반포에 있는 꽤 규모가 있는 교회였다. 소개해 주는 목사와 당회장실 문을 열고 들어갔다. 당회장이 들어서는 나를 위아래로 찬찬히 훑어보더니 한마디 말도 없이 의자를 뒤로 하고서 돌아앉아 버렸다. 같이 간 목사가 나를 소개하는데도 일언반구의 대답도 없었다. 약 30분이 지나도록 한 말씀도 안 하고 돌아앉아 계시는 목사님께 "그럼, 가 보겠습니다"라는 말을 하고 나왔다. 나를 소개해 주러 간 목사는 미안해서 어쩔 줄 몰라 했다.

그때까지 장애가 그렇게까지 사람들에게 거부감의 조건이 되리라고는 생각지도 못했다. 물론 중학교 입학 때 장애를 갖고 있다는 사실만으로 입학 시험을 치루는 것조차 거부당했던 일이 있었지만 말이다. 그런데 교회도 일반 세상과 다를 바 없다니! 그래도 중학교 입시 때는 담당자가 "저희 학교는 장애아를 받지 않습니다"라고 분명하게 답변이라도 해 주었는데, 교회는 뒤돌아 앉아서 침묵으로 일관했다. 왜 그랬을까? 생각건대 '장애인 목사는 우리 교회에서 일할 수 없다'라는 뜻이 아니었을까?

그렇다면, 장애인 목사와 비장애인 목사의 다른 점은 무엇일까? 외모다. 나 같은 경우 하반신 장애를 갖고 있기 때문에 비장애인 목사와 걷는 모습이 다를 것이다. 그러나 그것이 교회를 돌보는 일에 무슨 문제가 된다는 것일까? 참을 수 없는 수치심과 부끄러운 마음을 갖고 집에 돌아왔다. 아내가 "어떻게 되었어요?"라고 묻는데, 참았던 눈물이 울컥 쏟아져 내렸다. 아내를 붙들고 한참을 울었다. 아내에게 그리고 두 딸에게 참 많이 미안했다.

장애인들에게는 세상을 살아가는데, 눈에 보이지 않는 참 많은 편견의 벽이 있다. 그 벽들은 하나같이 모두가 너무 견고하다. 나는 교회 안에도 그 편견의 벽이 있음을 깨닫고서 무척 놀랐다. 그것도 일반 신도가 아닌 목회자들에게서, 그것도 사람을 앞에 놓고서 버젓이 벽을 두는 모습을 보았을 때, 속에서 분노가 치밀어 올랐다. 하나님의 형상대로 지음받은 인간은 평등하다는 말씀을(창 1:26-27), 그분은 교인들에게 어떻게 설교할까? 하나님은 사람의 외모를 보지 않으시고 중심을 보신다는 말씀을(삼상 15:6-13) 그분은 교인들에게 어떻게 가르칠까? 하나님은 약한 자를 들어서 강한 자를 부끄럽게 하신다는 말씀을(고후 12:5-6) 그분은 과연 어떻게 해석할까?

이번에 견디기 힘든 일을 겪고 나서, 나는 다음과 같은 심각한 고민에 빠졌다. '김희보 목사님의 권면을 귀담아듣고 장사를 해서 차라리 장로가 될 걸 그랬나?', '나같이 장애를 가진 목사를 불러 주는 교회가 있을까?', '개척을 해야 하나?' 등의 만 가지 생각이 떠올랐다. 교회에 나와서도 마음이 영 잡히지 않았다. 내 머릿속에는 온통, 어떻게 하면 주님께 드린 서원을 이루어 드릴 수 있을까에 대한 생각뿐이었다. 교회 일을 하면서 무시로 중얼거리며 기도했다.

"주님, 나를 도와주세요. 길을 열어 주세요."

19
유학을 결심하다

그런데 어느 날 목사님께서 나에게 사택에 가서 서재에 있는 책 한 권을 가져다 달라고 하셨다. 서재에 가서 부탁하신 책을 꺼내서 나오는데, 책 한 권이 눈에 들어왔다. 미국 남서침례교 신학교(Southwestern Baptist Theological Seminary) 카탈로그였다. 이것을 보는 순간 무슨 계시를 받은 듯 갑자기 가슴이 뛰기 시작했다. 앉아서 빨리 그 내용을 훑어보고서 학교 주소를 메모지에 적었다.

저녁에 아내에게 "여보, 우리 유학 가면 어떨까?"라고 물었더니, 아내는 완전 찬성 또 찬성이었다. 그래서 오늘 목사님 서재에서 보았던 학교에 대해 이야기했더니, 빨리 입학 원서를 보내 달라고 편지를 보내라는 것이었다. 나는 즉시 편지를 썼다. 이튿날 서울중앙우체국에 가서 국제우편으로 보냈다. 이때가 1981년 2월이었다. 약 2주쯤 후에 학교로부터 입학 원서와 카탈로그가 왔다. 문제는 토플이었다. 550점을 요구했다. 입학 원서를 작성해서 보내고 바로 그다음 날부터 종로2가 시사영어학원 토플 반에 등록하고서 공부하기 시작했다. 새벽 기도회를 마치고 바로 학원으로 갔다. 시작이 일곱 시여서 딱이었다. 약 두 달을 공부하고서 토플 시험을 치르고 점수를 학교에 제출했더니, 입학 허가서(I-20 Form)을 즉시 보내 주었다.

| 비자의 요구 사항 다섯 가지 |

유학 준비를 그 누구에게도 말하지 않았다. 새벽 기도회 후에 토플 공부하러 가는 것도 교회에서 아무도 눈치채지 못하도록 조심스럽게 했다. 그런데 이제 입학 허가서를 받았으니 이야기를 해야 했다. 그래서 먼저 담임목사님께 말씀을 드렸다. 그랬더니 목사님의 첫 마디가 "황 목사, 갈 수 있겠어?"라고 하시며 약간은 비아냥거리는 듯 말씀하셨다. 그때 목사님의 말을 이렇게 이해했다. "너 같은 장애인이 유학을 갈 수 있겠어? 힘들 걸!" 그 덕분에, 어떻게 해서라도 꼭 가고야 말겠다는 오기가 생겼다.

그런데 문제는 미국행 비자를 받는 일이었다. 나는 어느 여행사를 소개받아서 비자 수속을 맡겼다. 필요한 모든 서류를 챙겨 여행사에 갔더니 이런 팁을 주었다. 비자 인터뷰는 금요일에 받는 게 제일 유리한데, 그 이유는 다음 날부터 쉬게 되니까 대사관 직원들이 서둘러 잘 처리해 주기 때문이라는 것이다. 그래서 금요일에 아내와 같이 인터뷰를 하러 갔다. 차례가 되어 인터뷰를 하려는데, 영사가 서류를 살펴보더니 나에게 다섯 가지 항목에 대한 진술을 써서 월요일에 다시 오라는 것이었다.

다섯 가지 써 오라는 내용은 다음과 같다. 첫째, 왜 혼자 가지 가족을 다 데리고 가냐? 둘째, 장로교 목사가 왜 침례교 신학교에 가서 공부하려고 하냐? 셋째, 석사 학위가 세 개나 있는데 왜 더 공부하려고 하나? 넷째, 이 나이(37세)에 왜 유학을 가려고 하냐? 다섯째, 공부를 마치고 돌아온다는 보장이 무엇이냐? 여행사의 말만 믿고 금요일에 인터뷰를 받으러 갔다가 큰 숙제만 안고 온 셈이 되었다. 그래도 거절당하지 않은 게 천만다행이라고 생각했다. 이날 저녁에 마침 금요 기도회가 있어서 철야로 아내와 같이 기도했다. 토요일과 주일에는 금식하며 전심으로 주님께 매달렸다. 나는 이런 서원 기도를 드렸다.

"주님, 비자를 허락해 주시면 한국에 꼭 돌아오겠습니다."

참으로 비장했다. 이 길만이 한국에서 목사로 당당하게 일할 수 있는 길이라 믿었기 때문이고, 또한 유학 가는 길이 불가능할 것이라는 담임목사님의 비웃음에 대한 복수심(?) 때문이기도 했다.

대사관에서 써 오라고 한 진술서 물음 하나하나에 대해 오히려 되묻는 식으로 답변했다. 예를 들면, 첫 번째 물음인 "왜 가족을 다 데리고 가려느냐?"에는 "당신이 내 입장이라면, 가족을 두고 혼자서 몇 년씩 외국에 가서 공부할 수 있겠느냐?"라고 답했고, 네 번째 물음인 "왜 이 나이에 유학을 가려고 하냐?"에 대해서는 "공부하는 데 나이 제한이 있냐?"라는 식으로 대답을 썼다. 글쎄, 이렇게 대답하는 게 잘하는 것인지 확신이 서지는 않았지만, 기도하면서 그렇게 써야겠다는 마음이 생겨서 그렇게 썼다. 그 외의 대답은 "한국의 장로교와 미국의 침례교는 다 같이 보수적인 신학을 추구하기 때문"과 "석사 학위 세 개를 가지고 있지만, 이 학위들의 마무리로 박사 학위를 받아야겠다는 열망이 있어서"이고, 마지막으로

"나는 외아들(only child)이기에 한국에 돌아와서 부모님을 모셔야 하기 때문"이라고 썼다. 마침 교회에 모 대학 영문학 교수님이 계셔서 주일날 예배 후에 작성한 진술서를 보여 드리고 교정을 받았다.

월요일 약속한 시간에 대사관 인터뷰를 받았다. 영사는 써 가지고 간 서류를 한참 동안 찬찬히 읽어 보더니 앉아서 기다리라는 말만 하고는 다른 말이 없었다. 나는 또 무슨 트집을 잡으려는 것은 아닐까 하는 불안한 마음이 들었다. 한 시간 남짓 기다리고 있는데, 영사가 내 이름을 불러서 갔다. 그러자 나를 보고 씩 웃으며 "Good luck!"이라고 하면서 우리 네 식구 비자를 건네주었다. 비자를 손에 들고서 아내와 얼마나 기뻐했는지 모른다.

나의 유학은 정말 전광석화(電光石火)로 이루어졌다. 1981년 2월 초에 목사님 서재에서 남서침례신학교 카탈로그를 보고 유학할 결심을 한 후, 바로 학교에 편지를 보내고 입학 원서를 받아 토플을 준비해서 토플 시험 점수를 입학 원서와 함께 보내 입학 허가서를 받고, 4월 초에 비자까지 받았으니, 2개월 만에 유학의 길을 완벽하게 끝낸 것이었다.

비자까지 받고 나니 두 분의 얼굴이 불현듯 떠올랐다. 한 분은 부모님이고, 또 한 분은 담임목사님이었다. 우선 '부모님께 어떻게 유학하겠다는 말씀을 드려야 하나' 하는 생각에 마음이 너무나 무거웠다. 아버지는 그때 당뇨와 동맥 경화를 앓고 계시면서도 건강이 웬만하셔서 복덕방을 차려 놓고 어머니와 소일을 하고 계신 때였다. 이런 부모님께 말씀을 드린다는 게 너무 죄송스럽고 염치없다고 생각되었다. 그리고 나는 비자를 받은 즉시 교회에 가서 담임목사님께 말씀을 드렸다.

"목사님, 저 오늘 비자 받았습니다. 4월 말까지만 교회 일을 하고 사임해야겠습니다."

이 말을 하는데 왜 그렇게 통쾌하던지…. 그러고 보니 목사지만 나도 역시 속물이라는 생각이 들었다. 왜 통쾌했을까? 그동안 유·무형으로 받은 설움 때문이었을까? 아니면 장애인 목사이기에 차별 대우를 받았다고 느꼈던 감정 때문이었을까? 아마도 둘 다이지 않았을까.

| 교회 사임 |

교회를 사임한다는 소식이 교회 안에 금방 알려졌다. 여기저기서 격려 반 염려 반의 소리들이 들리기 시작했다. "대단한 결심이네", "어떻게 온 식구가 다 같이 가려고 생각했을까?", "어쩌면 장애를 극복할 수 있는 길일 수도 있어" 등등의 힘을 주시는 말씀들이 많았다. 그러나 개중에는 "그 몸으로 어떻게 공부하며 가족을 데리고 가서 살려고?", "외아들인데 부모님은 어떻게 하고 가려고?", "나이가 꽤 있는데?" 등등의 걱정하는 소리들도 있었다. 이 모든 소리들은 다 우리 가족을 사랑해서 해 주신 말씀들이었다. 나는 정말 교인들에게 사랑을 많이 받은 목사였다.

그러나 청년부 회원들의 섭섭함은 생각보다 훨씬 컸다. 그들은 내 유학에 대한 것보다는 앞으로 청년부가 어떻게 될 것인지에 대한 걱정이 많았다. 그들에게 나는 이미 떠날 사람이니까 그렇다 치더라도, 당장 청년부를 누가 어떻게 지도해 나갈 것인지에 대한 이야기들이 주를 이루었다. 사실 나도 그 점이 염려가 되었다. 내가 잘해서가 아니라, 나보다 더 훌륭한 교역자가 와서 청년부를 지금보다 더 잘 섬겨 주기를 바라는 마음에서 였다. 그러나 지금은 떠나야 하는 입장인지라 그 이상의 간섭은 목회 윤리상 맞지 않다고 생각해서 일체 언급을 삼갔다.

교회에서는 나의 사임에 대한 처리로 약간의 불협화음이 있었다. 솔직히 많은 교인들은 유학을 떠나는 나에게 넉넉한 퇴직금을 주어서 보내기를 바랐다. 그러나 여기에 담임목사님이 제동을 걸고 나섰다. 전례대로 하자고 하셨는데, 맞는 말씀이었다. 그런데 사실 이 교회 출신으로 교육 전도사, 강도사, 교육 목사 그리고 부목사로 사역을 하다가 유학을 떠나는 것은 내가 처음이었다. 그러니 전례가 없었다. 그러나 목사님이 얘기한 그 전례가 어떤 것인지는 모르겠지만, 목사님은 이를 고집하셨다. 그때 당회 재정부장 장로님께서 나서서 이렇게 제안하시고서 일단락을 지으셨다. 교회는 목사님 말씀대로 전례대로 해 주고, 교회에서 따로 성금을 모아서 드리자는 제안이었다. 교인들 모두는 이 제안을 흔쾌히 받아들였다. 이렇게 해서 당시 돈으로 200여만 원을 모아서 나의 유학 길을 격려해 주셨다.

성도교회에서의 사역은 이렇게 마무리 지어졌다. 국민학교 4학년 때 처음 교회에 출석해서 중·고등학교 시절과 대학교 1, 2학년 때 다른 교회에서 신앙생활을 하다가 대학교를 졸업하고 다시 모(母)교회로 돌아와서 교육 전도사부터 부목사가 되어 유학길에 오르기까지 약 20년간 정들었던 교회를 떠나게 된 것이다. 가장 추억에 남는 것은 故 김성환 목사님이시다. 나는 그분으로부터 목회자는 어떤 인격을 갖추어야 하는지와 변증적 강해 설교를 배웠다. 그리고 무엇보다도 청년부 회원들과의 신앙적 동고동락은 결코 잊을 수 없는 추억 중의 추억이다.

그리고 한 가지 언급을 해야 할 게 있다. 다름 아닌 나로 하여금 유학의 동기 부여를 갖도록 하셨던 담임목사님이시다. 만약 그분으로부터 신뢰와 사랑을 받고 교회 일을 했다면 아마도 유학의 꿈은 꾸지 못했을 것이다. 그러나 나는 하나님께서 그분으로 하여금 나를 그 자리에서 몰아내도록 하지 않으셨나 하는 생각을 한다. 여하튼 목사님은 내 인생에서 중요한 동기 부여자로서의 역할을 해 주신 분이심에 틀림이 없다. 뒤돌아 생각해 보면 한편 고마운 분이시다.

지난 이야기지만, 샌프란시스코에서 목회할 때, 같은 지역에서 목회하고 있는 동기 목사님이 하루는 "황 목사가 섬기던 교회 담임목사님께서 이곳을 방문하셨는데, 같이 식사를 대접하는 게 어떨까?"라는 연락을 주었다. 교회 사임 후 10여 년 만에 만나 뵙는 것이라 만감이 교차했다. 목사님은 자연스럽게 나를 대해 주셨다. 하지만 나는 아니었다. 그러나 식사를 하면서 대화를 나누는 가운데 마음에 쌓여 있던 과거의 아픈 감정들이 하나둘씩 해소되어 가면서 이해와 용서의 마음이 내 안에 가득 차오름을 느꼈다.

| 부모님의 슬픔 |

아들 식구들을 먼 미국으로 떠나보내야 하는 부모님의 마음은 상상할 수 없을 정도로 슬프고 괴로우셨을 것이다. 그분들에게 또 다른 피붙이가 있었다면 모르겠지만, 달랑 나 혼자였기에 더욱 그 슬픔과 괴로움은 크셨을 것이다. 유학을 가게 되었다고 말씀드리니까 "아이들도 같이 가니?"라

고 물으셨는데, 그 물음으로 손녀들에 대한 그분들의 그리움이 얼마나 컸는지가 느껴졌다. 그리고 "얼마나 걸리니?"라고 묻는 어머니의 물음으로 자식에 대한 그리움이 얼마나 절절하실지가 느껴졌다. 아버지는 그래도 담담하셨는데, 어머니는 연신 눈물을 훔치셨다. 특히 어머니의 눈물로 내 마음은 비수로 찌르듯 아팠다. 그래서 나도 울지 않을 수 없었다.

"빨리 마치고 올게요. 건강하셔야 해요."

당시 부모님께 드릴 수 있는 말은 이게 다였다. 사실, 그 이상의 무슨 말씀을 드릴 상황이 아니었다. 후에 아버지께 들은 이야기인데, 어머니는 우리가 떠난 후 거의 한 달간 식음을 전폐하다시피 하시며 많이 우셨다고 한다. 나는 불효자였다. 적어도 인간적인 면에서는 말이다.

떠나는 날 부모님과 많은 교인들이 와서 부디 성공하고 돌아오기를 기원해 주었다. 나는 부모님의 눈물을 볼 수가 없어서 의도적으로 외면했지만 내 마음에도 눈물이 가득 고여 더 이상 참을 수가 없었다. 아버지는 감히 죄송해서 보기조차도 힘들어, 어머니를 안고 울면서 그냥 "엄마, 미안해. 빨리 마치고 올게"라는 말만 수없이 했던 것 같다.

수십 명의 교인들과 청년부 회원들도 공항까지 나와서 항아리 기도를 해 주며 떠나는 우리를 격려해 주었다.

| 미국으로 떠나다 |

비행기를 탔다. 내가 부모님을 떠난다는 게 전혀 실감 나지를 않았다. '외아들로서 병약하신 아버지를 두고 어떻게 그 곁을 멀리 떠난단 말인가?', '눈물로 떠나지 말 것을 애원하시는 어머니를 뿌리치고 왜 떠나야 했을까?' 등등의 격한 물음들이 머릿속을 하얗게 만들었다. 솔직히 이런 물음들을 뛰어넘을 수 있었던 것은 내 의지가 아닌 하나님의 의지였다. 마치 이스라엘 백성들을 애굽에서 급히 쫓아내시듯 나 역시 그런 상황이었던 것 같다. 1981년 5월 8일에 비행기를 탔으니, 유학 준비를 시작해서 3개월 만에 가족과 함께 떠나게 된 것은 정말로 하나님의 인도하심이라 말하지 않을 수 없다. 나는 당시 강력한 하나님의 인도하심을 느끼지 않을 수 없었다.

아내와 자녀들은 연신 비행기 창밖을 내다보면서 신기한 듯 좋아했다. 특히 아내는 가슴이 뻥 뚫리는 시원함이 있었을 것이다. 꿈도 맘껏 부풀었을 것이다. 우리는 결혼하기 전에 가정을 꾸린 후 같이 공부하기로 했었다. 그런데 허니문 베이비가 생기는 바람에 그 약속이 물거품이 되었다. 그래서 이제 그 약속을 이룰 수 있겠다는 생각을 하기도 했다.

비행기는 LA 공항에 도착했다. 미리 약속해 두었던 교회 형뻘 되는 박장춘 교수(연세대 교수)가 우리를 맞아 주었다. 집으로 가는 차 안에서 밖을 보며 '아! 이게 미국이구나' 하는 생소한 기분이 들었다. 집들이 다 나지막하고 뭐든지 널찍널찍했다. 거리도, 집들도, 그리고 건물들도 다 그랬다. 거리를 따라 정렬로 서 있는 야자수 나무들이 무척 인상적이었다. 드디어 미국 집에 처음 들어섰다. 음료와 과일을 내왔는데, 바나나가 특히 눈에 들어왔다. 한국에서는 비싸서 먹을 수 없었던 건데 여기서 이렇게 많이 보다니! 한 묶음 내온 바나나를 우리 가족이 다 먹었던 것 같다.

이틀을 이 집에서 쉬고 다음 날 달라스(Dallas) 행 비행기를 탔다. 달라스 공항에서는 한국 '생명의 말씀사'에서 소개해 준 달라스 제일침례교회 손영호 목사님께서 우리를 맞아 주셨다. 초면인데도 친절하게 하루를 편안히 묵도록 배려해 주시고, 이튿날 남서침례 신학교(Southwestern Baptist Theological Seminary)가 있는 포트워스(Fort Worth)까지 데려다주셨다. 너무 고마웠다. 목사님이 떠나신 후, 우리는 점심 식사를 하러 학교 앞에 있는 '잭 인 더 박스(Jack in the Box)'에 들어갔다. 햄버거 가게였다. 미국에서 처음 들어온 식당이었다. 뭘 먹을지 몰라서 메뉴판 제일 위에 있는 제일 싼 것으로 주문했다. 이날이 1981년 5월 12일이었다.

20
유학을 받아 준 고마운 학교

점심을 먹고 학교 교무처를 찾아갔다. 입학 허가서를 보여 주며 한국에서 유학을 왔다고 했다. 직원은 아주 친절하게 우리 가족을 대해 주었다. 손님방(guest room)으로 우리를 안내하면서, 학교에 공부하러 온 것을 환영하고 앞으로 지내는 동안 혹시 불편한 게 있으면 언제든지 말해 달라며 나를 안심시켜 주었다. 잠시 후 교무처장이 들어왔다. 그는 이 학교를 선택해 준 것에 감사한다고 했고, 나는 공부할 수 있는 기회를 줘서 고맙다고 답례했다. 솔직히 그분의 말을 충분히 알아들을 수는 없었다. 언어의 준비 부족을 절감했다.

│ 꿈 이 루 기 │

그는 내 학점 관계 서류들을 살펴보더니 박사 과정에 입학하는 것은 어렵겠다고 말했다. 사실 나는 신학 석사 학위(Th. M.)을 가지고 있기 때문에 박사 과정에 들어가는 것은 별 문제가 없을 거라고 생각했다. 그러나 그렇지 않았다. 처장은 부족한 학점을 더 취득하기 위해 석사 과정 1년을 더 해야 박사 과정에 들어갈 수 있다고 설명해 주었다. 그래서 5월 25일에 개강되는 여름 학기(Summer school)부터 다시 석사 과정을 시작하기로 했다. 그러나 12일에 도착해서 25일부터 수업에 들어가는 것은 다소 무리였다. 여독도 있었고, 무엇보다 언어 능력이 부족했기 때문이다. 하지만 빨리 끝내고 돌아가야겠다는 마음에 서둘러 공부를 시작했다.

여름 학기부터 내 꿈을 이루기 위한 대장정이 시작되었다. 하지만 전혀 두려운 마음이 들지 않았다. 오히려 할 수 있다는 용기가 생겼고, 도전의 의지가 불타올랐다. "태산아 네가 무엇이냐 네가 스룹바벨 앞에서 평지가 되리라"(슥 4:7)라는 말씀이 나를 힘입게 감쌌다. 나를 여기로 보내신 하나님은 그분의 뜻을 이루시기까지 쉬지 않으실 것이라는 확신이 있었다.

> 나는 시온의 의가 빛같이, 예루살렘의 구원이 횃불같이 나타나도록 시온을 위하여 잠잠하지 아니하며 예루살렘을 위하여 쉬지 아니할 것인즉 이방 나라들이 네 공의를, 뭇 왕이 다 네 영광을 볼 것이요 너는 여호와의 입으로 정하실 새 이름으로 일컬음이 될 것이며 너는 또 여호와의 손의 아름다운 관, 네 하나님의 손의 왕관이 될 것이라 다시는 너를 버림받은 자라 부르지 아니하며 다시는 네 땅을 황무지라 부르지 아니하고 오직 너를 헵시바라 하며 네 땅을 쁄라라 하리니 이는 여호와께서 너를 기뻐하실 것이며 네 땅이 결혼한 것처럼 될 것임이라 (사 62:1-4)

이국땅에서 처음 들은 하나님의 음성이었다. 조국에서는 '버림받은 자'처럼 '황무지'와 같이 쓸모없다고 다들 외면했지만, 하나님은 놀랍게도 그런 나를 '헵시바'로 인정해 주시고 '쁄라'로 삼아 주신다니 감사의 눈물이 마구 쏟아졌다.

학교는 방 두 개가 있는 집을 나에게 렌트해 주었다. 재미있는 것은 기찻길 옆이어서 하루에 두 번 정도는 기차 소리를 들을 수 있었다. 정겨웠다. 기차 소리는 향수를 느끼게 했고 그리움을 불러왔다. 나는 학교 수업 준비에 바빴고, 아내는 가져온 짐을 아이들과 정리하느라 바빴다. 바빠도 즐거웠다. 결혼해서 아내의 얼굴이 그렇게 환하게 밝아 보이는 것은 처음 보는 것 같았다. 이렇게 우리 가족은 미국에서의 생활을 시작했다.

여름 학기에 세 과목 6학점을 신청해서 공부하기 시작했다. 첫 시간부터 문제였다. 교수의 강의를 이해하기가 힘들었다. 강의를 들으며 속으로 이런 기도를 했다.

"주님, 수업이 끝나고 강의 노트를 빌려서 복사하도록 허락해 주는 학생을 만나게 해 주십시오."

강의가 끝났다. 두리번거리며 그런 학생을 찾는데 어느 여학생이 눈에 들어왔다. 가서 "내가 강의를 충분히 이해하지 못해서 그러는데 강의 노트를 복사할 수 있을까?"라고 했더니, 아주 친절하게 자기가 친히 학교 복사기에서 복사를 해서 주는 것이었다. 얼마나 고마웠는지 모른다. 거의 40년 전의 일이었지만 지금도 나는 그 여학생의 모습을 기억하고 있다.

강의 시간마다 나는 학생들의 도움을 받지 않을 수 없었다. 학생들은 친절했다. 그 누구 하나 나를 불편해하거나 거절하지 않고, 기쁘게 도와

주었다. 30여 명의 학생들과 강의를 들었지만, 그 가운데 한 사람도 나의 장애에 무관심했다. 가다가 뒤돌아서 나를 훔쳐보거나 힐끔거리지도 않았다. 강의실에서뿐 아니라 학교 어디에서도 나는 완전한 정상인이었다. 나는 그들 눈에는 외국에서 공부하러 온 학생으로 족했다. 그 이상도 그 이하도 아니었다.

이런 점이 나를 자유롭게 했다. 사실 한국에서 장애인으로서 가장 신경 쓰이고 힘들었던 점은 사람들의 시선이었다. 대부분은 나를 처음 만나면 으레 위아래로 훑어보았다. '이 사람은 왜 이러지?' 자기와 다른 것을 확인하며 관심을 갖는 태도, 나는 그런 관심이 싫었다. 그러나 이곳에서는 나를 위아래로 훑어보는 사람을 전혀 보지 못했다. 처음 만나서 인사를 주고받아도 그런 태도는 볼 수가 없었다. 그저 모든 게 자연스럽고 자유로웠다. 나는 이곳이 "none of your business(신경 꺼, 참견하지 마)"를 실천하며 사는 사람들의 세계라고 생각했다.

| 교 단 을 바 꾸 면 ? |

학교에는 이미 10여 명의 한국 학생들이 공부하고 있었다. 그들의 따뜻한 환영으로 고향에 대한 향수를 조금이나마 달랠 수 있었다. 나만 장로교이고 모두가 침례교였다. 한국의 침례신학교를 나와서 온 분들도 있었고, 이곳 침례교에서 은혜를 받고서 공부하러 온 분들도 있었다. 그러나 교파가 친교에 있어 장애물은 아니었다. 그러나 장로교 목사로서 학생의 신분을 갖고 공부하는 것은 결코 쉬운 일이 아니었다.

학교에서 침례교 학생들에게는 등록금이나 의료보험을 50% 감면해 주는 데, 침례교 학생이 아니면 이런 혜택을 주지 않았다. 불공평하다고 생각도 있었지만, 학교 입장에서 볼 때는 당연한 처사라고 생각하고 받아들였다. 침례 교단에서 교단 목사들을 양성하기 위해 세운 학교이기 때문이다. 그러나 빠듯한 유학 생활, 공부에 드는 비용이 만만치 않은 상황에서 반액을 면제해 준다는 것은 대단한 매력이었다.

침례교 학생들은 거의 대부분 학교 주변의 미국 침례교회나 달라스에 있는 한인 침례교회에서 사역을 하고 있었다. 그러나 장로교 목사는 교회 사역지를 찾는 게 거의 불가능했다. 그런데 어느 날 한 학생으로부터 이런 제안을 받았다. 학교 주변의 꽤 규모가 있는 미국 침례교회에서 나에게 관심이 있다는 것이었다. 박사 학위를 마칠 때까지 학교 등록금 전액과 생활비를 대 주겠다는 제안이 그 학생을 통해서 온 것이다. 단 조건이 하나 있었는데, 교단을 침례교로 바꿔야 한다는 것.

아내와 이 문제를 놓고 주님의 인도하심을 바라며 기도했다. '하나님의 일을 하는데 교단이 뭐 그렇게 중요한 건가?', '주변에 그렇게 해서 편하게 공부하는 학생들이 있지 않은가?', '한국 침례교 신학교 교수로 갈 수도 있지 않겠는가?' 등의 많은 생각을 하면서 주님의 응답을 기다렸다. 얼마간의 기도를 마치고 아내와 이런 결론에 도달했다. '그럴 수 없다'였다. 교단을 바꾸면서까지 학위를 취득하고 싶지 않았다. 물론 교단이 하나님의 일을 하는 데 그렇게 중요한 것이냐고 따질지 모르지만, 나는 신앙의 정통성과 장로교 목사로서의 자존심을 지키고 싶었다.

| 고마운 분들 |

학교 수업은 솔직히 내게 벅찼다. '준비를 더 해서 왔어야 했는데' 하는 아쉬움이 수없이 들었다. 한 달 반의 여름 학기를 어떻게 보냈는지 모르게 지나갔다. 세 과목 중에 특히 '기독교 사회학' 과목이 어려웠다. 다른 것보다도 그룹 토의가 어려웠다. 한 그룹에 대여섯 명이었는데 각자가 하나씩 맡아서 발표를 하고, 그것을 취합해서 과제물을 제출하는 것이었다. 그룹 토의 때 나는 반벙어리였다. 그 시간이 너무 고통스러웠다. 그런 나를 아는 듯 학생들은 내 처지를 충분히 이해해 주었고, 내가 해야 할 몫을 자기들이 나누어서 해 주곤 했다. 이렇게 해서 받은 점수가 'C'였고, 나머지 두 과목은 'A'를 받았다.

이런 점수를 받기까지 많은 분들의 고마운 수고가 있었다. 첫째는 같은 반 학생들이었다. 그들은 수업 중 나의 서툴고 모자람에 편견을 갖지 않고 자원해서 도와주었다. 잘 이해하지 못하면 몇 번이고 반복해서 설명해 주었고, 심지어 서툰 발음 교정까지 해 주면서 도와주었다. 좋은 친구들이요 미래의 동역자들이라 생각했다. 이런 좋은 학생들과 공부한 것은 하나님의 은혜다.

학교는 따뜻했다. 특히 교무처는 정말 따뜻했다. 우리 가정이 불편 없이 학교에 잘 정착하도록 온갖 배려를 아끼지 않았다. 심지어 중년의 여직원 한 분은 집에 와서 아내에게 미국 음식 만드는 법을 가르쳐 주기까지 했다. 또한 학생으로 교무처에서 아르바이트를 하는 여학생 두 명은 일이 끝나면 집에 와서 아이들에게 영어를 가르쳐 주면서 미국 학교에 갈 준비를 시켜 주었다. 당시 우리 가족에게 불편한 게 있다면 언어였지 그

외에는 불편한 게 없이 모든 게 편안하고 안정적이었다.

| 필립 싱클레어 (Philip Sinclair) |

남서침례 신학교 1년 동안 가장 잊을 수 없는 사람은 필립 싱클레어와 그의 가정이다. 필립은 신학교 졸업을 1년 남겨 놓고 있었고, 아내는 아메리칸 인디언으로 하반신을 못 쓰는 장애를 가지고 있었다. 그리고 슬하에 두 딸이 있었는데, 내 딸과 동년배였다. 그런데 어느 날 필립 부부가 우리 집을 찾아왔다. 학교 교무처를 통해서 장애를 갖고 있는 학생이 한국에서 유학을 왔다는 소식을 들었다고 하면서 환영해 주었다. 아마도 필립 씨 아내도 장애를 갖고 있어서 동병상련의 마음을 가졌던 것 같았다.

싱클레어 부인은 가끔씩 우리 집을 방문해서 대화를 나누고 뭐 도와줄 게 없는지 묻곤 했다. 사실 그때 나는 컴퓨터를 잘 다룰 줄 몰라서 쩔쩔매고 있었다. 학교에서는 소논문 과제를 많이 내 주었는데, 컴퓨터가 아직 개발되지 않은 때라 타자로 쳐야 했다. 내가 숙제를 쓰면 아내가 타자를 쳐 주었는데 생전 처음 쳐 보는 것이라 몹시 느리고 틀리는 게 많았다. 그래서 어떤 때는 밤을 꼬박 새우면서 아내가 쳐 주기도 했다. 이런 사정을 싱클레어 부인이 들더니 자기가 타자를 쳐 주겠다고 했다. 우리 부부는 너무 고마웠다. 그녀는 타자를 쳐야 할 숙제가 있으면 언제든지 연락을 하라고 했고, 석사 과정 1년을 마치는 동안 그녀는 내게 많은 도움을 줬다.

어느 토요일 아침에 싱클레어 부인이 찾아와서 147불을 주면서 이렇게 말했다.

"지난 한 주간 필립이 어느 집 페인트칠을 해 주고 294불을 받았는데, 그 반을 우리와 나누기 위해 가지고 왔어요."

우리는 너무 놀랐고, 또 고마웠다. 바로 이런 게 예수가 실천으로 보여 준 사랑이 아닌가 생각했다. 그런데 이 학교에서의 학업을 마치고, 남침례신학교로 옮겨 공부를 시작한 지 얼마 지나지 않아 뜻밖의 슬픈 소식을 듣게 되었다. 싱클레어 부인이 하반신 장애로 인한 합병증으로 하나님의 품에 안겼다는 소식이었다.

그녀에게서 받은 도움은, 후에 내가 받은 그 어떤 도움과도 비교할 수 없을 만큼 보석처럼 아름다운 것이었다.

21
학문의 최고 경지를 향해

    석사 과정을 마치고 이 학교에서 박사 과정까지 계속하려고 했다. 그런데 문제가 생겼다. 장로교 학생은 자리가 날 때까지 박사 과정에 들어올 수 없다는 것이다. 박사 과정에는 침례 교단이 아닌 타 교단 학생들을 위한 TO가 있었는데, 지금은 그 TO가 없다는 것이었다. 하루가 급한 나는 어쩔 수 없이 다른 학교를 알아보기로 했다. 일단 세 곳의 신학교―그레이스 신학교(Grace Theological Seminary), 웨스트민스터 신학교(Westminster Theological Seminary), 그리고 남침례 신학교(The Southern Baptist Theological Seminary)―를 택해서 박사 과정 입학 원서를 보냈다.

    1982년 봄 학기를 마쳤으니까, 가을 학기에 공부를 계속 해야 했다. 학교로부터 좋은 소식이 오기를 위해 마음 조리며 기다릴 수밖에 없는 처지가 되었다. 그때 마침 여름방학이 되어 원거리 주말 목회를 하던 목사님 한 분이 교회 사택으로 가서 방학을 지내시기로 하고 집을 비워 놓고 가시게 되었다. 나는 목사님께 사정을 설명드리며 안 계시는 동안만 그곳에 머물 수 있게 해 달라고 요청했다. 봄 학기를 마치면서는 학교 사택에서 나와야 했기 때문이었다. 졸업을 해서 더 이상 이 학교 학생이 아니니까 말이다. 목사님은 선뜻 허락해 주셨다. 덕분에 우리는 짐을 이곳으로 옮기고 입학 허가서가 오기를 간절히 기도했다.

| 박 사 될 꿈 을 싣 고 |

아침 10시부터 12시까지 두 시간을 합심해서 간절히 부르짖었다. 입학 원서를 보내고 기도를 시작한 지 약 2주가 지났다. 첫 번째로 웨스트민스터 신학교에서 입학 허가서를 보내 주었다. 아직 시간이 좀 있어서 나머지 두 학교에서도 소식이 오기를 기다리며 기도했다. 거의 3주가 지날 때쯤 남침례 신학교에서도 입학 허가서가 왔다. 그러나 그레이스 신학교에서는 아무 연락이 없었다. 두 학교를 놓고서 결정해야 했다. 고민 끝에 등록금이 조금 더 싼 남침례 신학교로 가기로 했다.

남침례 신학교는 입학의 조건으로 과목 시험, TOEFL, GRE, 그리고 Miller Analogy Test를 요구했다. 이 시험들은 점수로 입학의 당락을 결정하는 시험은 아니었고, 박사 과정으로 바로 들어가서 공부할 수 있는 준비가 되어 있는지를 확인하는 시험이었다. 과목 시험 문제는 이곳 학교로 보내 줘서 학교 감독하에 치렀고, 나머지 시험은 각각 신청을 해서 보았다. 그런데 Miller Analogy Test는 처음 들어 보는 시험이었기에 정말 난해한 시험이었다. GRE 시험 준비를 위해서 특별히 생소한 단어들을 온 방 안의 벽과 천장, 심지어 화장실에까지 붙여 놓고 외웠다. 내 생애에 단시간 동안 이토록 치열하게 시험 공부를 해 본 적이 없었다.

U-Haul(트레일러) 작은 것을 빌려서 차에다 달고, 텍사스에서 보낸 꿈 같

은 1년을 뒤로 하고 켄터키를 향해 출발했다. 교정에서 함께 지냈던 동역자들과 교인 몇 분이 떠나는 우리를 축하해 주셨다. 우선 하이웨이 20번 동쪽 길을 따라 미시시피로 갔다. 성도교회 청년부 1회 졸업생이었던 방선기 목사님을 만나기 위해서였다. 목사님은 당시 리폼드 신학교(Reformed Theological Seminary)에서 공부를 하고 있었다. 하루를 같이 보내고 회포를 풀고서 우리는 하이웨이 75번 북쪽 길을 따라 학교로 향했다.

학교에 가까이 오니 텍사스와는 다른 환경이었다. 마치 한국에 온 것과 같은 날씨에다 우거진 숲에 둘러쌓인 자연의 정취가 마음에 평안함을 주었다. 교정 입구부터는 고색이 찬란한 건물들과 주변 환경이 우리를 매료하기에 충분했다. 우리는 "Praise the Lord!", "Thank you God!"을 연발했다. 교무처에 들러 입학 허가 서신을 보여 주었다. 교무처장실로 안내를 받아 교무처장과 인사를 나누고 그에게서 내가 공부할 과정에 관한 이야기를 들었다. 그는 내가 오기 전에 치렀던 시험 성적으로는 다음 학기부터 박사 과정에 들어갈 수 없다고 했다. 석사 과정에서 한 학기 수업을 더 들어야 한다고 했다. 나는 별다른 도리 없이 따를 수밖에 없었다.

학교에서는 이미 우리가 거주할 학교 사택을 예비해 놓고 있었다. 짐을 풀고 있는데 한국 학생들이 어떻게들 알고 나를 찾아와서 환영해 주었다. 나중에 알게 된 것이지만, 그때 정태기 목사님도 거기에 계셨다. 목사님은 우리보다 먼저 와서 공부를 하고 계셨다. 목사님 사택과 우리 집이 서로 가까이 있어서 우리는 자주 목사님 댁 신세를 졌다. 목사님 댁은 마치 정거장과 같았다. 학생들이 자주 같이 모여서 고향의 회포들도 풀며 편안한 시간을 갖도록 해 주셨다. 이때부터 목사님은 이미 상담학 전공자였다. 사람들을 좋아하셨고 베풀기를 아까워하지 않으셨다.

학교에서 요구했던 박사 과정 입학 전 석사 과정을 한 학기 더 해야 하는 조건을 가을 학기를 끝냄으로 충족시켰다. 다음 봄 학기부터는 박사 과정에서 공부할 수 있게 되어 마음이 들떴다. 박사 과정은 세미나 형태의 콜로키움(Colloquium) 강좌를 6학기 수강해야 했다. 학기당 두 과목을 공부해야 했는데, 콜로키움 강좌가 나에게는 이만저만한 고민이 아니었다. 강좌는 월요일과 수요일에 있었는데, 이 두 날 개설되는 강좌를 위해 집과 학교를 왕복할 것인가 하는 문제 때문이었다. 이틀을 왕복하면 내 체력이 감당할 수 없을 것 같고, 학교에서 이틀을 지내면 어디에서 묵고 교회는 어떻게 하느냐 하는 것이었다.

공부가 우선이라고 생각한 나는 끝내 월요일에 학교에 가서 그날 강좌에 참석하고 이틀간 학교에서 묵고 수요일 수업이 끝나면 집에 돌아오기로 결정했다. 그런데 문제는 학교에서 이틀간을 어디에서 묵느냐는 것이었다. 내 이런 사정을 들은 최봉수 전도사님(현재 미국 아틀란타 슈가로프 침례교회 담임목사)이 자기 기숙사 방에 와서 이틀간 같이 지내자고 하셨다. 전도사님의 기숙사 방은 1인실이었다. 그러나 일주일에 이틀간 두 사람이 지내는 것으로 되었다. 전도사님은 자기 침대를 나에게 내주고 자기는 바닥에 담요를 깔고 잤다. 너무 미안하고 정말 고마웠다.

| 논 문 심 사 |

이렇게 3년간의 콜로키움 강좌 과정을 다 마쳤다. 그런데 강좌 중에는 이런 일도 있었다. 배당받은 책을 요약해서 발표하고 학생들의 질문에 답변을 하는 자유토론의 시간이었다. 내가 발표하는 시간이었다. 발표하며 결론으로서, "내가 읽은 책의 저자는 신정통주의 신학 사상을 견지하고 있는 자유주의 신학자인데, 나는 이 사상을 수용하기 어렵다"라고 평가했다. 그랬더니 교수가 왜 신정통주의가 자유주의 신학이냐고 따져 물었다. 서툰 영어이지만 나는 그 이유를 조목조목 설명했다. 그러자 교수는 신정통주의는 자유주의 신학이 아니라 보수주의 신학이라고 설명하면서 이렇게 결론을 지어 주었다.

> "비록 당신과 나의 신학 사상은 다르지만, 신학의 논리정연함을 존중합니다."

교수의 이런 평가에 나는 크게 감명을 받았다. 한국 같으면 어림없는 이야기였기 때문이다. 한국의 신학교는 대체로 그 신학의 결이 분명했다. 좌냐, 우냐? 흑이냐, 백이냐? 거기에 중간 지대는 없었다. 만약 우인데 좌를 말하고 백인데 흑을 이야기하면 거기서 이탈하든지 항복해야 했다. 그런데 여기는 아니었다. 일단 신학이 달라도 인정을 해 주고, 심지어 자기와 다른 신학을 논리정연하게 갖고 있는 것에 대해 존중하는 마음까지 갖는 교수를 보면서 나는 크게 놀랐다. 처음 경험하는 것이라 신선하기까지 했다. 여기서 나는 신학의 지평을 넓히는 법을 배웠다. 이 말은 내 신학을 타협하거나 절충하거나 포기할 줄 알게 되었다는 말이 아니다. 나와 다른 신학을 갖고 있다 할지라도 그것을 함부로 비난하거나 정죄하지 않게 되었다는 말이다.

3년간 콜로키움 시간에 있었던 책 비평의 내용들과 교수님의 강의들을 정리하면서 논문 자격 시험을 준비하기 시작했다. 그런데 부끄럽게도 나는 그 시험을 통과하지 못했다. 다행히도 한 번의 기회가 더 있어서 죽을 힘을 다해 다시 준비했고, 결국 무난히 통과했다. 이 모든 것이 하나님의 은혜였다.

내 논문을 심사할 위원회가 꾸려졌다. 지도 교수인 윌리엄 로저스(William Rogers)와 논문에 대해서 의논하기 시작했다. 나는 총신대학교 일반대학원에서 썼던 석사 논문을 더 깊이 있게 연구하기를 원했다. 요컨대, 칼뱅의 신학을 교회 교육에 적용하려는 문제였다. 지도 교수와 여러 논문 제목을 이야기하다가 최종적으로 논문 제목을 이렇게 정했다. "The Teaching Ministry of the Church within a Calvinistic Approach to Theology."

세 분의 교수로 논문 심사 위원회가 구성되었는데 그중 한 분은 세계적인 칼뱅주의 학자 중 한 분인 티머시 조지(Timothy George) 박사였다. 이런 저명한 교수가 학교에 있다는 게 너무 감사했다. 원래 논문 지도는 지도 교수에게서 받아야 하지만, 그는 칼뱅 전문가인 조지 교수에게 내 논문 지도를 부탁해 놓았다. 그는 내 논문에 깊은 관심을 갖고서 친절하게 도움을 주었다.

그런데 문제는 학교 도서관에 칼뱅에 관한 책이 별로 없다는 것이었다. 다행히 학교 건너편에 루이빌 장로교 신학교(Louisville Presbyterian Theological Seminary)가 있었고, 조금 떨어진 시내에는 그리스도 교단의 렉싱턴 신학교(Lexington Theological Seminary)가 자리하고 있었는데, 이 두 학교가 그래도 칼뱅에 관한 책들을 꽤 많이 소장하고 있었다. 얼마나 감사했는지 모른다. 역시 루이빌 신학교에는 장로교 신학교답게 칼뱅에 관한 책이 많았다.

논문은 총 여섯 장으로 구성되었고, 한 장씩 써서 조지 교수에게서 검사를 받았다. 그는 자세하게 그리고 구체적으로 잘 지도해 주었다. 하루는 논문을 지도받기 위해 그의 연구실에 갔는데, 지도 중에 그는 이런 자신의 가정사를 이야기해 주었다. 매일 아침 네 살배기 아들에게 칼뱅의 요리문답을 암기시키고 있다는 것이었다. 잘 외우더냐고 물었더니, 아주 잘하고 있다고 자랑스러운 듯 이야기해 주었다. 나는 놀랐다. 그는 들은 바대로 정말 철저한 칼뱅주의자였다.

논문과의 씨름은 만만치 않았다. 방대한 자료를 분류해서 취합하는 일에 많은 시간을 할애해야 했다. 이 작업을 하면서 정말 아쉬웠던 점은 칼뱅의 원자료(primary source)를 가지고 논문을 쓸 수가 없었다는 점이다. 도서관에는 그 자료들이 있었다. 하지만 그것을 읽을 수 있는 언어 준비가 되어 있지 않았다. 실천신학 분야에서 칼뱅에 관한 논문을 쓰니까 이해는 될 수 있을지 모르겠지만, 그래도 신학자가 되려는 내게는 자존심이 상하는 문제였다.

목회를 하면서 논문을 쓴다는 게 쉬운 일은 아니었다. 그렇지만 교인들은 여러 면으로 나를 이해해 주고 도와주었다. 타자기보다 능률 면에서 훨씬 효과적인 컴퓨터를 개인적으로 구입해서 사용하기에는 경제적 여건이 허락지 않았다. 그때 마침 켄터키 주립대학(University of Kentucky)에 유학을 온 집사님 한 분이 학교 도서관에서 컴퓨터를 사용할 수 있도록 도와주었다. 또한 한 여 집사님 남편은 스탠포드 대학교(Stanford University) 영문학 교수였는데, 그분이 논문의 교정을 도와주었다.

　1987년 12월 18일, 드디어 대망의 졸업식을 하고서 목적했던 박사 학위를 받았다. 그러니까 1981년 5월 25일에 남침례 신학교에서 공부를 시작해 6년 반 만에 꿈을 이룬 것이다. 꿈을 이루는 데 가장 큰 힘이 되었던 사람은 다름 아닌 아내였다. 아내는 내가 수업 때문에 학교에서 이틀을 지내던 3년 동안, 나를 대신해 목회를 맡아 주었다. 성경공부와 기도회를 인도하고 교인들 심방과 상담을 하면서 교회 일을 도왔다. 내가 이룬 꿈의 반은 아내의 것이라도 해도 과언이 아니다. 그래서 졸업식 때 학교에서는 아내들에게도 학위를 주었다. Ph. T.(Push Husband Through) 학위였다.

Story 04

죽기 살기

22

첫 이민 목회

박사 과정을 공부하기 위해서 남침례 신학교에 무사히 들어왔지만, 공부할 걱정보다 공부와 의식주, 이 두 문제를 어떻게 해결할 것인가에 관한 걱정이 더 컸다. 이 학교로 올 때 부모님이 송금해 주신 돈이 조금 있었다. 하지만 매번 요청을 드리는 것은 도리가 아니었다. 두 분이 복덕방을 해서 푼푼이 모은 돈을 보내 주시는 것인데, 더 바라는 것은 염치없는 일이었다. 그래서 공개적으로 목회할 때가 있으면 소개해 달라고 부탁을 했다. 그 가운데는 한인 교회에서 목회하는 목사가 몇 명 있었다.

렉싱턴 한인장로교회 (Lexington Korean Presbyterian Church)

하루는 쇼핑몰에서 우연히 한국인 몇 분을 만났다. 우리를 보고 한국 사람이냐고 물어서 그렇다고 하니까, 여기 사느냐고 묻길래 신학교에 공부하러 온 목사라고 대답했다. 그랬더니 그러면 침례교 목사님이시냐고 물어서 장로교 목사라고 하니까 "잘됐네요!" 하면서 마침 우리 교회가 장로교회인데 현재 목사님을 찾고 있다고 알려 주었다. 귀가 번쩍 뜨이는 소리였다. 어느 교회냐고 물으니 렉싱턴 한인장로교회(Lexington Korean Presbyterian Church)라고 알려 주었다. 그 말을 듣는 순간 가슴이 뛰기 시작했다. 나중에 아내는 이런 간증을 했다. "목사님을 찾고 있어요"라는 말을 듣는 순간, '그 교회는 우리를 위해 예비된 교회다'라는 확신이 들었다는 것이다.

학생들에게 렉싱턴 한인장로교회에서 목사님을 청빙한다는데, 누가 그 교회에 우리를 소개해 줄 수 있는지를 물었다. 그랬더니 현재 이곳에 거주하는 목사님 한 분이 임시 목사로 설교를 하고 있다고 말해 줘서, 그 목사님을 찾아갔다. 그 교회에 소개해 주기를 부탁했더니 시큰둥한 반응이었다. 그도 그럴 것이 같은 장로교 목사지만 신학 노선이 서로 많이 다른 목사였다. 아내와 나는 이 문제를 놓고 기도하기 시작했다.

어느 주일 새벽 2시경인데 전화가 걸려 왔다. 그 목사님이셨다. 어린 쌍둥이 딸이 있는데 저녁에 그들과 놀다가 그만 허리를 다쳐서 도저히 주일에 설교하러 갈 수 없을 것 같다고 하면서 대신 가서 설교해 줄 수 있느냐는 거였다. 바로 승낙을 하고서, 나는 설교를 준비하고 아내는 기도에 집중했다. 지금까지 설교를 준비하면서 이렇게 간절해 본 적이 없었다. 마치 큰 시험을 보러 가는 듯한 기분이었다. 교회는 집에서 약 한 시간 거리에 있었다. 넉넉히 시간을 갖고 일찍 집을 나섰다.

가는 중에 내 머리에는 부목사 시절 교회에 선보러 가서 퇴짜 맞았던 아픔의 추억들이 주마등처럼 지나가면서 '혹시 여기서도 내 장애가 장애물이 되지는 않을까?' 하는 걱정이 들었다. 그러나 그런 걱정보다는 어떤 보이지 않는 강한 힘이 뒤에서 받쳐 주고 있다는 확신이 더 컸다. 교회에 도착하니 벌써 교인들이 밖에서 나를 기다리고 있었다. 차에서 내려 인사를 드렸다. 그런데 이분들은 염려와 다르게 나를 위아래로 훑어보지 않았다. 내 걱정이 한낱 기우였다는 것을 알았다. 정말 고마웠다.

설교는 전도서 7장 14절을 가지고 "삶의 지혜"라는 제목으로 설교했다. 설교를 마치고 나니 청빙 위원장이 오늘 저녁에 연락드리겠다고 해서 담담한 마음으로 집에 돌아왔다. 저녁에 전화가 왔다. 청빙 위원회에서 나를 담임목사로 청빙하기로 결정했다고 이야기하면서, 언제 이곳으로 이사 올 수 있는지를 물었다.

우리는 가을 학기를 마치고 12월 초에 이사를 했다. 이제 교회에서 주는 사례비로 최소한의 안정된 생활을 할 수 있게 되어 다행이었다. 하나님의 놀라운 은혜였다. 나는 하나님의 은혜 없이는 살 수 없는 사람임을 다시 한번 깨닫고 눈물로 감사의 기도를 드렸다.

교회는 미국 장로교단(PCUSA, Presbyterian Church in the United States of America) 산하 트란실바니아 노회(Transylvania Presbytery)에 소속되어 있었다. 노회는 선교 차원에서 이 교회에 재정을 지원해 주고 있었다. 노회는 신분상으로 학생 비자(F-1)를 가지고 있는 나에게 영주권 신청을 요구했다. 내가 받는 사례비에 대한 회계의 투명성을 위해서였다. 일할 수 없는 학생 목사에게 사례비를 주는 것은 불법이었다. 학생 비자로는 일할 수 없었다. 사실 나는 처음부터 영주권은 전혀 생각하지 않았었다. 돌아가겠다는 약속이 있었기 때문이다. 그러나 목회를 하려면 어쩔 수 없는 조건이어서 노회의 요구를 허락했다. 노회는 변호사를 고용해서 일을 시작했다.

교회는 노회 건물의 일부를 교회로 사용하고 있었고, 교세는 성인들만 약 40명 정도였다. 교인들은 삼등분할 수 있을 정도로 서로 색깔이 분명했다. 한 그룹은 유학생(University of Kentucky), 다른 한 그룹은 의사나 교수, 마지막 한 그룹은 미국인과 결혼한 분들이었다. 주일학교는 없었고, 대신 자녀들을 가까운 곳에 있는 임마누엘 침례교회(Immanuel Baptist Church) 주일학교에 위탁했다.

담임 목회의 경험이 없는 나에게 이 교회는 하나의 시험대였다. 세 그룹의 교인들을 어떻게 잡음 없이 조화롭게 목회하느냐가 첫째 숙제였다. 설교를 어느 그룹에 맞춰서 해야 하는지, 심방은 어떤 식으로 하는 게 교회의 화평에 도움이 되는지 등 고민해야 하는 게 한두 가지가 아니었다. 예배가 끝나고 친교 시간에도 그룹끼리 모이니 이것을 어떻게 화목의 끈으로 묶을지가 또한 숙제였다. 목사인 나도 학생인지라 자연히 학생들과 어울리는 시간이 많은 것은 사실이었다. 아내는 주로 미국인과 사는 교인들을 가까이하면서 그들을 돌보고 살피는 일에 보다 관심을 기울이면서 목회의 균형을 잡으려고 애를 썼다. 의사와 교수들은 다들 일당백이어서 오히려 가만히 놔두는 것을 좋아했다.

교회는 평안하고 안정적인 분위기를 유지했다. 이질적인 구성원들 간에 그렇게 심한 갈등이나 분열 없이 대체로 화목한 분위기 속에 교회는 평화로웠다. 더군다나 목사가 학교 수업으로 교회를 비워도 교인들은 불평이나 불만 없이 잘 이해해 주었다. 교회에서 아내의 역할은 컸다. 내가 학교에 갔을 때는 아내가 심방이나 성경공부를 대신해 주었다.

| 故 김봉집 교수님 부부 |

켄터키 주립대학에는 안식년을 맞은 한국 교수님들이 연수를 위해서 종종 방문하셨다. 그분들 중에 가장 잊을 수 없는 분은 조선대학교에서 오셨던 故 김봉집 교수님 부부다. 학교에 오셨을 때는 운전을 못 하셨다. 운전면허 취득을 위해 연습을 도와드리고 자동차 구매에도 마음을 써드렸다. 새 차를 사신 김에 여름방학을 이용해 함께 그랜드캐니언(Grand Canyon)을 여행했다. 운전면허를 취득한 지 얼마 되지 않았어도 여행하는데 별 어려움이 없었다. 이렇게 인간적으로 깊은 교제를 갖고 서로를 신뢰하며 1년을 지냈다.

교수님의 아내인 김정자 권사님은 신앙심이 아주 돈독하셨다. 기도의 사람이셨다. 어느 저녁에는 교회에 가서 같이 기도하자고 하셔서 같이 간 적도 있다. 거의 자정이 넘어서 기도를 마쳤는데, 권사님은 매일 저녁 이렇게 기도하자고 하셨다. 솔직히 나는 이 한 번으로 더 이상 기도하자는 제안을 하지 않으실 줄 알았다. 공부도 해야 하고 교회도 돌봐야 하고, 시간이 모자라는 나에게 이렇게 자꾸 말씀하시니 조금은 짜증이 났다. 그래도 기도하자고 하시는데 목사가 못하겠다고 거절하기는 어려워, 그러자고 하고 매일 같은 시간에 가서 기도했다. 그런데 기도를 하면 할수록 그기도의 강도와 시간이 늘어 가면서, 자정이면 끝나던 기도가 새벽까지 이어졌다. 기도 가운데 주님은 신령한 체험도 하게 하시며 각양 좋은 것을 주셨다. 기도회는 거의 3개월 가까이 진행이 되었고, 느슨해졌던 내 신앙을 깊이 돌아볼 수 있는 의미 있는 시간이었다.

　주님을 향한 초심을 회복해 가던 어느 날, 반갑지 않은 편지 한 통을 받았다. 영주권을 줄 수 없다는 소식이었다. 모두가 난감하게 되었다. 내 가족도, 교회도, 그리고 노회도 그랬다. 노회는 더 이상 영주권을 위해 노력하지 않으려는 눈치였다. 교회 역시 영주권 문제가 해결되지 않을 시 다른 목사를 청빙하면 된다는 분위기였다. 급한 건 나였다. 기도하는 가운데 항소(抗訴)를 해 보자는 마음이 생겼다. 그러나 이 일을 노회나 교회가 도와줄 것 같지 않았다. 그렇다고 이 일을 위해 변호사를 고용하기에는 경제 사정이 허락지 않았다. 하지만 무작정 변호사의 도움을 받아서 해야겠다는 마음을 갖고 이민 업무를 전문으로 하는 아무 변호사나 만나 보고자 변호사 사무실이 많이 모여 있다는 켄터키 주도(州都)인 루이빌(Louisville) 중심가에 가서 사무실 한 곳을 찾아 들어갔다.

　초면의 변호사에게 그동안 영주권 신청과 관련된 서류들과 이민국으로부터 받은 거절 통지서를 보여 주면서, 항소하려고 하는데 어떻게 해야 하는지를 가르쳐 달라고 도움을 요청했다. 그랬더니 뜻밖에도 그는 나에게 항소하는 방식을 친절하고도 자세히 가르쳐 주었다. 고마워서 얼마를 드리면 되냐고 물었더니, 괜찮다고 하면서 잘되기를 바란다고 격려까지 해 주었다. 가르쳐 준 대로 항소 편지를 써서 항소 법원으로 보냈다.

　편지를 보내는데 일종의 굴욕감이 들었다. 원하지 않는 영주권을 상황에 맞춰 법에 따라 정당하게 신청했는데도 거절을 당하고 재심을 요청하는 편지를 쓰니 말이다. '이게 약소 민족의 슬픔인가? 아니면 일종의 인종 차별인가?' 하는 생각까지 들면서 왠지 모를 쓸쓸함이 느껴졌다. 또 얼마를 기다려야 할지 모를 시간을 기다려야 한다는 생각에 더욱 그렇게 느껴졌다. 노회에서 변호사를 통해 영주권을 신청한 다음 무려 4년 반을 기다리고서 "못 준다"라는 통지를 받았으니, 이번에도 얼마의 시간을 기다려야 할는지 모를 일이었다.

이 당시 우리 네 식구는 생활에 많은 어려움을 겪고 있던 때였다. 노회를 통해 교회에서 주는 사례비로는 자녀들에게 옷 한 벌 제대로 사 줄 여유가 없었다. 그래서 교인들이 주는 옷가지 등을 가져다가 세탁하고 백화점 포장지로 포장해서 마치 새로 사 온 것처럼 아이들에게 입히곤 했다. 그러나 아이들은 엄마가 그렇게 하는 것을 알았다. 하지만 아무 내색도 하지 않고 잘 입어 주었다. 그런 옷을 아이들에게 입힐 때 아내는 늘 눈시울이 붉어져 있었다. 우리는 신용카드 서너 개를 돌려가면서 생활했다. 그렇다고 텍사스에서와 같이 남의 집 청소를 해 주고 생활비를 벌 수 있는 상황도 아니었고, 부모님께 손을 벌리는 일은 더욱 아니었다. 어떻게든 버텨야 했다.

이런 형편을 노회가 알았는지, 하루는 노회 서기이신 맥카티(William McAtee) 목사님이 나를 노회 사무실로 불러서 1년간 어떻게 생활해 왔는지를 물으셨다. 카드 빚 등을 솔직하게 다 말씀드렸다. 목사님은 어깨를 두드리며 용기를 잃지 말라고 위로해 주셨다. 그리고 며칠 후에 목사님은 찾아오셔서 빚 갚으라고 수표 한 장을 주셨다. 이렇게 연말이면 노회에서 빚진 생활비를 청산해 주시곤 했다. 지금도 아내와 나는 가정 예배에서 맥카티 목사님이 베풀어 주신 은혜를 생각하며 그분과 그분의 후손들을 위해서 기도한다.

23

나와 죽음 사이는 한 걸음뿐!

김봉집 교수님 가정이 떠난 후 얼마 지나지 않아서 교회에 위기가 찾아왔다. 이 위기는 바로 나의 위기이기도 했다. 박사 과정을 공부하러 한국 대구의 모 대학 교수 한 분이 켄터키 대학에 가족과 함께 오셨다. 그분은 안수집사였다. 겉으로 보기에는 인품도 좋아 보이고 믿음이 아주 대단한 분 같았다. 논문 자격 시험을 앞두고 긴장하며 걱정하고 있는데, 꿈에 시험 문제를 보기까지 하신 분이었다. 신령한(?) 집사님이 교회에 오신 것이다. 나는 위로를 얻었고, 마치 큰 원군을 얻은 것 같은 기분이었다.

│ 사람을 믿지 말았어야 했는데 │

나는 집사님을 철석같이 믿었다. 그래서 교회의 어려운 문제나 기타 대소사를 숨김없이 다 내놓고 이야기했다. 그런데 목회 속담으로도 쓰이는 "가재는 게 편"이라는 말을 진작 알았어야 했다. 그렇게 믿음 좋은 분이 교회 분란의 불씨가 될 줄을 누가 알았겠는가? 이분은 입이 몹시 가벼워 내게 들은 말을 교인들에게 다 퍼트렸다. 나는 몰랐다. 학생 교인 한 분이 나에게 이렇게 귀띔해 줘서 알았다.

"목사님, 그 집사에게 교회 일을 미주알고주알 다 말하지 마세요."

뒤통수를 한 방 얻어맞은 기분이었다. 그는 나쁜 누룩이었다. 그가 퍼트린 누룩은 얼마 안 되는 교인들에게 일파만파로 퍼졌다. 특히 유학생 교인들에게는 거의 100% 독이 되어 퍼졌다. 유학생들을 중심으로 교회가 술렁이기 시작했다. 여기에 대학교에 포닥(Post Doctor)을 하러 온 교인들도 한편이 되었다. 그러나 교수 및 의사 그룹, 그리고 미국분과 결혼한 분들 그룹은 한발 물러서 있었다. 그렇다고 나를 지지하는 것은 아니었다. 그렇다고 유학생 그룹을 지지하는 것도 아니었다. 중립적이었다. 그런데 처음에는 중립적이던 의사·교수 그룹이 점점 나에게 등을 돌리기 시작했다. 포닥들이 그 그룹과 어울리면서 분위기가 돌아서기 시작한 것이다. 다만 국제결혼 하신 분들만 이 문제에 개입하지 않고 있었다. 유학생들은 교회에 공개 청문회를 열자고 압박했다.

교회의 분란이 여기까지 오게 된 것은 목회 윤리상 목사가 교인에게 교회에 관한 그 어떤 말도 하지 말았어야 했는데 믿고 한 말이 전해지는 과정에서 왜곡되고 와전되며 그것이 불길같이 번지기 시작했기 때문이었다. 그 집사가 분란의 촉매제 역할을 한 것이다. 예를 들어, 내가 한 말이 이렇게 침소봉대되었다. 내가 사례비가 부족해서 생활이 어렵다는 불만을 토로한 것은 사실이었다. 하지만 교인들은 잘살면서 목회자는 가난하게 살아도 되는 것같이 생각한다는 말은 하지 않았다. 그런데 내가 그렇게 이야기했다고 교회에 퍼진 것이다. 그리고 "이제 이 교회를 그만둬야겠어요"라는 말을 홧김에 넋두리했는데, "이제 곧 교회를 사임하겠습니다"라고 말했다니…? 말의 유희가 이렇게 심할 줄은 미처 몰랐다.

아마도 내 안에 이런 불만들이 지난 6년간 교회를 섬기는 가운데 하나둘씩 쌓였던 게 아닌가 싶다. 이런 때 믿을 만한 집사와 교제하다 보니까 마치 봇물 터지듯 내 안에 쌓였던 불만들이 터져 나왔던 것이다. '아무리 그렇다 해도 그런 말까지는 하지 말았어야 했는데…' 하는 후회를 했지만, 이미 교회 상황은 돌이킬 수 없는 데까지 치닫고 있었다. 이런 게 바로 목회 경험이 부족한 결과였다.

교회 사태가 이 지경까지 온 데는 또 다른 이유가 있었을 것이라고 생각했다. 설교가 그중 하나일 수 있었다. 처음 부임해서는 부드러운 위로의 설교를 많이 했다. 그러나 시간이 지나면서 교인들의 삶을 보면 볼수록 이렇게 사는 건 아닌데 하는 생각이 점점 들면서 설교가 날카로워지기 시작했다. 아예 대놓고 "당신들 이렇게 살아서 천국 갈 수 있겠어?"라는 식의 설교를 하곤 했었다. 즉, 목회 전반기에는 성화와 관련된 설교를 많이 했다면, 후반기에 와서는 회개와 중생에 관한 말씀을 주로 전했다고 볼 수 있다. 또한 교인 심방도 그중 하나일 수 있다. 논문 막바지에 와서 그것에 집중하느라 심방을 거의 못 했던 게 사실이다. 교인들로부터도 목사님이 심방을 안 한다는 말을 듣는 게 당연했다.

결국 이 모든 악재가 복합되어 교회는 파국으로 치닫고 나는 막다른 코너로 몰렸다. 교회에 장로님 두 분이 계셨지만, 그분들도 역할을 다 하지 못했다. 남자 장로님은 그저 마음씨 좋은 아저씨와 같았고, 여자 장로님은 스마트하고 판단력도 뛰어나고 사리에 밝아 교회 상황을 정확히 간파하고 계셨다. 하지만 여자라는 한계 때문에 이렇다 할 역할을 제대로 하지 못했다. 두 분은 대개 중립을 유지하고 계셨다.

| 사모님, 이제 교회 떠나시지요 |

어느 날, '이제는 교회를 떠날 때가 되었구나' 하는 사인을 받았다. 논문 마무리 때문에 학교에 갔다 왔더니 아내가 울었던 것처럼 보였다. 그래서 무슨 일이 있었느냐고 물었더니 어느 여 집사가 찾아와서는 아예 대놓고 "사모님, 이제 교회 떠나시지요"라는 말을 던지고 갔다는 것이다. 그래서 심약한 아내가 큰 충격을 받고 울었던 것이다. 나는 견딜 수 없는 분노가 차올라 온몸이 떨렸다. 당장이라도 사표를 던지고 교회를 산산조각 내고 싶은 마음이었지만, 아내가 말려서 참았다.

아이러니하게도 교회 상황도, 나의 논문 진척 상황도 다 같이 마지막을 향해 가고 있었다. 그런데 이 무렵 가정에 큰일이 생겼다. 아내의 자궁에서 혹이 발견되었다. 그래서 급히 자궁을 적출해 내는 수술을 받지 않을 수 없었다. 정말 정신이 하나도 없었다. 교회, 가정, 학교. 이 세 개가 동시에 압박하니 도무지 견딜 수가 없었다. 다윗의 탄식, "나와 죽음의 사이는 한 걸음뿐이니라"(삼상 20:3b)라는 고백이 매우 공감되었다. 미치지 않은 게 다행이었다.

그래도 당시 내 삶의 절체절명의 시간에 참고 견딜 수 있었던 것은 아마도 안식년으로 오셨던 김봉집 교수님 아내 되시는 김정자 권사님과 거의 한 달 넘게 밤마다 교회에 나와 눈물로 기도했던 은혜의 힘이었다고 생각한다. 그때 주님께서 베풀어 주신 은혜와 은사는 참으로 컸다.

내 생애에 이처럼 고통스러운 시간은 없었다. 정점에 서면 더 올라갈 수는 없고 내려가는 일만 남은 것같이 먼저 아내의 수술이 미국 의로운 교인들의 도움으로 잘 되어서 감사했다. 아내가 그렇게 큰 수술을 받았는데도 교회의 반응은 싸늘했다. 그래도 감사하게, 국제결혼 하신 분들이 우리 가정에 사랑을 베풀어 주셨다. 미역국도 끓여 오시고, 장도 봐 주시고, 자녀들도 살펴주시면서 정성을 쏟아 주셨다. "사람이 죽으라는 법은 없다"라는 말은 이런 데 쓰는가 보다.

내 논문도 별다른 이의 없이 심사 위원회에서 통과되어 박사 학위를 받는 졸업식을 앞두게 되었다. 이제 남은 문제는 교회였다. 나는 학위를 받으면 교회를 사임해야겠다는 마음을 굳혔다. 교인들이 청문회를 하자고 해서, 1987년 12월 마지막 주 토요일 저녁에 교인 약 20여 명이 모인 가운데 청문회를 열었다. 주로 유학생들과 포닥들이 모였고, 그 외에 장로님 두 분과 몇몇 교인들이 같이했다. 국제결혼 하신 분들은 한 분도 참석하지 않았다.

먼저 대표격 되는 유학생 교인이 목회에서 잘못되었다고 생각되는 것들을 조목조목 이야기하면서 나를 몰아붙였다. 따지는 내용은 한마디로 "당신은 자격 없는 목사"이니 떠나라는 것이었다. 대표의 말이 끝나자마자 여기저기서 나와 아내를 비난하고 정죄하는 말들이 쏟아져 나왔다.

| "당신은 마치 양치기 소년 같습니다." |

다른 건 몰라도 이 비난은 정말 참을 수가 없었다. 이런 비난을 부산의 모교회 장로님의 아들로 우리 부부가 꽤 신뢰했던 그 유학생이 하리라고는 꿈에도 생각지 못했다. 유학을 와서 어려워할 때 우리가 정성을 다해 도와주었던 학생이기도 했기 때문이다. 그런데 천만의 말씀이었다. "거짓말쟁이 목사는 꺼지라"라는 말이었다.

어떤 비난도, 정죄도, 그리고 욕도 참을 수 있었다. 그러나 이 말은 정말 참을 수가 없었다. 분에 못 이겨 나도 모르게 눈물이 주르르 흘러내렸다. 너무 억울하고 수치스러웠다. 교회를 섬기면서 실수를 하거나 잘못 판단한 일은 있었어도 누구를 속이고 거짓말한 일은 정말 없었다. 그런데 나를 양치기 소년에 비유하다니 도저히 용서할 수 없는 말이었다. 충격의 카운트 펀치를 맞은 나는 회의를 끝내고 집에 돌아왔다. 그날 나는 거의 뜬눈으로 밤을 지새우며 주일에 할 설교 원고를 다듬으면서 내일 설교 중에 사임을 발표하기로 결심했다.

| 강단에서 한풀이 |

1987년 12월 마지막 주일 예배 때, "저는 오늘 이 교회를 사임합니다"라고 선언했다. 그리고 그동안 나와 가족에게 못되게 굴었던 교인들의 이름을 한 사람 한 사람 불러 가면서 청문회에서 조목조목 당했던 대로 나도 그들의 못되고 부끄러운 것들을 조목조목 지적해 주며 회개하라고 외쳤다. 어느 집사에게는 "내가 미우면 나를 미워하지, 왜 내 아이들에게까지 미움을 드러내 상처를 주느냐?"라고 호되게 몰아붙였다. 실제로 교인들 가운데는 "며느리가 미우면 손자까지 밉다"라는 속담처럼 내가 미우니까 우리 아이들까지 미워하는 사람들이 있었는데, 이것은 정말 참을 수 없는 일이었다.

솔직히 이날 설교는 설교가 아니라 나의 화풀이이자 한풀이였다. 물론 나는 목사가 이렇게 설교하면 안 되는 것을 잘 알고 있었다. 그러나 도저히 절제되지 않았다. 되먹지 못한 교인들을 향해 회개하라고 소리를 지르고 나니 속이 다 후련했다. 아주 후련했다. 6년 동안 내 안에 쌓였던 묵은 감정의 찌꺼기들이 다 쏟아져 나온 것 같았다. 하지만 의외로 교인들은 숙연했다. 모두가 죄인인 듯 머리를 숙이고 잠잠했다. 다만 설교에서 거명된 교인 몇 명은 술렁이는 듯했다. 하지만 천둥 같은 설교에 압도되어 감히 도발하지는 못했다.

목자보다 양을 더 사랑하시는 주님

예배가 끝나자마자 설교 중 공격을 받은 집사들이 벌 떼같이 달려들었다. 그러나 나는 일체 대꾸하지 않고 6년 동안 공부하며 최선을 다해 섬기려 애썼던 교회를 미련 없이 나왔다. 퇴임 인사도 없이, 전별금이나 감사패도 받지 못하고서 쓸쓸하게 사역을 끝냈다. 실패한 목회였다. 공부와 목회, 이 둘을 같이 하면 이런 결과가 온다는 것을 배웠다. 이 두 가지를 동시에 감당하려는 것은 만용이요, 교만이요, 사기다. 나의 실제 경험에서 나온 해석이요 답이다.

또 하나 배운 게 있다. 하나님께서 목사보다 교인들을 더 사랑하신다는 것을 배웠다. 물론 교회가 이렇게 되는 과정에서 나도 잘한 게 없었다. 하지만 교인들이 얼마나 못 됐는지는 하나님께서 더 잘 아실 거라 믿는다. 그럼에도 하나님께서 그들은 가만 놔두고 나만 이 꼴로 나가게 하신 것은 매우 불공평하고 불공정하다고 생각되었다. 그래서 하나님께 화가 났고, 교인들이 역겨웠다. 하나님은 내 편이 아니셨다. 교인 편이셨다.

24
꿈을 이루다

이런 소용돌이 속에서 그래도 위로가 되었던 것은 12월 18일에 박사학위를 받은 것이었다. 유학의 목적을 이룬 것이다. 정직하게 말하면 렉싱턴 교회 목회는 그 꿈을 이루기 위한 하나의 방편이었다고 봐도 과언이 아니다. 꿈을 이루기 위해 목회를 이용했다는 말이 아니다. 하나님의 섭리 속에 내 꿈의 성취와 목회는 서로 떼려야 뗄 수 없는 밀접한 관계였다는 말이다. 그러나 꿈을 이루는 데 목회가 결정인 도움을 준 것은 부인할 수 없는 사실이다.

교회 사임을 전격적으로 발표할 때, '나는 이제 학위를 취득했으니까 한국에 돌아가면 된다'라는 생각이 하나의 동기 부여가 되었다. 그러나 한국에서 나를 위해 자리를 마련해 놓거나 불러 주는 학교가 없었다. 미래가 막막했다. 그래서 당시 총신대학교 학장이셨던 박영희 교수님께 연락을 드렸다. 다행히도 1988년 봄 학기부터 강의해 보라는 통지를 받았다. 나는 하나님께서 절묘하게 나의 길을 준비해 주시는 것이라 생각하며 감사했다.

이 사실을 아내와 자녀들에게 알려 주면서 이제 한국으로 돌아가야겠다고 권유했다. 그런데 가족은 하나같이 "NO!"였다. 특히 자녀들이 완강하게 반대했다. 한국에 돌아가면 어떻게 학교 공부를 따라갈 수 있겠느냐는 것이었다. 당시 큰딸은 고 1, 작은딸은 중2였다. 여기에 아내까지 아이들 편을 들고 나섰다. 그래서 가족에게 유학 올 때 하나님께 박사 학위를 받으면 꼭 돌아오겠다고 약속했기 때문에, 반드시 돌아가야 한다고 설득했지만 소용없었다. 돌아온 대답은 그러면 혼자 돌아가는 건 어떻겠느냐는 것이었다. 솔직히 난감했다.

'하나님과의 약속을 지키기 위해 혼자라도 돌아가느냐? 아니면 가족과 함께 미국에 남느냐?' 이 둘 중 하나를 선택해야만 했다. 혼자 한국에 돌아가면 부모님이 계시니까 생활하는 데 크게 불편하지 않을 거라 생각되었다. 그러나 가장으로서 가족을 미국에 두고 혼자 나온다면 가족이 불안해할 것이고, 더군다나 사춘기의 딸들 곁에 아버지가 없다는 것은 그들에게는 두려운 일일 것이라는 생각에 마음이 복잡했다. 이 둘 사이에서 내내 고민하다가, 결국 한국 돌아가는 것을 포기했다. 그리고 하나님께 약속을 지키지 못한 것을 눈물로 회개하며 용서를 빌었다. 그러면서 다시한번 더 기회를 달라고 기도했다.

교회를 쑥대밭으로 만들어 놓고 떠난 데다가, 학위를 취득하면 돌아오겠다고 해서 길을 열어 주셨는데, 지금은 못 돌아간다고 하는 나에게 하나님은 진노하셨다. 나를 묶어 놓으신 것이다. 렉싱턴이라는 도시가 나에게 일종의 감옥이 되었다. 교수로서 한국에 나가는 것을 포기했기에 결국 목회를 해야 하는데, 그러려면 교회를 찾아야 했다. 그런데 교회를 원천적으로 찾을 수 없는 상황이었다. 영주권을 기다리고 있었기 때문이다. 교회는 영주권 없는 목사를 원하지 않았다.

| 창 살 없 는 하 나 님 의 감 옥 |

내가 교회를 사임했다는 소식을 노회가 알고서 서기 목사님이 나를 만나자고 하여 사무실로 찾아갔다. 그랬더니 나를 위로하면서 교회에서 빈손으로 나왔던 내게 3개월가량 가족이 생존할 수 있는 전별금을 주는 것이 아닌가! 고마웠다. 비록 같은 동족은 아니지만 동족보다 낫다는 생각이 들었다. 교회를 떠난 이후, 장로님을 위시해서 나에게 연락을 주는 교인이 아무도 없었다. 전화번호도 그대로고, 집 주소도 그대로였는데도 말이다. 이런 생각이 들었다.

'세상에서 제일 무서운 사람이 교인이구나.'
'이렇게 일사불란하게 안면몰수하고 외면할 수가 있을까? 좋으나 싫으나 6년을 함께 했는데….'

그러면서도 마음 한편에 '잘못하기는 내가 정말 많이 했나 보구나' 하는 자책감이 들면서, 비로소 회개의 마음이 들기 시작했다. 그때까지만 해도 내가 교회를 사임한 이유는 전적으로 교인들에게 있고, 나는 아무 잘못한 게 없어 떳떳하다고 믿었기 때문이다. 하지만 그게 아니라는 생각이 들기 시작했다. 하나님께서 우리 가족을 아무 데도 갈 수 없도록 렉싱턴에 묶어 놓으셨을 때 이미 알았어야 했다. 그러나 그때는 그것을 깨달

지 못했다. 한국에 돌아가기로 한 하나님과의 약속을 지키지 못한 것뿐만
아니라 교회 분란에 대해서도 회개했어야 했다. 그런데 그제야 그 회개가
나오기 시작한 것이다. 나는 참으로 이기적이고, 우둔하고, 미련했다.

생활비는 바닥이 나기 시작했지만, 아무것도 할 수 없는 나 자신이 너
무 안타깝고 싫었다. 그러나 이것이 하나님의 뜻이라 여기며 순응하고 살
아갈 수밖에 없었다. 다행히도 신용카드를 사용할 수 있어서 생활에 숨통
이 트였다. 물론 미래가 보장되어서 사용하는 것은 아니었지만 말이다.
하여튼 매우 유용했다. 하나가 더 이상 사용할 수 없게 한도가 차면 다른
하나로 그것을 메우고, 또 다른 하나로 사용하면서 마치 돈이라는 줄 위
에서 곡예를 하듯 생활을 이끌어 갔다.

│ 아버지께서 소천하시다 │

힘겹게 살아가고 있던 어느 날, 1988년 8월 28일 새벽에 한국에서 전
화가 왔다.

　　"성철아, 아버지… 돌아가셨다."

사촌 형님의 이 말에 나는 아무 말도 하지 못한 채 멍하니 있었다.

　　"너, 나올 수 있냐?"
　　"나가야지요."
　　"금방 나올 수 있니?"

"아버지를 집에 모시고 있는데 날이 더워서 오래는 못 기다린다. 너
　나올 때를 생각해서 5일장으로 할게."

그러고는 전화를 끊었다. 바로 한국에 가려고 하는데 영주권 재심 결과
를 기다리고 있었던 때라 문제가 없는지 변호사에게 물어보았다. 그의 대
답은 지금 나가면 영주권을 받는 데 문제가 생길 수 있고 다시 입국하기
가 어려울 것이라고 하면서, 차라리 임시 출국 허가(parole)를 이민국에다
신청하라고 알려 주었다. 하지만 안타깝게도 주말이 끼어서 월요일에 신
청할 수밖에 없었다. 그다음 날 허가를 받아 바로 비행기 표를 사서 출국
했다. 하지만 이미 장례를 치른 뒤였다. 아버지의 임종도 보지 못하고 장
례식에도 참석하지 못한 것이다.

나는 이기적이고 나쁜 놈이었다. 정말 못된 불효자였다. 아버지가 간암
으로 병세가 점점 나빠지고 있다는 소식을 듣고는 있었지만, 영주권 신청
중이라는 이유 때문에 차일피일 미루고 있다가 결국 이렇게 되었다. 성경
은 나 같은 사람을 향해 이렇게 책망한다.

누구든지 자기 친족 특히 자기 가족을 돌아보지 아니하면 믿음을 배반한 자요 불

신자보다 더 악한 자니라 (딤전 5:8)

아버지의 소천으로 홀로 되신 어머니를 어떻게 해야 할지가 내 숙제였
다. 이민국으로부터 받은 임시 출국 허가서의 기한이 다가오고 있어서 마
음은 더욱 답답하고 고통스러웠다. 이런 내 사정을 눈치채신 어머니는 이
렇게 말씀하셨다.

"성철아, 내 걱정하지 말고 어서 가거라. 집에서 기다리지 않겠니?"

이 한마디의 말씀이 마치 예리한 칼로 찌르는 것같이 쓰리고 아팠다. 그러시면서 이렇게 나를 위로도 해 주셨다.

"나는 괜찮다. 여기 동네 분들이 잘해 주시니 염려 마라. 너나 건강
   해라."

늘 나의 건강을 걱정해 주시던 어머니의 사랑을 다시 한번 절절히 느꼈
다. 사촌 형님과 가까운 동네 분들에게 어머니를 부탁드리고 아픈 가슴을
안고서 다시 한국을 떠났다. 처음 유학을 떠날 때보다 마음이 더 무겁고
괴로웠다. 가는 비행기 내내 아버지와의 추억을 되돌아보았다. 떠오르는
첫 추억은 유학을 떠나기 전에 아버지와 함께 마포에 있는 어느 설렁탕
집에서 점심을 먹던 일이다. 부자가 다정하게 마주 앉아서 밥을 먹은 것
은 태어나서 그때가 처음이었다. 아버지는 이런 말씀을 하셨다.

"우리 땜에 공부도 다 마치지 못하고 돌아오지는 말아라. 그리고 어
   려우면 연락하거라. 돈 부쳐 줄 테니까…"

아름다운 부성애였다. 오직 자식의 성공만을 위해서 한평생을 살아오
신 아버지의 말씀에, 그때 나는 아무 말도 못 하고 그저 먹기만 했었다.
흐느껴 우시는 어머니를 뒤로 하고 다시 가족이 기다리는 미국으로 돌

아왔다. 와서도 달라진 것은 하나도 없었다. 그러던 어느 날 반가운 편지가 왔다. 이민국에서 온 편지였다. 영주권을 허락해 준다는 내용이었다. 하나님께서 우리를 렉싱턴 감옥에서 풀어 주시는 날이라고 생각했다. 9개월간 하나님은 우리를 징계하시며 연단하셨다. 욥의 고백이 문득 떠올랐다.

> 내가 가는 길을 그가 아시나니 그가 나를 단련하신 후에는 내가 순금같이 되어 나
>
> 오리라 (욥 23:10)

아직도 순금이 되려면 멀었다고 생각되지만, 그래도 그 말씀이 마음에서 떠나지 않았다. 그동안에 쌓인 스트레스도 풀 겸, 아내와 나는 여행을 하기로 했다. 아이들은 가까운 분에게 부탁을 하고서 떠났다. 디트로이트(Detroit)를 경유해 캐나다(Canada) 토론토(Toronto)에 도착해서 남산국민학교 동창이자 성도교회에서 함께 신앙생활 했던 죽마고우를 만났다. 하룻밤을 지내면서 지난날의 이야기들을 나누며 거의 밤을 지새웠다. 그는 떠나려는 나에게 20여 년 전에 진 빚이라고 하면서 거금을 주었다. 그때 내가 아버지 몰래 그 친구에게 수표로 많은 돈을 꾸어 준 일이 있었는데, 친구는 이것을 잊지 않고 있었던 것이다. 고마웠다. 친구와 아쉬운 작별을 하고서 우리는 나이아가라(Niagara Falls) 폭포를 구경하고 버펄로(Buffalo)를 경유해 필라델피아(Philadelphia)에 계신 존경하는 장로님 댁을 방문했다. 거기서 하룻밤을 묵고 이튿날 아침 일찍 떠나려고 나서는데, 장로님께서 필요한 데 쓰라고 봉투를 하나 주셨다. 정말 감사했다.

| 4 : 3의 부결 |

약 2주간 여행을 마치고 무사히 집에 돌아왔다. 받은 돈으로 우선 카드 빚을 갚았다. 그리고 자녀들에게 옷을 한 벌씩 사 주었다. 이제 정말 감옥에서 완전히 해방된 기분이 들었다. 목회지를 찾아보기 시작했다. 복음 신문을 보니까 워싱턴 디시 어느 교회에서 올린 담임목사 청빙 광고가 눈에 들어왔다. 그래서 바로 이력서와 설교 테이프를 준비해서 보냈다. 며칠 후에 청빙 위원장 장로님에게서 전화가 와서는 목사님을 당장이라도 모시고 싶은데 광고 기간이 있어서 그러니 조금만 기다려 달라고 했다. 장로님은 매일같이 전화를 주셨다. 내용은 아무것도 없었다. 다만 나를 다른 데 가지 못하도록 붙잡아 두려는 것같이 느껴졌다.

그런데 전화를 받을 때마다 나는 고민스러웠다. '장애인이라는 사실을 알려 줘야 하지 않을까' 하는 고민 때문이었다. 그래서 아내에게 얘기했더니 아내는 펄쩍 뛰었다. 긁어 부스럼 만들 일 있냐는 것이었다. 그러나 나는 아니었다. 기도하면 할수록 이 문제가 마음에 턱턱 걸렸다. 어느 날 새벽기도를 마치고 나에 관한 내용을 장문의 편지로 써서 보냈다. 편지가 도착했을 때쯤 되었는데, 장로님의 전화가 없었다. 그래서 청빙 광고 기간도 지나고 해서 위원장 장로님께 전화를 드렸다. 장로님은 전화를 받으시더니 말씀을 잘 못하셨다. 그러시더니 이렇게 말씀하시는 것이었다.

"목사님이 보내 주신 편지를 받고 청빙 위원 일곱 명이 모여 두 시간 넘게 난상 토론을 했습니다. 그런데 결론이 나지 않아 부득이 무기명 비밀 투표를 했는데요. 목사님 모시는 문제는 4:3으로 부결되었습니다. 죄송합니다.”

　이민 교회에서도 한국 교회와 마찬가지로 장애인 목사는 거절되었다. 장애인 목사는 미국이나 한국이나 똑같이 기피 대상이었다. 장애의 벽은 생각했던 것보다 훨씬 높았다. ‘그러면 장애인이 그 벽을 뛰어넘는 길은 무엇일까?’ 답이 없는 물음같이 느껴졌다. 불가능한 일로 보였다. 의문이 꼬리에 꼬리를 물고 이어졌지만, 모르겠다는 게 내 결론이었다. 거절 통보를 받고서 먼저는 가족에게 미안했다. 그리고 그것이 나를 다시 자괴감의 늪으로 밀어 넣었다. 그러나 허우적거릴 시간이 없었다. 다시 마음을 잡고 신문들을 살펴보기 시작했다.

25
죽고 싶으면 오라는 데도

    한 신문에 상항(샌프란시스코)제일장로교회(First Korean Presbyterian Church of San Francisco)에서 목사를 청빙한다는 광고가 올라왔다. 서류를 보내기 전에 이 교회가 어떤 교회인지를 알아봐야겠다는 생각이 들어서 마침 그 지역에서 목회하는 동기 목사에게 물었더니, 가급적이면 오지 말라는 얘기를 해 주었다. 또 다른 친분 있는 목사에게 물었다. 그 목사는 "죽고 싶으면 와라!"라고 하며 아주 심하게 반대했다. 그만큼 문제가 많은 교회라는 것이었다. 그런데 나는 솔직히 급했다.

    죽으면 죽으리라는 마음으로 이력서와 설교 테이프를 교회로 보냈다. 그리고 이번에는 장애인 목사라는 사실을 알리지 않았다. 일주일쯤 지나서 교회로부터 연락이 왔다. 설교를 들어 보고 인터뷰를 하자는 것이었다. 솔직히 장애인 목사라는 것을 숨기고 가는 것이 불안했다. 그러나 주님을 의지하고서 담대한 마음을 갖고 갔다. 공항에 도착해서 걸어 나오는데 교회 장로님 같은 분이 아니나 다를까 역시 아래위로 나를 훑어보시더니 얼굴이 굳어졌다. "황성철 목사님이세요?"라고 물어서 그렇다고 하니까, 아무 말씀도 없이 가방을 받아 드시더니 앞서서 주차장으로 가셨다.

절뚝거리며 걷는 나를 보시고 충격을 받으신 것 같았다. 공항 출구를 찾지 못해 우왕좌왕하시다 어떻게 해서 큰길로 나왔지만, 또 길을 잘못 들어서 헤매셨다. 이곳에 거의 십수 년을 사신 분이 방향을 잡지 못하고 이러신다는 것은 분명 당황하셨다는 것이다. 숙소는 장로님 댁이었다. 하룻밤을 묵고 다음 날, 주일 아침 예배 때 설교를 했다. 예배가 끝났는데 교인들이 여기저기서 웅성거렸다. 은혜를 받았다는 간증의 웅성거림이었다. 점심을 먹고서 오후에는 교인들과 합동 인터뷰를 했다. 그 후, 교인들이 내게 금문교(Golden-Gate Bridge) 구경을 시켜 줄 테니 가자고 해서 교회 25인승 버스를 타고 갔다. 버스 안에서 교인들이 이구동성으로 얼마나 칭찬을 하던지, 주님께 죄송스러웠다. 주님께서 영광을 받으셔야 하는데 내가 그것을 가로채는 것 같았기 때문이다.

일정을 마치고 집에 돌아와서 교회의 결정을 기다렸다. 청빙해 줄 것이라고 확신했다. 그러나 교회 교인 한 분으로부터 이러한 뜻밖의 소식을 듣게 됐다. 나는 부결되고, 직전에 선을 보고 간 목사님이 결정되었다는 것이다. 장애인이라는 이유로 또 한번 좌절을 맛봐야 했다. 교회 분위기는 그게 아니었는데 어떻게 이럴 수가 있을까를 곱씹으며, 가족 몰래 혼자 탄식하면서 울고 또 울었다.

| 거룩한 반전(反轉) |

그런데, 뜻밖의 반전이 일어났다. 교인들이 청빙 위원회의 결정에 반기를 들고 일어난 것이다. 위원회의 결정을 받아들일 수 없으니, 교인들의 투표로 목사님을 결정하자는 요구가 교인들 사이에서 봇물 터지듯 터진 것이다. 할 수 없이 청빙 위원회가 교인들의 요구를 받아들여 교인 투표를 할 수밖에 없었는데, 결과는 압도적이었다. 사실 내가 떠난 후 청빙 위원회에서는 나의 청빙을 3:2로 부결시켰다고 한다. 그러나 위원회의 이런 결정이 교인들의 힘에 의해 무산된 것이다.

얼마 후 교회로부터 정식으로 청빙 통보를 받았다. 두 마음이 보이지 않게 교차했다. 겉으로는 감사하고 기뻤다. 특히 가족이 환호했다. 가족 모두가 선호하는 샌프란시스코에 가게 되어 더 그랬던 것 같다. 그러나 나의 내면에는 눈물이 있었다. 그 눈물은 하나님을 향한 눈물이었다. 감사일 수도 있고 투정일 수도 있는 눈물이었다. 꼭 이런 걸 겪어야만 하는 게 하나님의 계획인가? 솔직히 펑펑 울고 싶었다. 1989년 부활 주일을 두 주 남겨 놓은 날, 나만 먼저 간단한 짐을 가지고서 교회에 왔다. 교회 상황이 그래야 했다. 가족은 부활 주일을 지나고서 왔다.

교회는 20년이 넘는 역사를 가지고 있었고, 교인은 어린아이들까지 포함해서 100여 명 안팎이었다. 다섯 분의 장로님과 꽤 많은 중직자들이 있었다. 그리고 교회 연수가 오랜 교인들이 많았다. 교회 모임은 주일 예배를 포함해서 수요 저녁 예배와 금요 기도회 그리고 토요일 새벽 기도회가 있었다. 대체적으로 교인들은 모임에 열심이었다. 교인들 중에는 친인척 관계가 많았다. 그래서 당회 같은 경우는 다섯 분의 장로님이 두 분씩 친인척 사이였고, 한 분만 아니었다. 그래서 이 한 분의 역할이 중요했다.

교회 건물은 옛날 학교로 쓰던 곳이었는데, 마치 서부 영화에 나오는 집들같이 보였다. 교회 마당에는 쓰레기가 산더미같이 쌓여 있었고, 바다가 가까워서 그런지 나무로 쳐 놓은 담장이 요란하게 흔들리곤 했다. 특히 봄에는 더했는데, 예배에 지장을 줄 정도는 아니었다. 사택이 교회 건물 안에 있어서 편리하기도 했지만, 교인들이 수시로 드나드니 솔직히 불편한 게 더 많았다. 교인들이 밥그릇 숟가락 젓가락까지 셀 정도로 우리 가족의 삶은 벌거벗겨졌다. 아내는 너무 힘들어했다. 거기다 사춘기 우리 아이들은 자폐아같이 되어 가고 있었다.

│ 호숫가의 그림 같은 집 │

결단을 내렸다. 집을 사서 나가기로 한 것이다. 교회에서 멀지 않은 호숫가에 그림 같은 집을 샀다. 결혼 이후 최초로 집을 소유하게 된 것이다. 그런데 이는 무리였다. 좀 더 신중했어야 했는데, 환경의 압박에 못 이겨서 감당 못 할 일을 저지르고 말았다. 결국 1년여 만에 집을 포기하고 월세 아파트를 얻어서 나왔다. 교인들에게 부끄러웠고 아내와 자녀에게 미안했다. 목사로서가 아닌 한 인간으로서 패배감을 느꼈다. 박사 학위를 갖고 있음에도—물론 다 그런 것은 아니겠지만—가족에게 이런 모습밖에 보여 주지 못하는 가장인 나 자신에 대해 깊은 회의감마저 들었다. 이 일은 훗날에 줄곧 하나의 트라우마(trauma)가 되어 나를 힘들게 했다.

현실은 현실이었다. 마음을 잡고 소명의 길로 다시 나왔다. 마치 교회에 보상이라도 하듯 열심히 섬기고 또 섬겼다. 설교 준비에, 신앙 훈련에, 심방에, 노방 전도에, 상담까지 정말 최선을 다했다. 그러나 교회는 부흥하지 않았다. 조급했던 면이 없지는 않았지만, 쏟은 열정에 비하면 그 결과는 아주 미미했다. 주변에 소문은 좋게 나기 시작했지만, 정작 교회를 찾아오는 사람은 손가락으로 꼽을 정도였다. 그동안 교회가 사회에 보여 준 모습 때문이었다. 21년 된 교회에서 내가 여섯 번째 목사였다.

│ 장로는 고용주, 목사는 고용인 │

교회가 앓고 있는 병 하나가 어느 날 발견되었다. 교회의 조직을 정비하는 가운데 주일학교도 같이 하게 되었다. 교사들 명단을 살피던 중 고등학교 2학년 학생이 있었다. 어느 유력한 장로의 아들이었다. 고등학생이기에 교사를 그만두게 하고 젊은 집사 중 한 분을 교사로 대체했다. 그랬더니 교회에서 난리가 났다. "왜 내 아들을 교사에서 뺐습니까?"라는 것이었다. 학생의 삼촌 되는 장로까지 가세해서 "당신은 고용인이고, 우리는 고용주란 말이요!"라고 하면서 몰아붙이기 시작했다. 즉, 나보고 고용주 노릇을 하지 말라는 것이었다. '고용주는 자기들이니까 주제넘는 일을 해서는 안 된다. 고용인 주제에 왜 고용주에게 물어보지도 않고 일을 마음대로 하냐?'라는 것이었다.

성경에서도, 신학교에서도, 지금까지 교회를 섬기는 가운데서도, 교인은 고용주이고 목사는 고용인이라는 말은 처음 듣는 말이었다. 기가 막혔다. 동기 목사와 친구 목사가 오지 말라고 했던 이유를 피부로 느끼는 순간이었다. 그러나 나는 장로들의 거센 반발에도 굴하지 않고 주일학교 조직을 개편하고서 교회 앞에 정식으로 알렸다. 여기서부터 내 목회는 시련을 맞게 되었다.

시련의 와중에도 나는 흔들리지 않았다. 이 교회에 부임하게 된 것은 전적인 하나님의 은혜요 인도하심이었다고 확신했기 때문이다. 어떻게 청빙 위원회가 다른 목사를 청빙하기로 결정한 것을 그렇게 번복시킬 수 있었을까? 선량한 교인들 속에 역사하신 전능하신 나의 하나님이 역사하셨기 때문이라고 믿었기 때문이다. 여기다 나를 응원하고 격려하는 많은 성도들이 있었기 때문이었다.

목회의 시련은 늘 당회에서부터 시작되었다. 주일학교 교사 문제도 그렇고, 이번에는 주일 오후 성경공부 문제도 그랬다. 교회는 주일 오전에 예배를 드리고 점심 식사를 한 후 모두 집으로 돌아갔다. 오후에는 모임이나 프로그램이 전혀 없었다. 그래서 나는 당회에서 주일 오후에는 그룹별로 모여서 성경공부를 하자고 제안했다. 그랬더니 이런 반응이 나왔다.

"그건 침례교회에서나 하는 것이지 우리 장로교회가 하는 것은 아닙니다."

정말 어처구니가 없었다. '이런 사람들이 교회 장로라니?', '도대체 어떻게 장로가 되었을까?', '장로교회가 뭔지나 알고 하는 소리인가?' 등등 격한 질문들이 내 속을 뒤집어 놓았다. 사실 나 역시 주일 오후에 일찍 집에 가서 쉬면 좋았다. 그러나 어떻게 하든지 교인들의 신앙 향상을 도모하려는 목사의 진심을 이런 식으로 무시해 버리는 것을 보면서 친구 목사가 해 준 말이 또 떠올랐다.

"너, 죽고 싶으면 와라."

'이대로 있다가는 나 정말 죽겠구나' 하는 생각이 번쩍 들었다. 목회에서 사느냐 죽느냐의 갈림길이 점점 가까워지고 있었다. 교회를 위해서도 교인들을 위해서도 더 이상 참으면 안 되는 상황으로 되어 갔다. 문제는 당회였다. 당회는 장로교회의 꽃이라고 할 만큼 교회의 중심이다. 당회에서 "NO!" 하면 아무것도 할 수 없는 교회 정치 구조가 바로 장로교회이다. 교회 당회는 균형 있게 다섯 명의 장로가 두 명씩 친척 관계이고, 한 명은 중간에서 캐스팅 보트(casting vote)를 쥐고 꽃놀이패를 즐기고 있었다. 당회라기보다 이익을 나누는 주식회사처럼 보였다. 먼저 당회를 개혁해야 했다. 그러나 부임한 지 1년도 안 된 목사가 어떻게 이 엄청난 일을 한단 말인가?

비장의 카드를 생각해 냈다. 교회 내규(By-Law)를 만드는 것이었다. 내규 안에 장로 시무에 관해 투표하는 조항을 넣는 것이었다. 대한예수교장로회(합동) 교회 헌법(2000년 개정판) 제13장(장로·집사 선거 및 임직) 제4조(임기)에 보면 "치리 장로, 집사직의 임기는 만 70세까지다. 단 7년에 1차씩 시무 투표를 할 수 있고 그 표결 수는 과반수를 요한다"라고 되어 있다. 그래서 교회 내규에 "단 7년에 1차씩 시무 투표를 할 수 있다"라는 조항을 넣어서 현 시무 장로들의 시무 투표를 하려 했다. 이 작업은 은밀하게 몇몇 가까운 집사들과 의논하여 결정한 것이었다.

당회에 교회 내규가 없으니 만들었으면 한다는 의견을 당회에 제안했다. 장로들이 다 좋다고 해서 교회 내규 위원회를 만들었다. 문제는 위원회 조직이었다. 위원회는 12명으로 하고 그 과반수 이상을 나와 뜻이 맞는 집사들로 채웠다. 나는 당회에 제안하기 전에 이미 초안을 다 만들어

놓았다. 대학과 대학원에서 법을 6년간 전공했던 것이 많은 도움이 되었다. 위원회 조직을 완료하고 첫 모임에서 교회 내규 초안을 내놓았다. 아니나 다를까, 장로들과 가까운 집사들이 그 조항을 보고 제동을 걸었다. 결국 난상 토론 끝에 무기명 비밀 투표로 내규를 채택할 것인지에 관한 여부를 결정하자고 했다. 열세라고 판단한 장로 편 집사들은 거세게 반대했다. 그러나 8:4, 다수로 밀어붙여서 통과시켰다. 교회가 조용할 리 없었다. 교회는 거센 풍랑 속으로 빠져들어 갔다. 그러나 교회를 염려하는 교인들이 교회 내규대로 진행하자고 목소리를 놓이기 시작했고, 점차 반대 목소리는 줄어들고 투표하는 일에 교인들의 마음이 모아지기 시작했다.

| 시무 투표의 소용돌이 속으로 |

교회 내규에 이런 부칙을 달아 놓는 것을 잊지 않았다.

"규칙이 통과된 날로부터 1개월 이내에 장로 시무 투표를 한다."

이 조항에 따라 교회 시무 장로 다섯 명은 시무 투표를 받아야 했다. 투표해야 할 날이 다가오니까 장로 중에 가장 연로하신 분은 더 이상 장로 시무를 하지 않겠다고 사임했다. 뒤를 이어서 나보고 고용인이라고 했던 장로도 시무 장로직을 내려놓겠다고 했다. 결국 세 명의 장로를 놓고서 투표했다. 한 명만 과반수를 받고 두 명은 떨어졌다. 그러니까 시무 장로는 한 명만 남은 거였다. 벌집을 쑤셔 놓은 듯 교회가 난리도 아니었다. 그러나 나는 이미 렉싱턴 교회에서 경험한 게 있어서 조금도 흔들리지 않았다. 어디서 그런 담대한 마음이 생겼는지 나 역시 놀랍다.

큰 산아, 네가 무엇이냐 네가 스룹바벨 앞에서 평지가 되리라 (슥 4:7상)

시무 투표에서 떨어진 장로들이 "그러면 목사 당신도 시무 투표를 받으십시오"라고 압박했다. 교회 헌법에 목사의 시무 투표가 존재하지 않았음에도 그들은 막무가내로 대들었다. 적극적으로 나를 도와주는 집사가 "목사님, 정면 돌파하시지요"라고 제안을 했다. 솔직히 출석 교인 2/3의 투표를 받는다는 것은 힘들어 보였다. 그러나 죽으면 죽는다는 각오로 그렇게 하자고 했다. 일주일 후에 공동의회를 열어 담임목사 시무 투표를 하기로 교회 앞에 공표하고서, 나는 한 주간 가족과 함께 캐나다 밴쿠버(Vancouver)로 자동차 여행을 떠났다.

마음이 편해서 떠난 여행이 아니라 골치가 아파서 잊으려고 떠난 여행이었다. 그러나 잊어지기는커녕 오히려 저녁이면 교회에 전화해서 교인들의 상황이 어떤지를 묻곤 했다. 그들은 매일 저녁에 모여서 잔치를 하고 있었다. 목사가 시무 투표에서 떨어질 것을 아예 기정사실화하고서 벌써 후임 목사까지 정해 놓았다는 것이다. 여행을 마치고 돌아왔다. 내일이 바로 결전의 날이었다.

주일 예배 1부 순서를 마치고, 이어 노회에서 오신 목사가 공동의회를 공포하고 투표를 시작했다. 나는 주일 예배가 진행되는 동안 교회 사무실에 앉아서 기도했다. 그때 장로 한 분이 오시더니 이렇게 말씀하시며 몇 번씩이나 다짐을 강청하셨다.

"목사님, 부결되도 절대로 떠나시면 안 됩니다. 아셨죠?"

이날따라 교인들이 꽤 많이 나왔다. 그동안 뜸하던 교인들까지 눈에 띄었다. 이런 상황이 나에게 유리할지 불리할지를 가늠하기가 어려웠다.

투표가 끝나고 개표를 한 결과 3표 차이로 아슬아슬하게 가결이 되었다. 뜸하다가 오랜만에 나온 교인들이 전부 나를 지지해 주었던 것이다. 교회는, 한쪽은 환호하고 다른 한쪽은 탄식하는 아주 대조적인 분위기였다. 솔직히 온전한 교회의 모습은 아니었다. 결국 나를 반대하던 약 20여 명의 교인들이 교회를 떠났다. 마음이 아팠다. 이 모든 일의 궁극적 책임은 목사인 나에게 있음을 잘 알고 있었다. 하지만 교회의 순결을 지키고 교회를 교회답게 세우기 위해서는 불가피한 일이었다고 하는 나름대로의 정당성을 갖고 있었다.

그들이 떠나고 교회는 모처럼 만에 조용하고 평온했다. 마치 맑게 갠 가을하늘 같은 상쾌하고 신선한 분위기가 교회 안을 가득 채웠다. 교회는 곧 새로운 교인들로 채워져서 그전 이상으로 부흥했다. 어느 날 같은 지역에서 목회하시는 원로 목사님과 식사를 했는데, 원로 목사님은 식사 중에 이런 충고를 해 주셨다.

"황 목사, 다시는 그런 짓 하지 말게."

나는 "네, 목사님"이라고 짤막하게 대답했다. 만일 이와 같은 상황을 어느 교회에서 또 만난다면 다시는 이런 '짓'을 못할 것 같았다. 아무리 불가피한 정당성이 있다고 해도 말이다. 렉싱턴 교회에서 배운 것, 하나님은 목사보다 교인들을 더 위하신다는 것을 너무도 뼈저리게 경험했기 때문이다.

| 마음은 콩밭에 |

목회를 하는 중에도 하나님께서 나를 학교로 다시 불러 주시기를 기도했다. '마음이 콩밭에 가 있다'라는 속담과 같이, 샌프란시스코에서 목회를 하고 있었지만 내 마음은 학교에 가 있었다. 당시 다미선교회의 종말론 이야기로 어수선하던 때, 총신대학교 신학대학원 천정웅 교수가 요한계시록 강해 사경회로 유명세를 타고 있었다. 교회에 모셔서 부흥회를 갖고 교인들이 큰 은혜를 받았다. 그러나 내 마음은 다른 데 있었다. '혹시 학교에 갈 수 있는 길을 천 교수가 열어 줄 수 있지 않을까?' 하는 기대였다. 집회 기간에 솔직하게 마음을 털어놓고 대화를 나누었다. 그러자 뜻밖에도, 곧 안식년을 가지려고 하는데 대신 와서 강의를 맡아 줄 수 있겠느냐고 묻는 것이었다. 나는 두말없이 그러겠다고 대답했다. 천 교수와 나는 용산중학교, 총신대학교 일반대학원 동기였다.

문제는 교회였다. 어떻게 이 말을 교회 앞에 꺼내느냐는 것이었다. 결국 교회를 사임하겠다고 이야기해야 하는데, 솔직히 이 말을 하기에는 교회 상황이 너무 좋았다. 교회가 한참 재미있게 부흥하고 있고, 교인들이 교회에 정을 붙이고 신앙생활에 행복해하는데 어떻게 교회를 사임하고 학교로 가겠다는 말을 할 수 있을지 정말 난감했다. 위임을 받은 목사가 위임식에서 했던 약속을 어기고 자신의 목적을 위해서 떠나도 되느냐는 한편의 마음과, 공부를 다 마치면 돌아가겠다고 하나님과 약속한 것을 지켜야 한다는 다른 한편의 마음이 내 안에서 치열하게 갈등했다. 더욱이 3년 전에 하나님께서 학교에 나갈 기회를 주셨는데 거절하고, 후에 다시 한번 기회 주실 것을 요청한 사실도 있어서 몹시 괴로웠다.

이때가 1992년 늦은 봄이었다. 큰아이는 보스턴(Boston)에 있는 웨슬리(Wellesley) 여자대학교에 들어갔고, 작은아이는 고등학교 2학년이었다. 3년 전보다는 가정으로부터의 부담은 줄었다. 아내도 전같이 반대하지 않았고, 작은딸도 아빠가 원하는 일을 하면 좋겠다는 말까지 해 주었다. 하지만 교회를 사임하고 아내와 작은딸을 두고 가야 하는 것이 문제였다. 한국에 가면 나는 어머니 집에서 학교를 출퇴근하면 되지만, 가족은 생계를 어떻게 유지하냐는 것이었다. 물론 학교에서 받는 봉급을 보내 주면 되지만, 그 봉급으로 양쪽을 다 해결할 수 있겠느냐는 숙제가 또 있었다.

천 교수는 올 마음이 있으면 이번 가을 학기부터 강의를 해 달라고 했다. 고민에 고민을 거듭한 끝에, 나는 교회를 사임하기로 결심했다. 위임받은 목사가 하나님과 교인들에게 거짓말한 것이 되었다. 교회의 담임목사로 위임을 받는다는 것은 "목사가 교회와 함께 살고 교회와 죽는 날까지 함께하겠다"라는 거룩한 약속인데, 그 약속을 중도에 파기하는 상황이 된 것이다. 죽는 날까지 이 교회와 함께할 수 없다고 일방적으로 선언하는 것이나 마찬가지였다. 교회에 죄송했고 교인들에게 면목이 없었다.

사임의 의사를 밝히자 교회는 큰 충격에 빠졌다. 20여 년 동안 교회다운 교회로서의 모습을 보여 주지 못했을 뿐만 아니라 교회로서의 사명도 제대로 실천하지 못하다가 새로운 목사가 와서 꿈과 비전을 주고 모처럼 교회 생활에 열심을 갖게 되었는데, 이게 무슨 날벼락이냐는 분위기였다. 여기저기서 "그러면 우리는 어떻게 하라는 말이냐?"라는 볼멘소리가 터져 나왔다. 교회 앞에 머리 숙여 정중하게 사과를 드리고 학교로 갈 수밖에 없는 하나님과의 약속을 설명했다. 그러나 교인들은 그런 약속은 목사님이 하나님과 한 약속이지 우리와 한 게 아니지 않냐며 따지고 들었다.

| 하나님과의 약속을 위해 교인들과의 약속을 어기다 |

결국 1992년 9월 둘째 주일에 이임 설교를 하고 교인들과 눈물로 작별 인사를 했다. 교회는 과분한 전별금과 아름다운 감사패를 주셨다. 50여 년간 나의 목회 여정에서 상항제일장로교회의 3년여간은 잊을 수 없는 아름다운 추억이요 골든타임(Golden-Time)이었다. 시무 투표 이후 교회는 놀랍게 변하여 구원받은 자들이 모여 서로 위로하고 격려하면서 즐겁게 교회 생활을 하는 구속적 친교 공동체로 변모했고, 지상의 작은 천국과도 다름없었다. 데살로니가 교회와 같이 샌프란시스코 지역에 믿음의 소문을 내는 교회가 된 것이다. 이런 교회와 교인들을 떠나야 하는 내 마음도 많이 아팠다. 그러나 위임식에서 했던 약속보다 하나님과 했던 약속을 지키기 위해 교회를 사임하지 않을 수 없었다.

비록 3년 반의 길지 않은 목회였지만, 마치 수십 년을 목회한 것과 같은 기분이었다. 부임해서 허니문 기간도 없이 시련에 부딪혔으니 말이다. 교회는, 특히 당회는 목사를 자신들의 입맛에 맞게 좌지우지하려고 했다. 고용주와 고용인의 이야기가 나왔던 게 바로 그 단적인 예다. 고용주인 자신들의 뜻에 고용인인 목사가 목소리를 높이거나 반대하면 가차 없이 축출해 버리는 만행(?)을 무려 20년 넘게 해 온 교회. 이는 교회가 아니었다. 그러면서도 버젓이 교회 간판을 걸고 교회 행세를 해 왔던 것이다.

물론 교인들 전부가 목사를 고용인이라고 생각하지는 않았다. 그러나 유독 사업하는 교인들이 많았던 터라, 교회에 그런 분위기가 있었던 것은 부인할 수 없다. 대부분 돈에 아주 민감했기 때문이다. 이들에게 고용주와 고용인이라는 말은 매우 익숙한 말이었다. 그래서 목사가 고용인 취급을 받고 고용주인 당회와 갈등할 때 몇몇 의로운 교인들을 제외하고는 대부분 침묵하거나 방관했다. 이런 현상은 당시 미국 이민 교회에 실제로 만연했다. 예수 그리스도가 주인인 공동체가 아니라 인간의 권위와 허세를 위한 조직체였다.

사실, 이렇게 변질된 교회가 많았다. 교회의 본질과 비본질이 서로 업사이드다운(upside-down)된 교회가 정말 많았다. 복음의 필요성에 의해 교회가 세워져야 하는데, 인간의 편의와 만족을 위해서 세워지니까 교회의 변질을 가져오는 것이다. 교회가 변질되면 제일 먼저 찾아오는 병은 '분열'이다. 교회가 마음에 안 들면 쉽게 끼리끼리 따로 교회를 세우는 것이다. 당시 이민자들이 미국으로 많이 들어올 때 이런 바람직하지 않은 현상들이 특히 많았다.

나는 3년 반 동안 이 교회에서 과감히 개혁을 단행했다. 그래서 감히 이렇게 고백할 수 있다.

"저는 하나님 앞과 교인들 앞에 부끄럽지 않은 목회를 했습니다."

교회는 인간의 몸이 아니라 예수 그리스도의 몸이고, 교회의 머리는 유력한 교인이 아니라 예수 그리스도시다. 그러므로 교회의 주인은 인간이 아니라 예수 그리스도시다. 예수 그리스도는 목자장이시고, 목사는 목자이고, 교인들은 양이다. 이 진리가 왜곡될 때, 교회는 쉽게 변질되고 인간들의 유희 터가 되는 것이다.

짧은 목회였지만 잊을 수 없는 교인들이 있다. 지금은 거의 다 고인이 되셨지만, 가정 예배 시에 그분들의 이름을 불러 가며 우리 가족에게 베풀어 주셨던 은혜를 그들의 후손들에게 갚아 주시라고 기도하고 있다. 장애인 목사를 아들같이 긍휼히 여기며 눈물로 기도해 주시던 설한 전도사님과 이태평 권사님, 새집으로 이사 왔다고 냉장고를 사 가지고 오셔서 위로해 주셨던 김재훈 장로님, 시무 투표의 소용돌이 속에서 결사적으로 나를 방어해 주고, 경제적 도움을 아끼지 않았던 김만종 집사님, 큰아이의 오케스트라 연습에 먼 길을 마다하지 않고 라이드(Ride)를 해 주셨던 이안자 집사님 등등이 내 기도의 제목이 되신 분들이다.

26
목사가 아닌 신학교 교수로

    1992년 9월 10일(목요일)에 한국에 도착했다. 하나님께 돌아오겠다는 약속을 하고 떠난 지 11년 4개월 만에 그 약속을 지켰다. 서른여덟 살의 늦은 나이에 가족을 데리고 유학의 길을 떠나서 마침내 꿈을 이루고 돌아온 것이었다. 개인적으로 가슴 뿌듯했다. 어머니께 귀국 인사를 드리는데, 어머니는 나를 붙들고 펑펑 우셨다. 반갑기도 했겠지만, 이미 소천하신 아버지가 이 순간을 보았더라면 얼마나 기뻐하셨을까를 생각하면서 우시는 것 같았다. 이날 밤 어머니와 나란히 누워 자는데 잠이 영 오지 않았다. 물론 시차 때문일 수도 있었겠지만, 미국에 두고 온 아내와 작은딸 생각이 더 컸다. 떠나올 때 내 손을 꼭 잡고 눈시울을 붉히던 아내와 눈물을 기어코 흘리던 작은 딸의 모습이 생각나 통 잠을 이룰 수 없었다. 하나님과의 약속 때문에 미국의 아내와 딸 그리고 한국의 어머니 사이에서 하루하루의 삶이 마치 가시밭길을 걷는 기분이었다.

| 신학교 강의 |

15일(화요일)부터 학교 강의를 시작했다. 학기가 시작하고 두 주간을 지각한 것이었다. 가을 학기는 벌써 9월 1일(화요일)에 시작했다. 천 교수가 강의하던 '목회신학', '목회상담학' 그리고 '교회정치' 세 과목을 교수가 아닌 '전임대우'라는 신분으로 가르치기 시작했다. 무엇보다 당황스러웠던 것은 한 과목이 아닌 세 과목의 강의를 충실하게 미리 준비하지 못했던 것이었다. 그래서 우선은 천 교수가 하던 강의안을 보완해 가면서 강의를 했다. 마치 몸에 맞지 않는 옷을 입은 기분이었다. 강의가 끝나면 도서관에서 내 몸에 맞는 옷을 만들기 시작했다. 정말 열심히 정성 들여 만들어서 내가 만든 옷을 학생들에게 시간마다 입히려고 노력했다.

어느덧 가을 학기를 어떻게 마쳤는지 모르게 마쳤다. 학생들의 강의 평가(feedback)가 궁금했다. 조교가 들려주었는데 "신선하다"라는 평이 제일 많았다고 했다. 곰곰이 생각해 보았다.

'뭐가 신선했을까? 왜 신선했을까?'

'새(new face) 교수가 왔으니까 그랬겠지'라고 생각하고 더 이상 깊이 생각하지 않았다. 과목 자체가 교회의 실천적인 것을 다루고 있었기 때문에 해석이 다양할 수 있었다. 그러나 강의에서 나는 일관되게 성경과 기독교 2천 년 전통에 근거해서 가르치려고 했다. 본질과 원칙에 충실하려고 했다. 비본질의 문제는 얼마든지 타협과 조정의 가능성이 있지만, 본질의 문제는 절대로 그럴 수 없었다.

신선한 이미지 덕에, 초년 교수가 가을 학기 개강 수련회 강사로 픽업되기까지 했다. 감사한 일이었다. 지금도 제자 목사 중에는 그때 은혜 받았던 말씀을 이야기하곤 한다. "필요한 고난"이라는 제목의 설교를 그는 지금도 기억하고 있었다. 이 설교는 내 삶이 투영되어 있는 설교였다. 설교(삼상 20:1-3)는 이렇게 시작된다.

> ...
>
> 좋은 목재는 쉽게 자란 나무가 아니다. 좋은 목재는 뜨거운 태양, 찬바람, 빗줄기와 눈보라 속에서 만들어진다. 그러므로 작열하는 태양, 엄동설한의 눈보라와 비바람은 좋은 목재가 될 나무에게는 필요한 고통이라고 생각한다.
>
> 시냇물의 노랫소리는 정말 아름답다. 이 아름다운 시냇물의 노래는 실상 바위와 돌멩이들이 부딪히고 싸워 나가는 소리이다. 그 시냇물에서 바위와 돌멩이들을 제거해 버린다면, 시냇물의 노래는 없어진다.
>
> 그렇기 때문에 구슬 같은 시냇물 소리가 있기 위해서는 바위와 돌멩이들의 부딪힘은 시냇물에게 필요한 아픔이라고 볼 수 있다.
>
> 이와 같은 자연계의 진리는 인간 세계에도 적용된다. 하나님께 인정받고 사람들에게 존경받는 훌륭한 신앙 인격자는 하루아침에 태어나는 것이 아니다. 많은 세월 속에 고민의 몸부림과 온갖 고난 속에서 만들어지는 것이지, 태어나는 것이 아니다.
>
> 그러므로 우리에게 찾아오는 삶의 고난은 우리를 파멸시키는 불행의 조건이 아니라 오히려 우리를 더욱 성숙한 하늘나라 백성으로 만드는 필요한 고난이다.

...

왜 하나님께서는 다윗을 바로 왕좌에 앉히지 않으셨는가? 왜 몇 년간 도망자의 고통을 당하게 하셨는가? 다윗이 겪어야 할 필요한 고난이 있었기 때문이다.

| 학교 신문 책임자로 |

하나님의 은혜로, 학교에 잘 적응해 갈 뿐만 아니라 교수로서의 사역을 잘 감당해 내고 있었다. 이제 보직을 맡겨도 될 만큼 준비가 됐다고 판단했는지 학교에서 총신 원보사 주간(主幹)을 맡겨 주었다. 사실 맡겨 주어서 맡았지, 맡고 나서 후회를 많이 했다. 신문은 본래 비판하는 속성을 갖고 있어서 그런지 학교와 충돌하는 경우가 많았다. 기자들은 비판거리를 찾고, 학교는 그런 것을 변명하고 가리려고 할 때, 그 중간에서 조정하고 절충하는 일은 말처럼 쉽지가 않았다. 비록 목사 후보생들이었지만 역시 기자는 기자였다.

우선 기자들과 인간관계를 잘 만들어 두어야겠다는 생각이 들었다. 아내와 상의하고서 한날 원보 기자 전원을 집으로 초대해서 식탁 교제를 나누었다. 신문 주간 대 기자로서가 아닌 순수한 인격 대 인격으로 만나 대화하고 친밀감을 갖게 되니 서로의 신뢰가 더 두터워지고 학교와의 긴장도 줄어들었다. 2년간 주간으로 있는 동안 큰 잡음 없이 학교 행정이 원만하게 운영되었다. 이러한 일련의 일로 학장으로부터 학교 부임 후 처음 격려의 말을 들었다. 지금도 그 당시 원보 편집장이었던 전도사가 지금은 담임목사가 되어서 목회를 아주 잘하고 있다. 현재 수원 열두광주리교회를 담임하고 있는 오대희 목사이다.

총장 서리 체제로 운영되던 학교에 새 총장이 선출되었다. 나성한인교회 담임목사인 김의환 목사님이 총장으로 취임하시게 된 것이었다. 김 총장님은 신대원 시절 나의 스승이셨다. 교회사를 가르치셨다. 총장 취임에 학교뿐만 아니라 교단 전체가 환영 일색이었다. 그만큼 기대가 컸다. 나도 기대가 컸다. 취임식 후 총장님은 나를 알아보시고 어깨를 두드리시며 "황 교수, 잘해 보세"라고 격려해 주셨다. 나를 알아봐 주신 것은 나에게 큰 위로였다. 장애인으로서의 자격지심 때문인지 내 내면에는 그런 것에 대한 기다림이 있었다. 어려서부터 몸에 입력된 자존감 결여를 방어하기 위한 자기 보호 본능의 하나일까?

| 신학교 안에도 검은 거리가 |

총장 취임 후, 첫 보직 개편이 있었다. 교수 세미나 동안에 이 작업이 진행되었는데 총장님이 나에게 학생처장을 맡아 주면 좋겠다고 제안하셨다. 나는 거절했다. 이유는 학교 운영에 납득하지 못할 불합리한 일이 있었기 때문이다. 모 교수가 학생으로부터 엄청 큰 선물을 받았는데, 그 선물에 숨겨졌던 대가가 발각된 것이다. 부끄러운 일이다. 당연히 학교는 그 교수를 교수 윤리 규정에 따라 징계해야 했다. 그러나 총장님은 그렇게 하지 않으셨다. 나는 교수 세미나 석상에서 이 문제를 공식적으로 제기했고, 이 자리에서 총장님과 심하게 논쟁을 했다. 그러나 혼자로는 역부족이었다. 나만 바보가 된 꼴이었다. 그러다 그 일은 그냥 유야무야로 넘어갔다.

이 일은 큰 충격이었다. 하나님의 일꾼을 양성하는 신성한 학교에서 이런 일이 아무렇지도 않은 듯이 그냥 넘어간다는 게 도저히 이해되지 않았다. 더구나 뒤에서는 수군거리며 목소리를 높이는 교수들이 총장 앞에서는 하나같이 침묵하는 게 정말 역겨웠다. 배신감까지 들었다. 그 이후 신대원 교수회는 신성한 모임이 아니라는 걸 새롭게 깨달았다. 학교 간판에 '신(神)'이 붙어서 신학교지, 학교 안의 모든 것이 '신(神)'자와 관계된 것은 아니었다. 학교에 대해 갖고 있었던 꿈, 비전, 기대, 희망 등이 급격히 내 안에서 소멸되어 가는 느낌이 들었다.

그래도 수업 중 학생들을 만나서 대화하고 학문적인 토론을 할 때가 가장 행복했다. 학생들이 유일한 위로요 희망이었다. 그런 일이 있고 나서, 나는 교수 회의에 조용히 앉아만 있었다. 그래도 교수 회의에서는 학사를 진행했고 학교 행정도 원활하게 잘 돌아가고 있었다. 거대하게 돌아가는 학교 행정에 나는 작은 톱니바퀴 하나에 불과했다. 미미한 존재였다. 외롭다는 생각이 밀려올 때가 있었다. 그래서 사람들은 타협을 하기도 하고 절충을 시도하는 것이 아닌가 싶다. 그래서 좋은 게 좋은 것 아니냐는 식으로 생각하며 살아들 가고 있는가 보다. 신학교에서도 말이다. 하지만 적어도 이곳에서는 그렇게 살아서는 안 된다는 게 나의 소신이었다. 그런 면에서 나는 너무 고지식했다.

총장님은 의외로 나를 따뜻하고 친절하게 대해 주셨다. 비록 지난 불미스러운 일에 대해 반성의 언급은 없었지만, 나를 대해 주는 태도에서 그것을 충분히 읽을 수 있었다. 총장님의 그런 태도는 내 마음을 누그러뜨리기에 충분했다. 생각해 보면, 총장님이 나를 무시하신다고 해도 작은 톱니바퀴 하나에 불과한 내가 뭐라고 그렇게까지 했는지…. 분수를 알아야 했다. 그것은 교만일 수도 있겠다는 생각이 들었다. 다시 초심으로 돌아갔다. 학교에서 불러 주었던 그때로 말이다.

27
학사 업무의 책임자로

　총장은 나에게 다시 학생처장을 맡아 달라고 요청했다. 이번에는 그 요청을 수락했다. 우선 학생들이 가장 필요로 하는 게 뭔지를 파악하는 일이 중요했다. 그래서 나는 학생들의 대표 기관인 원우회와 대화의 문을 활짝 열고 자주 만났다. 학생들의 요구 사항은 아주 다양했다. 그중에 가장 많은 요구는 과밀 교실 문제를 해결하는 일이었다. 1992년 가을 학기 학교에 부임했을 때 나는 정말 놀랐다. 한 교실에 250명이 넘는 학생들이 수업을 받고 있었기 때문이다. 나도 앉아서 강의를 했으면 좋겠는데 도저히 앉아서 강의를 할 수가 없었다. 그러면 뒤의 학생들이 보이지 않았기 때문이다. 그럼에도 앞에서 1/3의 학생들만 강의에 집중하는 것 같았고, 나머지 학생들은 강의 집중력이 떨어졌다. 심지어 뒤에 앉은 학생들 중 몇몇은 그 시간에 자기 교회 설교를 준비하기도 했다. 그야말로 학교가 아니라 학원이었다. 더군다나 다른 학교도 아닌 하나님의 일꾼을 양성한다는 신학교가 학원처럼 운영된다는 것은 부끄럽기 짝이 없는 일이었다. 교단 신학교니까 당연히 교단이 해결해 줘야 했다. 하지만 교단 지도

자 중 누가 하나 이런 문제에 대해 언급조차 하기를 원치 않았다. 미국에서 공부했던 신학교들과는 학교 운영 면에서 차이점이 너무 많았다.

과밀 교실 문제는 학교가 해결할 수 있는 게 아니었다. 그러려면 우선 교수 요원이 더 충원되어야 했다. 이 일에는 재정이 뒷받침되어야 하는데 그렇게 될 가능성이 거의 전무했다. 학생들 등록금을 올리든지, 아니면 교단의 재정 지원이 있던지 해야 했는데, 둘 중 어느 것 하나도 가능하지 않았다. 그래서 여기까지 온 것이다. 학생들의 수업 환경 개선과 복지 증진을 위한 책임에 한계를 느끼지 않을 수 없었다. 안타까운 일이 아닐 수 없다. 그래도 이런 환경 속에서 공부를 마치고 목사가 되어서 아름답게 목회하는 제자들을 볼 때면 '사람의 생각과 하나님의 생각은 다르다'라는 것을 깨닫곤 한다(사 55:8-9 참고).

학교와 학생들 간에는 크고 작은 일로 항상 긴장이 있었다. 그 긴장을 풀고 완화하는 일은 쉽지 않았다. 하지만 길은 있었다. 진심과 소통. 이해하려는 마음을 갖고 진심으로 다가가면 풀리지 않는 문제가 없었다. 원우회가 사용하는 예산에도 석연치 않은 회계 처리들이 종종 발견될 때가 있었다. 예를 들면 원우 수첩이나 졸업 앨범을 제작하려는데 업자들이 리베이트(rebate)를 가지고 유혹할 때다. 세상 물정에 약한 학생들에게는 치명적이었다. 이럴 때 슬기롭게 그들을 감시하고 감독하는 일은 교실에서의 수업 못지않게 중요했다.

2천 명이 넘는 학생들에게는 참 많은 문제들이 있었다. 그 가운데 가장 곤혹스럽던 문제 중 하나는 부정 행위였다. 시험을 컨닝하는 경우도 있었고, 과제물을 컨닝하는 경우도 있었다. 한번은 원우회 임원 중에 열네 명이 목회신학에서 과락 처리되는 초유의 사태가 있었다. 목회신학 과목은 2학년 가을 학기에 가르치는 과목이었는데, 과제물 중 하나는 주어진 책 목록에서 아무 책이나 읽고 A4 용지 한 장에 그 내용을 요약해서 내면 무조건 5점을 받는 것이었다. 그런데 이 열네 명이 서로 짜고서, 한 사람이 책 한 권을 읽고 A4 용지에 요약하면 나머지 열세 명이 그것을 복사했던 것이다. 그렇게 해서 한 권밖에 안 읽었는데도 열네 권을 읽는 셈이 되는 교묘한 수법이었다. 불로소득도 이런 불로소득이 없다. 그것도 신학교에서 말이다. 열네 명 모두를 과락시켰다. 그들 모두는 3학년 가을 학기에 재수강을 하고서 졸업할 수 있었다.

| 어떻게 받은 영주권인데 |

이 즈음에 학교 재단 이사진이 바뀌면서 교수들에게 이런 공표를 했다.

"외국 시민권이나 영주권을 소유한 교수는 승진, 보직에 불이익을 받을 수 있습니다."

그러니까 외국 시민권이나 영주권을 포기하라는 완곡한 경고였다. 이런 조처가 단행된 것은 많은 교수들이 가족을 미국에 두고 있어서 방학이 되면 국내에 있지 않음으로 학사 행정에 차질이 있다는 이유 때문이었다. 다시 말해, 방학 중에 긴급한 일로 교수 회의를 소집해야 하는 경우가 있을 수 있다는 것이다. 수긍되는 면이 없지는 않지만, 긴급 교수 회의는 보통 보직 교수들이 모여서 하는 게 상례였다. 그러니 교수들은 재단 이사회의 그러한 조처에 다분히 다른 의도가 있을 것이라고 생각했다. 예컨대, 교수들의 군기를 잡기 위해서…? 아니기를 바라지만, 만약 그랬다면 이는 너무 소아적이고 치졸한 발상이다. 교단의 지도자들은 교수들을 이런 수준으로 생각하고 있었을지도 모른다.

어찌 됐든 당시 미국 영주권을 가지고 있었던 나는 이를 포기해야만 했다. 어떻게 얻은 것인데 포기하라는 것인가? 국제화 시대에 이런 고루한 지시가 어디 있는가? 불쾌한 마음을 추스르고, 결국 포기하기로 했다. 포기 서류를 용산 미군 부대 내 어느 사무실에다 제출했다. 직원은 한마디 말도 없이 서류를 보고서 도장을 '꽝' 찍더니 서류 한 장을 외무부에 내라고 일러 주었다. 영주권이 포기되는 순간이었다. 채 1분도 안 걸렸다. 기가 막혔다. 이것을 받는 데 5년이나 걸렸었는데, 포기하는 데는 1분도 안 걸리니 말이다. 도장을 찍어 준 서류를 들고서 외무부까지 가는 동안 나는 펑펑 울었다. 억울해서 울었다. 너무 억울해서 말이다. 어떻게 얻은 영주권인데….

자녀들을 보러 미국을 가야 하는데 어찌 해야 하나 고민이 되었다. 그러나 가기는 가야겠고 해서, 간단한 편지와 함께 비자 신청서를 미국 대사관에 제출했다. 편지에는 우선 미국에 영구히 살도록 허락해 준 것에 대해 심심한 감사의 말을 정중하게 쓰고, 영주권을 포기할 수밖에 없었던 사유를 자세히 쓴 후, 마지막으로 미국을 방문해야 하는 이유를 썼다. 편지라기보다 탄원서에 가까웠다. 미국 대사관은 아무 이의 없이 10년 복수 비자를 발급해 주었다. 비자를 받고 오면서 이런 물음을 가졌다. '교단 지도자들은 왜 이렇게 폐쇄적일까?', '시대를 보는 눈이 왜 이토록 근시안

적일까?', '이런 사고방식으로 어떻게 장자 교단이라고 말할 수 있을까?'
대원군의 쇄국 정책을 보는 듯해서 어디 가서 이런 이야기를 하기가 부끄
럽게 느껴졌다. 그래도 이런 지도자들 밑에서 공부하고 한국 교회를 이끌
어 나가는 제자들을 볼 때, 하나님의 은혜에 감사하지 않을 수 없었다.

28
신학 논쟁

김의환 총장 재직 시에 학교에는 신학 논쟁이라는 회오리바람이 몰아쳤다. 어느 교수님의 강의안이 도화선이었다. 자유주의 신학자의 책 내용 중 일부를 그대로 옮겨서 강의안을 만든 것이 문제였다. 이 문제는 교수들을 반으로 나뉘어 놓도록 만들었다. 교내에는 긴장감이 고조되기 시작했고, 극과 극으로 대치하는 상황에서 교수들이 상대방의 박사 학위 논문을 검색하는 일로까지 확대되기 시작했으며, 심지어 아직 신학 초보인 학생들조차도 둘로 나눠지는 상황에 이르게 되었다.

급기야 교단이 개입하기에 이르렀다. 교단에 신학 조사 위원회가 구성되어 양쪽 교수들을 불러서 진상 파악에 들어갔다. 양쪽 교수 한 사람씩을 불러서 청문회 하듯이 심문(?)했는데, 당시 위원회는 문제가 된 강의안을 만든 교수들 쪽에 보다 호의적이었다. 어느 날 나도 불려 갔다. 위원장과 두 명의 목사가 나를 심문했는데, 우선 나는 그들의 태도가 대단히 불쾌했다. 대단히 고압적이고 거만하기 이를 데 없었다. 목사가 아니었다. 위원들은 교단 내에서 그래도 위치가 있는 지도자라고 해서 그런지 목에 힘이 너무 들어가 있었다. 마치 세상 정치하는 사람들의 모습과 다를 바 없었다. 겸손함과 친절함이라고는 전혀 없었다. 오직 죄인 취급하듯 고압적인 모습뿐이었다. 그들은 뭐가 그렇게 당당한지, 아무리 그렇다 해도 한국의 장자 교단이라고 하는 교단의 유일한 신학교에서 교단의 미래 목사들을 양성하는 일을 맡는 교수를 이렇게 다루고 취급해도 되는지 정말 의아했고 놀랐고 비참했다.

나는 자유주의 신학에 근거한 그 어떤 주장이나 견해도 받아들일 수 없었다. 성경과 기독교 2,000년 전통에 반하는 그 어떠한 이론도 용납되어서는 안 되며, 따라서 신학에 처음 입문하는 목사 후보생들에게 이 성경과 기독교 2,000년 전통에 반하는 자유주의 신학을 가르치는 것은 결코 용납될 수 없다는 고백이 내 신학적 신념이요 사상이었다. 학교에 부임해서 얼마 안 있다가 다음과 같은 내 신앙고백을 총신원보에 실었었다.

│ 교 단 과 신 학 교 간 의 문 제 │

위원회가 조사를 했지만, 아무 결론도 없이 흐지부지 끝났다. 처음부터 예견된 일이었다. 이 논쟁은 학교에서 시작된 것이기 때문에 학교에서 끝내야 하는 것이 맞다. 그러나 교단 정치가 개입되면서부터 문제가 복잡해진 것이다. 학교에 교단 정치가 들어오는 빌미를 제공해 준 셈이었다. 이 문제를 처리하는 데 교단 지도자들도 서로 갈라졌다. 교단의 정치가 드디어 교수들을 내 편, 니 편으로 갈라 서로 간에 반목을 더욱 심화되게 만들었다. 결론도 없이 끝난 신학 논쟁은 학교에 깊은 상처만 남겼다. 특히 학교 리더십에 대한 신뢰 하락과 교수들 간의 불편한 동거는 고스란히 학생들에게 부정적 이미지를 안겨 주었다. 학교 모두에게 상처뿐 아무 결과도 없었다.

교단은 신학교에 정치를 가지고 들어오면 안 된다. 물론 어떤 이는 교단 신학교에 교단이 개입하는 것이 뭐가 문제냐고 반문할지 모르지만, 신학에 정치가 개입되기 시작하면 신학은 곧 정치에 오염되어 신학 본연의 기능을 다할 수 없을 뿐 아니라 학교의 자율성이 심각히 훼손된다.

졸업식을 한 예로 들어 보자. 미국의 교단 신학교 졸업식의 주체는 학교다. 교단이 아니다. 졸업식 설교도 교단의 총회장이 하지 않는다. 학교가 추천하는 인사가 설교를 한다. 내가 공부한 학교도 그랬다. 졸업식 식순을 보면 사회, 설교 등 모두 학교가 주체가 되어 주관한다. 그런데 우리나라는 교단이 졸업식의 주체가 되고 학교는 주체를 위한 들러리 역할을 하는 데 불과하다. 나는 1년에 한 번씩 이 일 때문에 자괴감에 빠지곤 했다. 교단이 학교에 대해 권리를 주장한다면, 그것에 상응하는 게 있어야 한다. 이를테면 학교가 재정적인 어려움을 겪지 않도록 돕는다든가 하는 일이 있어야 하는데 그렇지 못했다. 학교는 학생들의 등록금에 거의 전적으로 의존하는 상태였다. 책임은 다하지 못하면서 권리만 주장하는 교단의 모습은 결코 아름답지 못했다. 지금도 그러하다.

또 하나 예를 들면, 학생이 신학교에 입학하려면, 노회 소속 증명서가 있어야 한다. 지원하는 학생은 우리 노회에 소속된 사람인데 공부를 마치면 우리 노회의 회원이 될 사람이라는 것을 확인해 주는 확인서다. 그렇다면 노회가 학생을 학교에 보내서 공부시킬 때 최소한 등록금 정도는 노회가 지원해 주어야 한다. 등록금이 안 되면 얼마간의 재정 지원을 해서

라도 미래의 노회 회원을 위해 배려해 주는 것이 노회로서의 도리요 책임이다. 그러나 그런 노회를 학교 재직 중 단 한 번도 본 일이 없다. 내가 공부했던 학교는 그렇게 하고 있었다.

신학 논쟁으로 촉발된 갈등은 학교를 넘어 교단으로까지 확전되더니 용두사미로 끝나고 말았다. 승자도, 패자도 없는 싸움으로 끝났다. '이럴 거면 왜 애초에 시작했을까?' 이로 인한 교수들 간의 반목으로 서로 소원해진 면이 없지는 않았지만, 나에게는 이런 신학적 소신이 있었다. 이 문제는 비본질의 문제가 아니라 본질의 문제다. 비본질은 타협의 여지가 있다. 그러나 본질의 문제는 그렇지 않다. 성경은 타협의 대상이 될 수 없다. 성경은 그 자체가 본질이기 때문이다. 문제가 된 논쟁은 본질에 관한 문제였기에 원천적으로 토론과 타협의 대상이 될 수 없었다. 그러나 문제가 된 논쟁 때문에 학교에 교단 정치가 들어오도록 빌미를 제공한 한 사람으로서 솔직히 학교와 학생들에게 미안한 마음이 많았다. 그리고 논쟁 이전에는 그렇게 사이가 좋았던 교수들과 논쟁 후 서먹한 관계가 되어 버린 것에 가슴이 많이 아팠다. 교수들과 인간적인 관계를 다시 회복하는 데는 많은 시간이 걸렸다. 은퇴 즈음해서는 몇몇 교수에게 찾아가서 화해하고 서로의 신뢰를 회복했다.

생각해 보면 교수의 강의안이라든가 강의 시간에 가르친 내용들만 가지고 신학 논쟁을 시작한다는 것은 너무 성급했다고 생각한다. 좀 더 신중하고 사려 깊게 서로 간에 신뢰를 갖고서 대화를 했더라면 더 좋지 않았을까 하는 아쉬움이 남는다. 이것은 학교 리더십의 몫이었다. 그런데 그 몫을 지혜롭게 하지 못했다.

29
교무 행정의 책임자로

    학생처장의 임기가 끝나 가는 중에 학교 리더십이 바뀌어 김의원 교수가 새 총장으로 취임했다. 봄 학기가 시작되고 보직 개편을 통해 나는 교무처장으로 임명되었다. 학생처장직을 이제 막 마쳤는데, 바로 교무처장으로 임명되는 게 조금은 의외였다. 다른 교수들의 눈치가 보이면서 미안한 마음이 들었다. 이때 대학과 신대원의 행정을 통합하는 일이 있어서 양쪽의 교무 행정을 총괄해야 했다. 대학은 서울 사당동에 있고 신대원은 경기도 양지에 있기 때문에, 양쪽을 오가며 행정을 봐야 하는 일은 쉽지 않았다. 거기다 신대원 수업도 감당해야 했기에 체력적인 한계를 느낄 때가 많았다. 그러나 "맡은 자에게 구할 것은 충성"(고전 4:1)이라는 말씀에 따라 최선을 다했다.

│ 교수들의 집단 이기주의 │
    학교에 와서 몇 년간 강의를 해 보니 교과 과정을 개편해야겠다는 생각이 많이 들었다. 두 가지 이유 때문이었다. 하나는 현 교과 과정이 오늘의 교회 상황에 대처하기에 너무 경직되어 있다는 것이었고, 다른 하나는 너무 한 분야의 이론 신학에 치중되어 있다는 것이었다. 그래서 교과 과정에 실천신학 과목을 좀 더 전진 배치했으면 했다. 목회에서 이론과 실천의 균형을 이루어야 한다는 것이 총장과 나의 견해요 주장이었다. 실천신학 교수인 내가 이런 주장을 하기에 적잖은 부담이 있는 것은 사실이었지만, 학교의 미래를 위해서는 절대로 필요하다고 확신했기에 추진한 것이었다. 외국 신학교들의 교과 과정을 우리 학교의 것과 비교해 보았을 때, 우리는 너무 이론 중심의 신학에 치우쳐 있음이 확실했다. 더구나 교단의 목회자를 양성하는 학교에서, 나는 목회 현장과 밀접한 학문을 가르치는 것이 바른 신학 교육의 방향이라고 믿었다.

그래서 학교에 교과 과정 개정 위원회를 설치했다. 교무처장이 위원장을 맡고 먼저 국내외 신학교들의 교과 과정을 모으고 분석하는 일을 했다. 이것을 근거로 해서 초안을 만들었다. 총장의 재가를 받아 정식으로 교수 회의에 내놓았다. 반응은 두 갈래였다. 개편의 타깃(target)이 된 분야의 교수들은 강력히 반대했고 나머지 교수들은 중도적이었다.

반대하는 쪽의 이론은 이러했다. 이론(신학)이 든든하게 기초를 잡아 주어야 교회가 견고한 신학 위에 세워질 수 있고 목회자들이 신학적으로 바른 목회를 할 수 있다는 것이다. 백번 맞는 말이다. 당연히 그래야 한다. 그래서 과목을 없애거나 축소하는 게 아니라, 같은 유의 과목을 통합하거나 시간 수를 줄이고, 대신 실천신학 과목에 그 시간을 더해 주자는 것이었다. 그러나 그마저도 안 된다는 것이다. 그 분야의 과목은 손끝 하나도 건드려서는 안 된다고 하며 매우 강경했다. 마치 손을 대면 신학이 좌경화될 수도 있다는 우려까지 내비치며 방어벽을 쳤다. 이론 신학 과목을 축소하거나 통합하면 좌경화될 우려가 있다는 명분론으로 교과 과정을 개편하려는 논의는 표류했다.

그 이후 교수들을 개인적으로 만나서 설득도 하고, 타협안을 만들어 절충도 시도했으며, 전체 교수 회의에서 몇 번에 걸쳐 재논의했지만, 결과적으로 아무런 변화도 없었다. 당시 교수들은 학기마다 자신의 필수 과목을 가르쳤다. 만약 교과 과정의 개편을 통해 과목이 축소되거나 통폐합되면 자기가 교수하는 과목이 사라질지도 모르는 우려가 있었다. 이런 우려가 교과 과정을 개편하는 데 가장 큰 걸림돌이었을 것이다. 명분과 실리의 싸움에서 실리가 명분을 이길 수 없다는 진리는 여기에도 있었다. 학교를 은퇴할 때까지 교과 과정 개편은 없었고 그 후에 제자 교수들에 의해 결국 교과 과정이 개편되었다는 이야기를 들었다. 만시지탄(晚時之歎)이 아닐 수 없다.

│ 심증은 가는데 물증이 없다? │

하나님의 말씀을 가르치는 신학교에서, 상상할 수 없는 입학 시험 논술 문제 유출 사건이 발생했다. 문제가 된 내용은 "고린도후서 5장 17-19절의 말씀을 가지고 설교문을 작성하라"라는 논술 시험 문제였다. 학교 홈페이지에 "시험 전날부터 설교 모범 답안을 가져와 공부하는 학생들이 있어 문제가 사전 유출된 것 같다"라는 글이 올라와서 알게 되었다.

학교는 교무처장을 위원장으로 하는 진상조사 특별 위원회를 구성하여 문제의 전말을 알아보기로 했다. 논술 문제 출제 교수와 교수의 제자 그리고 교무과 직원들을 불러서 어떻게 문제가 유출되었는지를 조사했지만, 사실상 별 소득이 없었다. 할 수 없이 방배경찰서에 사건을 의뢰하고 조사를 부탁했다. 어느 날 경찰서에서 위원장인 나를 오라고 해서 갔다. 담당 형사는 "심증은 가지만 물증이 없습니다"라고 하면서 더 이상 조사할 게 없어서 부득이 종결해야겠다고 했다. 학교도 결국 조사 종결에 동의하고 1차 시험에 합격한 자들을 대상으로 논술 과목을 제시하도록 했다. 이렇게 해서 이 문제는 일단락되었다.

"심증은 가는데 물증이 없습니다."

담당 형사의 말이 한동안 뇌리에서 떠나지 않았다. 법을 전공한 나로서는 형사의 말에 100% 동의할 수밖에 없었다. 세상 법은 물증주의(物證主義)를 택하고 있기 때문이다. 그러면 하나님의 법은 무슨 주의를 택하고 있을까? 양심주의가 아닐까? 신앙 양심주의(?). 세상 법은 객관적으로 누구에게나 공평하게 공개된다. 그러나 하나님의 법인 양심은 자신만 알기 때문에 비밀스럽다. 그러나 알고 있는 또 한 분이 있다. 바로 하나님이시다. 이분을 속일 수 있는 사람은 아무도 없다. 물증이 없어도 알고 계신다. 아예 물증이 필요치 않다. 그래서 하나님 앞에서는 미제(未濟) 사건이 존재할 수 없다. 논술 문제 유출 사건도 마찬가지다. 그분은 유출자가 누군지를 알고 계신다. 유출자는 장차 하나님 앞에서 이 문제에 대한 심판을 피할 수 없을 것이다.

| 아홉은 어디 있느냐? |

졸업식이 가까워지면 교무처는 바쁘다. 졸업 사정(査定)을 준비해야 하기 때문이다. 학점이 모자라서 졸업을 못 하는 경우는 당연지사다. 하지만 학점을 다 이수했는데 등록금을 완납하지 못해서 졸업이 유예되는 경우는 정말 딱했다. 졸업 사정에서 이러한 경우를 놓고서 교수들 간에 원칙론과 온정론이 대립할 때가 있었다. 원칙론자들은 학칙대로 해야 한다고 주장하는 반면, 온정론자들은 비록 학칙이 그렇다고 해도 3년간 어렵게 공부한 것을 참작해서 미납 등록금을 감면해 주든가 아니면 추후에 갚을 수 있는 기회를 주자고 주장했다.

아홉 명이 등록금 미납으로 졸업을 하지 못하게 되었다. 원칙론을 주장하는 교수들이 많았던 결과였다. 교무를 담당한 나로서도 그 결정에 따를 수밖에 없었다. 그러나 아홉 명을 그렇게 내칠 수는 없다고 생각했다. 교단의 몇몇 교회 목사님에게 사정을 이야기하고 도움을 요청했다. 그때 도움을 주셨던 감자탕교회 조현삼 목사님과 분당우리교회 이찬수 목사님을 잊을 수가 없다. 정말 고마웠다. 그래서 아홉 명 모두가 졸업을 할 수 있었다.

그런데 그렇게 졸업을 하고 학교를 떠난 아홉 명 중에 고맙다고 인사를 해 온 학생은 단 두 명뿐이었다. 그것도 전화 한 번으로 끝이었다. 졸업 전에는 손이 닳도록 빌면서 사정을 하고 심지어 아내까지 대동하고 집에까지 찾아와서 읍소했었다. 그래서 염치 불고하고 교회들에 어렵게 부탁해서 도움을 주었는데, 졸업하고 나니 눈물로 호소할 때와는 너무도 다르다. 누가복음 17장 1절 이하에 나오는 열 명의 나병 환자들이 떠올랐다.

열 사람이 다 깨끗함을 받지 아니하였느냐 그 아홉은 어디 있느냐 (눅 17:1b)

학교 교훈 중에 첫째가 "신자(信者)가 되라"이다. 이 교훈을 볼 때마다 '인간이 되라'가 첫째여야 하지 않을까 생각하곤 했다. 어느 날 이런 이야 기를 어느 교수에게 했더니 "황 교수, 이미 인간이 된 사람이 와서 그렇게 하지 않았을까?"라고 반문을 하기에, 진심으로 하는 말인가 아니면 빗대 서 하는 말인가 혼동이 되기도 했다.

목회자는 무엇보다 먼저 사람이 되어야 한다. 인격을 갖춘 사람이 되어 야 한다. "사람의 가장 좋은 담보는 그의 인격이다"라는 말이 있다. 목회 를 위한 기초는 사람의 됨됨이, 즉 인격이다.

30
대학원의 책임자로

학생처장에서 교무처장, 그다음은 기획실장이나 대학원장 또는 신대원
장이었다. 보통 이런 순서로 보직이 상향(?)되었다. 물론 보직에 무슨 서열
이 있는 것은 아니다. 다만 학교 행정의 경험 정도에 따른 것이었다. 그래
서 내 다음 보직은 대학원장이었다. 학생이나 교무보다는 훨씬 한가했다.
그런데 신대원장은 양지에서 업무를 보면 되지만, 대학원장은 대학이 있
는 서울 사당동 캠퍼스로 가야 했다. 대학 수업이 모두 월요일에 있어서
사당동 캠퍼스로 출근하고, 나머지 요일은 양지 캠퍼스에서 신대원 수업
을 감당했다.

| 금강산 관광 |

전국 대학원장 모임에서 3박 4일 부부 동반으로 금강산 관광을 간 것이
기억에 남는다. 생전에 북한 땅을 밟아 보리라고는 생각도 못 했었는데,
너무도 감격이었다. 일행을 따라 많이 걷지는 못했지만, 금강산에 내가
서 있다는 사실 하나만으로도 흥분되고 감회가 어렸다. 아내와 함께 비로

봉을 중간쯤 올라가다가 나는 포기하고, 아내는 끝까지 올라가는 기쁨을 맛보았다. 생전 추억에 남을 귀중한 관광이었다.

| 복음의 밀수꾼으로 |

교수로 있는 동안 잊을 수 없는 일 중에 또 하나는 중국 지하 교회 지도자들을 양육한 일이다. 어느 기회에 당시 중국 지하 교회 지도자 훈련을 위한 신학교를 세워서 은밀히 사역하고 있는 차 선교사(가명) 부부를 한국에서 만나게 되었다. 만나자마자 우리는 누가 먼저랄 것도 없이 서로 금방 뜨겁게 마음이 통해 거룩한 일에 의기투합하기로 했다. 학교는 북경 변두리 일반인 주택 내에 자리 잡고 있었고, 이미 수십 명의 지하 교회 지도자들이 목숨 걸고(?) 훈련받는 십자군 영이었다.

여름과 겨울방학을 이용해 1년에 두 차례 방문해서, 일주일간 집중 강의를 했고, 아침 아홉 시에 시작하여 저녁 다섯 시까지 강행했다. 그런데 놀라운 것은 학생들의 수업받는 자세가 그렇게 진지할 수가 없었다. 물론 통역을 대동한 강의였지만 한 사람도 흐트러짐 없이 열공이었다. 강의 중간중간에 학생들의 반응은 뜨거웠다. 때로는 신음하는 듯, 또 때로는 감격에 못 이긴 듯 열렬했다. 그들의 그런 태도는 마치 복음 전파를 위해 언제든 불러 주면 떠날 준비가 되어 있다는 무언의 사인(sign) 같았다. 교수보다 학생들이 더 간절했고 뜨거웠다. 하나라도 놓칠 새라 눈 깜빡하는 그 순간까지도 그들에게는 아까운 시간인 듯했다. 감동이었다. 하나님께서 중국을 얼마나 사랑하시는지를 새롭게 깨달았다. 공부 시작 전에 하는 찬양과 기도는 성령께서 친히 인도하시는 듯 은혜로 충만했다. 그리고 점심과 저녁 식사는 그곳에서 자급했고, 식단은 오직 밥과 반찬 한 가지였다. 한국에서의 내 식단과 비교하면 정말 너무도 초라했다. 그래서 이곳을 다녀오면 늘 아내에게 이런 말을 하곤 했다.

"여보, 우리 너무 잘 먹는 거 아니요?"

그들의 식생활을 생각하면 부끄러웠다. 그렇게 먹고도 힘차게 찬양하고 소리를 높여 기도하며 강의에 열공 하는 것을 볼 때, 하나님께서 행하시는 일이라고 믿지 않을 수 없었다.

내가 중국 사역을 하고 있다는 소식을 들은 어느 제자 목사가 나에게 이런 부탁을 해 왔다. 일주일간 우루무치에 와서 부흥회를 인도해 달라는 것이었다. 감사한 마음으로 수락을 하고서 여름방학을 맞아 방문했다. 그곳은 북경 분위기와는 달랐다. 우선 거리의 표지판이 두 나라의 언어, 중국어와 아람어로 되어 있었다. 이곳은 회교 강세 지역이었다. 한국에서도 학기 중에 새벽과 저녁 시간을 이용해 부흥회를 인도한 일이 있었지만, 이곳은 좀 특별했다. 일주일이었다. 낮에도 강의를 해야 했다. 그러니까 일주일 내내 쉴 수 있는 시간은 오직 잠자는 밤 시간뿐이었다. 그런데 놀라운 것은 연약한 내 체력이 이를 감당해 내고 있다는 것이었다. 하나님의 특별한 은혜가 아니면 불가능한 일이었다. 심지어 집회가 저녁 늦게 끝났는데도 기도를 받으려는 학생들이 줄을 섰다. 한 사람 한 사람 기도해 주고 나면 정말 정신이 혼미할 정도였다. 그래도 다음 날 새벽이 되면 또 힘이 생겨 새벽기도회에서 말씀을 힘 있게 전할 수 있었다.

'우루무치', 잊을 수 없는 곳이다. 얼마나 많은 학생들이 울었던가? 그들도 울었고, 나도 펑펑 울었던 곳, 어떻게 그곳을 잊겠는가? 지금 누가 중국 선교를 가자고 권면하면 나는 우루무치를 가자고 할 것 같다. 잊을 수 없는 얼굴들이 지금도 주마등처럼 지나간다. 그렇게 울면서 밤이 맞도록 기도하던 그들이 지금은 다들 어디서 사역하고 있을까를 생각하면 절로 가슴이 뜨거워 온다. 우리 주님께서 한 사람 한 사람의 사역에 기름 부어 주시고 복 내려 주시기를 간절히 기도한다.

31
오기로 나간 총장 선거

원로 교수로서 은퇴할 날을 얼마 남겨 놓지 않은 어느 날, 이런 생각이 마음에 스며들었다.

'총장을 한번 해 보고 은퇴하자.'

10여 년을 넘게 교수로서 학교를 섬긴 경험과 교단 지도자들과의 만남을 통해서 개혁이 있어야 한다는 생각이 생겼다. "개혁된 교회는 항상 개혁되어야 한다(*Ecclesia reformata, semper reformanda*)"라는 종교개혁의 명제가 동기 부여를 해 줬다. 그간 학교와 교단을 오가면서 듣고 본 경험에 대한 해답은 '개혁'이었다. 그 개혁을 한번 해야겠다는 마음이 불같이 타올랐다. 그러나 자신은 없었다. 우선 지지기반이 전무했다. 당시는 출신이 영남이든지 호남이든지 서북(이북)이든지, 그렇지 않으면 자금이라도 많든지 해야 했는데 해당하는 게 하나도 없었다. 고향이 서울인 데다가 자금은 더더욱 아니었다. 그래도 감사했던 것은 내 신념과 사상을 이해한 제자 몇

몇이 내가 만약 선거에 나가면 돕겠다고 나서 준 것이었다. 심지어 이런 이야기까지 나누었다.

> "총장 선거, 진흙탕 같은 곳이라는데 그 판에 나가서 진흙만 묻히는 게 아닐까?"
> "진흙탕을 깨끗이 청소하려면 진흙을 묻히는 것은 당연한 게 아니겠습니까?"

그래도 나는 확신이 서지 않았다.

│ 까마귀 우는 곳에 가지 말았어야 했는데 │

하루는 교수 휴게실 몇몇 교수들이 있는 자리에서 '총장 선거에 나가 볼까 한다'라는 말을 했다. 그랬더니 한 교수가 "황 교수가?"라며 비아냥 거리는 투로 크게 웃으며 말하는 것이었다. 겉으로는 내색을 안 했지만, 갑자기 내면에 잠재되어 있던 장애인 목사, 장애인 교수로서 그동안 학교와 교단의 목사들에게 당했던 수모와 멸시 그리고 배척에 대한 한(恨)이 속에서 강하게 충동했다. '그래, 총장이 돼서 너희들에게 본때를 보여 줄 테다'라는 오기가 생겨 결국 선거에 나서게 되었다.

사실, 그렇다고 해도 나가지 말았어야 했다. 정말 그랬어야 했다. 막상 발을 들여놓고 보니 "까마귀 노는 곳에 백로야 가지 마라"라는 속담이 떠오르는 현장이었다. 지방에 따라 이미 인맥이 형성되어 있었고, 그보다 더한 것은 돈의 위력이었다. 그래도 시작한 일이니 끝까지 해 볼 마음을 갖고서 투표권을 갖고 있는 운영 이사들을 일대일로 만나 학교에 대한 청사진을 설명하며 협조를 부탁했다. 심지어 전라도와 경상도 산골까지 이사 목사들을 찾아가 만났다. 모두가 호의적이었고 희망을 갖게 했다.

너무 순진했다. 정치를 몰라도 한참 몰랐다. 그래도 목사들의 모임은 세상 정치와는 다를 줄 알았는데 그렇지 않았다. 오히려 더 하면 더 했지, 정말 아니었다. '하나님의 사람들로 하늘의 부름을 받은 목사들이 어찌 이럴 수 있을까' 하는 탄식이 저절로 나왔다. 앞에서는 웃으면서 희망을 주고 뒤에서는 딴 웃음을 짓는 모습을 보는 것은 역겹다 못해 추하기까지 했다. 영남과 호남이 양대 인맥을 구축하고 있는 현실에서 다른 지방 출신, 예를 들면 경기나 서울 또는 이북은 상대가 되지 못했다. 그런데 놀라운 것은 양대 인맥을 뛰어넘는 하나의 길이 있었다. 바로 돈이었다. 나는 이것에 약했다. 거의 모두가 이것과 거룩한 자존심 및 신앙을 바꿨다. 다시 종교개혁의 명제가 생각났다. "개혁된 교회는 항상 개혁되어야 한다 (*Ecclesia reformata, semper reformanda*)."

총장을 선거하는 날이 왔다. 학교 운영 이사 약 120명이 모여서 투표를 했다. 나는 열네 표를 얻었다. 노력에 비해 너무 초라한 결과였다. 그래도 이런 희망을 확인할 수 있었다. 투표한 이사들 중 약 10% 이상이 개혁을 열망하는 나를 믿어 주었다는 것. 선거가 끝나고서 나를 도와주었던 제자 목사가 이런 말을 들려주었다. 누군가가 "황 교수는 훌륭하고 좋은데, 대외적으로 학교를 대표해서 어디 나서기에는 좀 그렇지 않겠나?"라고 했다는 것이다. 결국 장애가 문제였다. 이렇게 해서 또 한 번 장애의 설움을 맛보았다. 60이 넘은 나이에도 이런 설움을 당하게 하시는 하나님의 섭리에 그저 침묵할 뿐이었다.

| 교수로서의 삶을 마무리하며 |

은퇴를 얼마 남겨 놓지 않는 때에 끝마무리를 잘하기 위해서 강의에 더욱 충실하고 저술에도 시간을 썼다. 그동안의 강의안들을 정리해서 책을 만들었다. 2학년 필수 과목이었던 《개혁주의 목회신학》을 총신대 출판부를 통해서 출간했고(2003년), 3학년에서 필수 과목으로 가르쳤던 교회 정치와 교회 행정을 묶어서 역시 총신대 출판부를 통해 《교회 정치 행정학》을 출간했다(2004년). 두 권 모두 학교에 부임해서 강의했던 내용들을 모아 출판하게 된 책이다. 그리고 평소에 관심이 많았던 가정 사역에 관한 책, 《알고 하는 결혼 모르고 하는 결혼》을 한국강해설교학교 출판부를 통해서 출간했다(2007년). 글들을 정리하는 동안 나는 이런 생각을 했다.

'나는 신학자보다는 목회자가 더 어울리지 않을까?'

강의를 하면서도 내 마음은 가끔씩 학교 밖을 떠돌 때가 많았다. 목회에 대한 그리움이 나를 그렇게 했다. 50세에 학교에 부임했을 때 나는 한 10년만 교수로서 봉사하고 그 이후에는 목회지를 찾아서 떠나야겠다는 계획을 실제로 갖고 있었다. 그러나 뜻대로 되지 않았다. 10여 년을 교수로 있다 보니 목회할 때보다 경건 생활이 예전 같지 않음을 깨닫게 되었다. 아내도 마찬가지였다. 마음은 아직도 그런데 그것을 뒷받침할 경건의 능력이 준비되지 않은 것이었다.

'목양(牧羊)'이라는 말이 나에게는 그렇게 거룩하고 신비롭게 느껴졌다. '세상에서 이보다 더 좋은 일이 또 있을까?' 하는 생각을 하곤 했다. 그래서 나는 누가 나를 '교수님'이라고 불러 주는 것보다 '목사님'이라고 불러 주는 것이 더 좋다.

끝까지 충성

32
교수의 Side Job (1) – 설교 목사

학교에 부임하면서부터 주님은 여러 교회에 초청을 통해 나로 하여금 설교와 세미나, 심지어는 부흥회 인도까지 하는 또 다른 사역의 길을 열어 주셨다. 학교에서는 개강 수련회도 인도할 수 있도록 은혜를 베푸셨다. 지금도 어느 목사님은 그때(30여 년 전) 개강 수련회에서 받은 은혜의 말씀을 잊지 않고 있다고 한다. 자격 없는 무익한 종임에도 곳곳에 사용해 주신 것은 전적인 하나님의 은혜다.

│ 영광교회 │

어느 날 장로님 한 분이 전화를 주셨다.

> "저희 교회 목사님께서 사임하셨는데, 오셔서 설교해 주실 수 있으
> 신지요?"

뜻밖의 전화에 한편 놀라면서 반가웠다. "네, 하지요"라고 대답한 후,

먼저 하나님께 감사 기도를 드렸다. 교회는 수유리 번동에 있는 영광교회였다. 말씀을 준비하고서 교회에 갔다. 교회는 그리 크지 않았고, 교인들은 약 250명 정도 되었다. 나를 맞아 주신 분은 권병렬 장로님이셨다. 키는 훤칠하고 인상은 썩 부드러워 보이지 않았지만, 예의 바르고 친절하셨다. 내가 이미 장애를 갖고 있는 것을 알고 계신 듯 조심스럽게 교회로 안내해 주셨다. 안으로 들어가니 교인들 모두 장애인 목사를 열렬히 반겨 주었다. 솔직히 놀랐다. 설교를 마치고 인사할 때도 교인들의 따뜻한 정과 사랑을 맘껏 느낄 수 있었다.

서울 변두리 지역이라 그런지, 교인들이 꽤 순박하고 꾸밈없어 보였다. 마치 도농 지역 같다는 느낌을 받았다. 비록 주일에 한 번 설교하는 것이었지만 나에게는 내가 목회하는 곳처럼 여겨졌다. 일주일에 한 번밖에 볼 수 없는 교인들이라 생각하고서 주일 하루는 교회 내에서 종일 지내며 정성껏 교인들을 돌봐주고 섬겼다. 분당 집에서 교회까지 약 한 시간 남짓 걸리는 길이었지만, 오가는 길 즐겁고 감사하기만 했다.

설교 중에 교인들이 은혜를 받는 것은 설교자로서 가장 기쁘고 감사한 일이다. 그런데 가장 은혜를 받는 교인은 다름 아닌 나를 처음 맞아 주셨던 장로님이셨다. 앞자리에서 눈을 지그시 감고 말씀을 경청하시면서 가끔씩 눈물을 보이는 모습은 정말 놀랍고도 아름다웠다. 연세 드신 분들은 좀처럼 설교를 듣고 눈물을 보이지 않는다. 왜 그런지는 모르겠지만 아마도 주님을 향한 마음이 그 나이만큼 굳어졌기 때문이 아닐까 생각된다.

어느 날, 교회에 갔는데 장로님께서 나를 조용히 뵙자고 하셨다.

"목사님, 목사님께서 강단에 앉아 계실 때 다리를 늘 꼬고 앉으시던
데요. 밑에서 보기에 한국 정서와 좀 맞지 않는 것 같습니다."

장로님은 강단에서의 자세를 바르게 해 주실 것을 완곡하게 부탁하셨
다. 장로님의 말씀을 듣고 '아, 내가 많이 미국화되어 있었구나' 생각하고
바로 자세를 고쳤다. 사실 이런 부탁을 한다는 것은 쉽지 않은 일이다. 서
로 간의 신뢰가 웬만큼 쌓이지 않고서는 거의 불가능한 일이다. 그러나
장로님은 나를 그토록 신뢰하셨기에 숨김없이 말씀해 주신 것이었다. 오
히려 감사했다.

장로님 내외분의 배려와 사랑은 한국에 들어와서 인간적으로 의지할
데가 없었던 나와 아내에게 큰 위로였다. 주일 예배를 마치고 점심 식사
를 한 후 쉬고 있는데, 장로님께서 오셔서 말씀을 건네셨다.

"목사님, 우리 부부가 목사님 차를 한 대 사 드리려고 하는데요. 어느
차종을 원하시는지 말씀해 주시면 좋겠습니다."

하나님의 계획과 인도하심이 놀라웠다. 사실 그때 타고 다니는 현대
'포니'가 이제 수명이 다 되어 가고 있었다.

"글쎄요. 조그마한 차 아무거나 사 주시지요."
"그래도 생각했던 차가 있으면 말해 보세요."
"엘란트라가 어떨까요?"

"알겠습니다?"

그리고 그다음 주일 교회에 오니 이미 '엘란트라' 차가 나를 기다리고 있었다. 너무 고마워서 주변에 이 사실을 자랑하고 간증했다. 그랬더니 동료 교수가 "황 교수, 왜 소나타라고 말하지 않았어?"라고 했다. 소나타가 엘란트라보다 비싸고 좋은 차였기 때문이다. 그러나 사실 엘란트라도 분에 넘치는 차라고 생각했었기 때문에 소나타는 정말 전혀 생각지 않았다. 이후, 자주색 엘란트라를 거의 폐차 직전까지 타고 다니면서 하나님께 감사하고 또 장로님 내외분께 감사했다. 지금도 그 자주색 엘란트라가 눈에 선하다.

시간이 흘러 교회가 웬만큼 안정되어서 담임목사 선정을 위한 청빙 위원회를 본격적으로 가동하기 시작했다. 난산 끝에 청빙 위원회가 공동의회에 추천한 목사를 새 담임목사로 결정했다. 설교 목사로서의 내 사명은 이제 끝났다. 이렇게 해서 1년 6개월 동안 최선을 다해서 임시 목사로 섬겼던 영광교회를 떠나게 되었다.

| 한 우 리 교 회 |

영광교회 권병렬 장로님이 대전에 백화점을 개점하였다. 백화점 내에 직원들을 위한 교회를 시작하려고 하는데 설교 목사로 섬겨 줄 수 있는지 물어오셨다. 당시 신갈에 살고 있어서 대전까지는 족히 두 시간은 걸리는 거리였지만 흔쾌히 승낙하고 사역을 시작했다. 매 주일 오전 9시에 시작하는 예배에 맞추려면 새벽 5시에는 일어나서 준비해야 했다. 그래서 보통 6시 30분에는 집을 나섰다. 찬송을 부르면서 내려가는 시간은 더할 나위 없는 은혜였다. 홀로 부흥회를 했다. 너무 좋았다.

첫 예배를 드릴 때 약 80여 명의 직원들이 모여서 예배를 드렸다. 다들 밝은 얼굴이었다. 다들 처음 만나는 자리였음에도 불구하고 마치 오랫동안 알고 지내던 사이인 양 서로들 반가워했고 기뻐했다. 마음을 모아 찬송을 부르고, 간절한 마음으로 기도하고, 은혜로운 설교로 하나님께 예배를 드렸다. 10시 개점을 위해서 예배는 보통 개점 10-15분 전까지는 마쳐야 했다. 예배를 마치고 일자리로 돌아가는 직원들의 뒷모습을 보면서 종종 하나님께 이런 기도를 올렸다.

"비록 최선은 아닐지 모르지만, 그래도 주일을 잊지 않고서 예배하
며 일터로 돌아가는 저들에게 긍휼을 베풀어 주옵소서."

솔직히 이때 나는 주일 성수에 대해 고민하지 않을 수 없었다. 주일을 성수한다는 것의 의미가 무엇인가? 어디까지가 성수인가? 대한예수교장로회총회(합동) 헌법 제7장, 예배모범 제1장(주일을 거룩히 지킬 것) 2항과 3항에 보면 다음과 같이 해석해 놓았다.

> 2항: 이날은 주일인즉 종일토록 거룩히 지킬지니 공동 회집으로나 개체로 예배하는 일에 씀이 옳으며 종일토록 거룩히 안식하고 위급한 일 밖에 모든 사무의 육신적 쾌락의 일을 폐할지니 세상 염려와 속된 말도 금함이 옳다.

> 3항: 먹을 것까지도 미리 준비하고 이날에는 가족이나 집안 사환으로 공동 예배하는 일과 주일을 거룩히 함에 구애가 되지 않도록 함이 옳다.

비록 예배모범은 위와 같이 규정되어 있지만 나는 그 규정에 구애받지 않기로 했다. 규정대로 지킨다면 그것은 최선이다. 그러나 오늘날과 같은 복잡다단한 세상에는 그리 하지 못하는 불가피한 상황이 많다. 그런 상황들에 일일이 맞춰서 법을 따져서 판단한다는 것은 거의 불가능하다고 판단했다. 그렇다면 그 상황에 맞게 법을 융통성 있게 적용하는 지혜도 있어야 한다. 예수님께서도 제자들이 밀 이삭 따먹은 것을 바리새인들이 힐난했을 때 "인자는 안식일의 주인이라"(눅 6:1-2)라고 하신 말씀이 오늘날 주일 성수를 율법과 예배모범의 규정대로 지켜야 한다는 주장에 대한 나의 대답이다.

| 성복중앙교회 |

어느 주말에 성복중앙교회 당회 서기 장로님께서 전화를 주셨다. 교회 담임목사님이 갑자기 사임을 하셨는데, 오셔서 설교를 해 주실 수 있느냐는 것이었다. 은퇴를 얼마 남겨 두지 않은 때여서 학교에 별 부담도 없어 감사한 마음으로 수락을 하고 바로 다음 주일부터 설교 사역을 시작했다. 故 이천석 목사님이 개척하여 세운 교회이고, 목사님이 소천하신 후 몇 분의 후임자가 와서 사역을 했지만, 교회 분위기가 다소 썰렁했고 교세가 예전만 못했다.

교회 개척부터 은혜를 중시하는 故 이 목사님의 인도하에 교회는 크게 부흥했지만, 갑작스러운 목사님의 소천으로 교회에 큰 혼란이 와서 중심을 못 잡고 방황하던 차에 故 김의환 목사님의 부임으로 교회가 안정을 찾아갔다. 故 김 목사님은 '은혜 중심'에서 '진리 중심'의 교회로 바꾸기 위해 주일 오후에는 강단에 칠판을 세워 놓고 웨스트민스터 소요리문답을 가르치기 시작하셨다. 교인들에게는 새로운 도전이었다. 故 김 목사님은 은혜와 진리가 겸존해야 신앙이 건강하게 자랄 수 있다는 것을 강조하면서 은혜를 사모하던 교인들에게 진리를 가르치셨다. 그러나 결과적으로 이것이 교인들에게 갈등과 혼란을 가져왔다. 그런 가운데 교회 리더십이 다시 바뀌었다. 후임 목사님은 교회의 이런 사정을 정확히 이해하지 못하셨던 것 같다. 결국 또 목회를 얼마 못하시고 스스로 물러나셨다.

사실 교회의 이와 같은 복잡한 형편을 몇 주간 설교하며 알게 된 나는 설교를 어떻게 해야 할지 그 방향을 잡기가 쉽지 않았다. 기도밖에는 없다고 믿고 무릎을 꿇었다. 이 교회의 주인은 주님이시니까 어떻게 설교해야 할지를 인도해 달라고 간절히 기도했다. 주님은 이런 마음을 주셨다. 먼저는 영력이 충만해야 하고, 다음으로 본문에 충실한 강해 설교를 해야 겠다는 것이었다. 한마디로 열심히 기도하고 성경 본문을 충실하게 풀어서 설교하는 것. 은혜와 진리가 조화된 설교였다. 깨달은 대로 최선을 다해서 뜨겁게, 그리고 본문 중심의 설교를 했다.

산상수훈을 설교해야겠다고 생각했다. 현재 교인들의 상황은 '은혜'를 사모하는 쪽과 '진리'를 사모하는 쪽이 서로 보이지 않게 나뉘어져 있었다. 그러나 은혜를 사모하는 쪽이 더 많았다. 이 두 쪽을 아우르기 위해서는 산상수훈의 말씀이 적합하다고 판단하고 내린 결정이었다. 오래 신앙생활 해 온 교인들이 대다수였기 때문에 더욱 그랬다. 산상수훈 첫 설교부터 교인들의 반응은 긴장됨이 역력했다. 2,000석이 넘는 교회당에서 약 500~600명이 설교를 들었지만, 거의 모두가 미동도 하지 않은 채 말씀을 경청했다.

그런데 늘 교회당 앞자리에 앉아서 설교를 들으시던 장로님 몇 분은 다소 힘들어하셨다. 그것이 너무도 현저했다. 그러나 그 모든 환경에 굴하지 않고 소신껏 말씀을 전했다. 내일 설교를 그만두어 달라고 할지라도 '날 복음'을 거의 요리도 하지 않은 채 외쳤다. 초대 교회 사도들이 전했던 것과 같이 복음을 거칠게, 그러면서도 공격적으로 전했다. 바울이 "내가 복음을 부끄러워하지 아니하노니…"(롬 1:16)라고 고백했듯이 말이다. 서서히 교회를 떠났던 교인들과 젊은이들이 교회를 찾아 나오기 시작하면서 교세가 조금씩 회복되어 갔다.

주일 1, 2부와 오후 3시 예배에서 설교해 온 지 1년이 넘어가는 때, 당회에서는 이제 웬만큼 교회가 안정을 찾았다고 판단하고 청빙 위원회를 가동하기 시작했다. 이때 나에게 이런 갈등이 생기기 시작했다. '학교는 65세가 정년이지만 교회는 70세가 정년이니, 정년 될 때까지 이 교회를 섬길 수는 없을까?' 하는 유혹이었다. 실제로 그런 제안도 있었고, 권면도 교회 안팎에서 있었다. 청빙 위원회에서 이런저런 소식이 나올 때마다 솔직히 혼란스러웠다.

두 마음이 내 안에서 치열하게 다투고 있었다. 다툼이 치열할수록 설교하러 오는 길이 점점 더 무겁고 멀게 느껴졌다. 설교에 불순물이 끼기 시작했다. 정신을 차려야 했다. 초심으로 돌아가는 것이 정도(正道)였다. 처음 설교자로 불러 주었을 때 주고받았던 말을 생각했다. '담임목사를 모실 때까지…' 물론 나도 청빙 대상자로 신청할 수는 있었겠지만, 그것은 목회 윤리상 도리도 아니고 순리도 아니었다. 또한 청빙 위원회에서 담임목사로 추대해서 은퇴 시까지 목회를 한다 해도 5년 남짓인데 처음 약속을 어기면서까지 그렇게 해야 하는 이유는 뭘까 생각할 때 전적인 '욕심'이었다. 목회를 조금 더 해야겠다는 '욕심' 이외에 아무것도 아니었다. 본질의 문제가 아니었다.

마음을 깨끗이 정리하고 나니까 청빙 위원회의 일에 관해서 초연해질 수 있었다. 몇 명이 청빙을 신청했든지, 청빙 위원회의 움직임이 어떻든지 나는 자유로웠다. 난산 끝에 청빙 위원회에서는 길성운 목사를 담임목사로 모시기로 결의했고, 이어 공동의회에서 이 결의안을 추인했다. 결국 길 목사는 성복중앙교회 4대 목사님으로 부임하게 되었다. 따라서 나는 약 1년 7개월간의 성복중앙교회 설교 목사로서의 사역을 마치게 되었다.

마지막 설교를 마치고 마음으로부터 이런 음성이 들리며 주님께서 위로해 주심을 느꼈다.

"수고했다. 나는 너의 최선을 다한 충성을 기억할 것이다."

이날 예배를 마친 후 당회원들이 송별연을 해 주셨다. 당회원 모두가 내 설교 사역에 깊이 감사해하며 자신들의 경험담들을 간증해 주었다. 어느 장로님이 이런 고백을 해 주셨다.

"처음에 목사님의 설교를 듣는 것이 사실 고역이었습니다. 그런데 차츰 설교가 귀에 들어오기 시작하면서 지난날 교회를 잘못 섬긴 것을 회개했습니다. 앞으로 교회를 더 잘 섬기도록 노력하려고 합니다. 저를 위해서 기도해 주십시오. 고마웠습니다."

특히 교회 중직자들의 변화는 정말 놀라웠다. 사실 위의 장로님과 같이 내 설교를 힘들어했던 분들이 많았다. 그러나 설교를 통해서 성령의 역사가 그들로 하여금 회개하게 했고 신앙과 삶에 참된 변화를 가져다주었다. 나는 다만 주님의 무익한 종으로서 해야 할 일을 한 것뿐이기에, 성복중앙교회의 주인 되시는 예수님께서만 영광을 받으시길 바란다.

그런데 이 교회 설교 사역을 마무리하면서 한 가지 마음에 남는 일이 있었다. 새로 부임한 담임목사 위임식이 있었는데, 위임식 행사는 노회가 주관하고, 설교는 속칭 이름 있는 대형 교회 목사님이 오셔서 했다. 나는 조용히 자리에 앉아서 위임식에 참여했다. 이때 왠지 모를 서운한 마음이 느껴졌다. '그래도 1년 7개월가량을 혼란스러운 교회에 와서 담임목사까지 세워줬는데…?' 하는 마음이었다. 즉, 위임식 자리에서 나를 인정해 주지 않는다는 섭섭함이었다. 주님은 나의 이런 마음을 아시고 "내가 네 수고를 알면 되지 않니?"라고 반문하셨다. 이 위로의 말씀에 눈물이 주체할 수 없을 정도로 흘러내렸다.

정치였다. 비록 학교에서 교회정치를 가르치고 있지만, 그 정치하고는 다른 정치가 또 존재하고 있었다. 익히 알고는 있었지만, 그것을 현장에서 눈으로 직접 확인하고 경험하니 묘했다. 교회를 주님의 몸이라고 하고 교회의 머리를 주님이라고 고백하면서 교회를 섬기는 목회자들이지만, 그들 역시 연약한 인간의 한계를 벗어날 수 없다는 것을 보는 자리였다. 목회자도 수(數)나 양(量)에, 그리고 성공이라는 마력(魔力)에 쉽게 굴복하는 것은 세상 사람과 조금도 다르지 않다. 그럼에도 주님은 그들을 통해서 지금도 일하신다. 하나님의 생각은 정말 우리의 생각과 다름을 다시 한번 깨닫는다.

| 장충교회 |

장충교회 故 이규일 목사님께서 은퇴하시고 담임목사가 공석일 때, 약 3개월가량을 그 교회 설교 목사로 섬겼다. 이 교회를 섬기면서 잊을 수 없었던 일이 하나 있다. 어느 주일 설교를 마치고 교회에서 故 이규일 전임 목사님과 점심을 함께하게 되었다. 목사님은 33년 가까이 교회를 섬기셨고 은퇴하시고 나서도 계속 교회에 출석하고 계셨다.

"목사님, 목사님은 33년을 한 교회에서 목회하시고 은퇴하셨는데요. 이렇게 한곳에서 30년 넘게 목회하실 수 있었던 비결은 무엇인가요?"

이렇게 여쭸더니, 수저를 드시고 창 넘어 남산을 한참 보시다가 "인내야, 인내!"라고 하는 짧은 한 말씀을 주시고는 식사를 계속하셨다.

30여 년간 한 교회를 한결같이 섬긴다는 것은 결코 쉬운 일이 아니다. 얼마나 많은 목회의 위기가 있었을까? 닥치는 여러 위기를 넘고 극복하는 방법은 다양할 수 있다. 그러나 그 방법 중에 최상의 것은 역시 인내라고 인정하고 싶다. 히브리서 기자는 12장 1-2절에서 "… 인내로써 우리 앞에 당한 경주를 하며 믿음의 주요 또 온전하게 하시는 이인 예수를 바라보자"라고 권면하고 있다. 목회를 경주로 비유할 때, 히브리서 기자는 그 경주를 끝까지 달릴 수 있는 비결이 '인내'라는 사실을 알고 있었다. 인내가 온전한 인내가 되기 위해서는 예수를 바라보는 데 있다는 것도 기자는 잊지 않고 있다.

목회는 단거리 경주가 아니고 장거리 경주와 같다. 만일 1, 2년 또는 단기간에 목회를 마치려 한다면 인내가 필요치 않을 수 있다. 그러나 적어도 주님을 위해 헌신하기로 결심했다면 충성을 다하기 위해서는 인내가 절대로 필요하다. 인내는 하루아침에 만들어지는 덕목이 아니다. 마치 이런 것과 같다. 바다에 아비큘리데(Aviculidae)라는 특별한 조개가 있는데, 그 조개 속에 작은 모래가 들어오면 굴은 나카(Nacre)라는 물질을 만들어서 그 모래알을 싸 바르게 된다. 그렇게 해서 만들어지는 게 진주이다. 진

주의 크기는 굴이 나카로 모래알을 얼마의 기간 동안 싸 바르느냐에 달린
다. 진주는 인내의 결정체라고 해도 과언이 아니다. 목회도 이와 같다. 진
주와 같이 아름다운 목회를 위해서는 인내가 절대적으로 필요하다.

비록 짧은 3개월간의 사역이었지만, 나는 큰 교훈을 얻었다. 교회 청빙
위원회는 능률적으로 잘 운영되어서 남창우 목사님을 후임으로 모시고
교회의 새로운 시대를 열었다.

│ 문화촌제일교회 │

학교를 은퇴하고 난 후 어느 늦은 저녁 시간에 문화촌제일교회라고 하
면서 장로님 한 분이 전화를 주셨다. 담임목사가 개인적인 일로 사임을
하고 공석이라, 와서 설교를 해 줄 수 있냐는 것이었다. 사임하신 목사님
의 이름을 들었을 때, 나는 짐짓 놀라지 않을 수 없었다. 신대원 제자였을
뿐 아니라, 총신대 일반대학원에서 나에게 논문 지도까지 받은 목사였기
때문이다. 설교 초청도 해 주고 노회 장로 수련회 강의에도 불러 준 신임
하는 제자였다. 나는 갈등이 생겼다.

그러나 인정에 매이지 않고 설교하기로 했다. 약 7개월이 지나면서 교
회에서는 청빙 위원회가 본격적으로 담임목사 후보자들의 서류를 받기
시작했다. 제자 몇 명이 내가 설교 목사로 있는 것을 알고 연락을 해 왔
다. 지원서를 내려고 하는데, 좀 도와달라는 것이었다. 전부 무임으로 있
는 목사들이었다. 나는 철저히 중립을 지켰다. 행여나 청빙 위원들에게
빌미가 될 그 어떤 말도 하지 않았다. 또 그럴 처지도 아니었다.

청빙 심사가 끝나고 위원회에서 나에게 심사한 서류를 한번 검토해 달

라고 부탁했다. 혹시 지원자의 서류에 허위나 위장과 같은 요소들은 없는지를 살펴봐 달라는 것이었다. 나에게 도움을 요청했던 제자도 서류를 제출했으나 청빙 위원회에서 준 점수가 담임목사로 픽업되기에는 조금 모자랐다. 최종적으로 신대원에서 가르쳤던 제자 한 분이 담임목사로 결정되어 부임했다. 감사했다.

설교 목사로서의 사역을 끝내면서, 앞으로는 설교 목사든 임시 목사든 좀 더 신중해야겠다고 마음먹었다. 왜냐하면 목사가 유고되는 교회는 대부분 신대원에서 내 가르침을 받은 제자들일 거라는 생각이 들었기 때문이다. 또 그런 교회를 지원하려는 목사들도 전부 제자들일 테고 말이다. 스승으로서 처신하기가 참 쉽지 않았다. 다행히도 이 교회를 끝으로 더 이상 설교 목사로 초청하는 교회가 없었다.

│ 기타 교회들: 세광교회, 새안양교회, 늘사랑교회 │

이상의 교회들은 개척을 시작한 한우리교회를 제외하고는 다 목회자가 유고된 교회들이었다. 하지만 목회자가 안식월을 가짐으로 세광교회(김윤배 목사), 새안양교회(김한욱 목사), 늘사랑교회(권성대 목사)에서 길게는 1년, 짧게는 3개월간 설교 목사로 섬겼다.

이 교회들을 섬기면서 이런 의문을 가져 보았다. 일반적으로 목회자들이 안식년 또는 안식월 갖는 것을 꺼리는 경향이다. 교회 리더십의 공백으로 목회에 어떤 부정적인 요인이 발생하지 않을까 하는 염려가 가장 크다는 것이 목회자들의 중론으로, 선뜻 쉼의 시간을 갖지 못하는 것이 보통이다. 실제로 그런 교회의 사례들이 많은 것 또한 사실이다. 분파가 생겨 교회가 분열된다거나 헌금이 줄고 교세가 급격히 약화된다거나, 더 나아가서는 이단의 공격으로 교회가 송두리째 흔들리는 경우들이 있었기 때문이다.

그런데 위의 세 교회 목회자들은 안식월 또는 안식년을 어찌 이렇게도 당당하게(?) 가질까 하는 것이었다. 결코 쉽지 않았을 텐데 말이다. 살펴본 내 결론은 이렇다. 첫째는 당회와 교인들에게 전폭적인 신뢰를 받고 있었다는 것. 목회자의 리더십에 교회는 언제나 따를 준비가 되어 있었고, 그로 인해 교회는 안정적이고 꾸준히 성장하고 있었다. 둘째는 교회 예배가 생동감 있고 역동적이었다는 것. 그런 교회의 예배는 살아 있다. 설교가 그랬고, 목회 기도와 회중 찬송이 또한 그러했다. 셋째는 목회자의 인격이 훌륭했다는 것. 목회자는 교인들에게뿐만 아니라 교회 주변으로부터도 영적 지도자로서 인정을 받고 있었다. 마지막으로 굳이 하나를 더 첨가한다면 목회자의 가정이 화목했다는 것. 그 목회자의 가정이 교인들에게 본이 되고 있었다는 것이다.

이런 요인들이 목회자로 하여금 소신껏 목회하도록 동기 부여를 주고 있었기에, 안식의 시간을 갖는 데 거의 문제가 되지 않았던 것 같다. 교회는 목회자가 안식을 가짐으로 더 나은 목회를 할 수 있을 것이라 믿고 있었으며, 기쁜 마음으로 목회자가 쉼을 갖도록 배려했다.

33

교수의 Side Job (2) – 협동 목사

교수님들 가운데는 이미 협동 목사로서 지교회를 돕고 계시는 분들이 있었다. 실천신학을 가르치는 교수로서 그런 사역을 했으면 하던 차에 한 교회로부터 협동 목사 요청을 받았다. 이를 수락하고서 새로운 사역을 시작했다.

│ 분당중앙교회 │

당시 분당에 거주하고 있었던 터라 분당중앙교회에서 사역할 수 있었던 것은 여러 면에서 큰 도움이 되었다. 이 교회 사역은 당시 교회 행정 업무를 맡고 있던 제자 이광재 목사의 추천으로 이루어졌다. 최종천 담임 목사는 나를 극진히 예우해 주었다. 비록 협동 목사지만 교회 사역에서 담임목사의 목회 철학에 반하지 않는 범위 내에서 자유함을 갖고 교인들의 신앙 향상에 힘쓰도록 후원해 주었다. 이와 같은 후원에 힘입어, 나는 주일 오후 성경공부와 주중 신앙 강좌 등을 통해서 교인들의 신앙 향상에 도움을 주려고 했다.

협동 목사로서의 위치가 웬만큼 잡히면서, 나는 칼뱅(Jean Calvin)의 "교회는 졸업이 없는 학교"라는 말을 이 교회에서 실천해 보고 싶었다. 그래서 '평신도 성경 학원'이라는 프로그램의 초안을 만들어서 담임목사님께 제출했다. 주일 한 번만의 설교로는 교인들의 신앙 향상을 돕는 데 한계가 있다는 것을 서로 인식하고서 깊은 논의 끝에 실행하기로 결정했다. 우선 커리큘럼을 만드는 것이 중요했다.

커리큘럼은 3년 사이클로 하고, 봄과 가을 학기에 각각 두 과목씩 개설하는 것으로 했다. 그러니까 3년간 열두 과목을 이수하는 과정이었다. 과목들은 구약과 신약 성경개론, 교회사(한국/세계), 기본 교리, 교회정치, 아동심리학, 교수법. 그리고 상황에 따라서 나머지 과목들을 정하기로 했다. 이러한 과정을 만든 또 다른 중요한 목적은 실력 있는 재직과 주일학교 교사를 세우려는 데 있었다. 그러므로 예비 재직들이나 예비 주일학교 교사들은 필수적으로 이 과정을 거치도록 했다.

큰 비전을 갖고 시작했으나 안타깝게도 오래 가지 못했다. 동기 부여가 다소 부족했지만, 그보다는 교인들의 교회에 대한 인식이 부족했다. 교인들은 대체로 교회가 설교를 듣는 곳이지 공부하는 곳은 아니라는 인식을 가지고 있었다. 출석부까지 만들고 교수진도 준비를 다 했지만, 폐원(閉院)의 아픔을 겪어야 했다. 즉, 교인들은 설교 중심의 신앙을 갖고 있었던 것이고, 교육 또는 훈련 중심의 신앙은 아니라는 것을 새롭게 깨달았다. '이 둘이 겸존할 때 온전한 신앙으로 자랄 수 있을 텐데…' 하는 아쉬움이 남았다.

비록 평신도 성경 학원은 꽃을 피워 보지 못했지만, 교회에 제자 훈련

프로그램과 기타 성경공부 모임이 있어서 다행이었다. 그래도 당시 내 마음에 남는 한 가지 아쉬움은 교인들을 체계적으로 교육하는 체계를 갖춘 교회가 거의 없다는 것이었다. 설교와 교육이 상호 보완해서 교인들의 신앙 성장과 성숙을 도와야 하는데, 대부분의 교회가 설교 중심의 목회만을 지향하고 있다는 것은 앞으로 한국 교회가 고민해 봐야 할 중요한 문제라고 생각한다.

복음서에 나타난 예수님의 사역은 크게 세 가지, '교육(Teaching)', '전파(Preaching)', '치유(Healing)'로 요약할 수 있다(마 4:23). 이 세 가지 사역 중에 공생애에서 가장 두드러지게 나타나는 사역은 '가르침', 즉 교육이었다. 목회자는 예수님의 이 같은 사역을 깊이 연구하고 설교에서 쏟는 열정 못지않게 교인들의 교육과 훈련에 목회적 관심을 기울여야 할 것이다. 제자 훈련을 하면 교인들을 위한 교육은 다 한 것으로 인식하는 경향이 두드러진 것 같다. 그러나 그것은 균형을 잃은 목회라고 본다. 가장 이상적인 목회는 설교와 교육 그리고 치유 사역이 균형을 가지는 것이다.

평신도 성경 학원이 열매를 맺지 못하고 끝난 후, 솔직히 담임목사님께 미안한 마음이 있었다. 목사님의 목회를 도와드린다며 시작한 것이 용두사미로 끝났기 때문이었다. 이후, 어떻게 하든지 목회를 도와드려야겠다는 일념을 갖고 기도하던 중 이런 아이디어가 떠올랐다. 교인들을 위한 상담실을 운영하는 것이었다. 이 문제를 가지고 목사님과 상의한 결과 상담실을 개설하기로 결정하고, 교회에 상담실을 만들어 학교 강의가 없는 하루 중 오후 시간을 할애해서 상담을 시작했다.

주로 자녀 문제에 관한 상담이 많았다. 그것도 청소년 자녀들에 대한 부모님들의 고민이 그렇게나 클 줄은 몰랐다. 그도 그럴 것이, '질풍노도의 시기'에 있는 자녀들을 이해하는 것이 쉽지 않음은 당연하다. 내가 그런 부모님들에게 가장 많이 권면 또는 충고해 준 말은 "부모로서 본을 보여 줘라", "하루에 한 번씩 안아 줘라", "자녀의 말을 끝까지 들어 줘라", "명령조로 말하지 말라", "남과 비교하지 말라" 등이었다.

그런데 어느 날 여자 집사님 한 분이 와서 이런 하소연을 털어놓으셨다. 슬하에 고등학생과 중학생 딸 둘을 두고 행복하게 살고 있는데, 남편에게서 숨겨 놓은 여덟 살짜리 아들을 발견했다는 것이다. 집사님에게는 청천벽력이었다. 그래서 딸들과 상의하고서 남편과 이혼하려고 하는데 어떻게 하면 좋겠느냐고 상담을 요청해 왔다. 사실, 이미 이혼을 결정하고서 상담을 받으러 온 것이었다. 그러니 더 이상 해 줄 말이 없었다.

"이혼을 하면 딸 둘을 데리고 생계를 유지할 수 있으시겠어요?"
"위자료를 받고 남편이 매달 자녀 양육비를 보내 주면 되지 않을까요?"
"집사님은 남편의 도움 없이 가정을 꾸려 갈 수 있으시겠어요?"
"… 어렵죠."

그래서 나는 이런 충고를 해 주었다.

"집사님이 딸 둘을 데리고 자립할 때까지 이혼은 미루고, 자립하기 위해서 무엇이라도 배워 보세요."

상담 이후, 집사님을 교회에서 몇 번 마주쳐서 서로 인사를 주고받았다. 그런데 언젠가부터 그 집사님을 더는 볼 수 없었다. 이 문제를 계기로 교회라는 한 공간에서 목회자가 교인들을 상담한다는 것이 쉬운 일이 아니라는 것을 깨달았다. 내담자로 온 교인은 상담을 위해 자신의 모든 것을 다 보여 줘야 한다. 상담자인 목회자는 싫든 좋든 간에 내담자의 거의 모든 것을 알게 되는 것이다. 그래서 내담자는 상담이 종결되었어도 상담자를 다시 만나는 것이 심적으로 부담된다. 교회에서 혹여 마주칠 때면 내담자는 상담자를 십중팔구 피하고 싶어진다. 그렇게 해서 결국 내담자는 그것을 이기지 못하고 스스로 교회를 떠나게 되는 것이다.

내 결론은 이렇다. 교회에서 목회자가 교인들을 직접 상담자로서 상담하는 일은 가급적 피하는 것이 좋겠다는 것이다. 목회자를 대신해서 사모가 하는 상담도 마찬가지다. 교회에 상담 전문가를 둬서 상담실을 운영하면 몰라도, 그렇지 않은 경우에는 심방을 통해서 교인들의 문제를 들어주는 게 오히려 더 좋은 목회의 수단일 수 있다고 생각한다.

교회는 협동 목사였던 나에게 사역의 기회를 많이 배려해 주었다. 뿐만 아니라 정도에 넘치는 대우를 해 주기도 했다. 그러나 나는 약 7년여 걸친 협동 목사로서의 마무리를 아름답게 맺지 못했다. 전적인 나의 실수요 교만이었다. 협동 목사는 말 그대로 담임목사의 목회를 도와주는 자리다. 그런데 어느 날부터인가 나도 모르게 이 자리를 넘어서고 말았다. 교회 사석에서 담임목사의 목회에 대해 하지 말아야 할 말들을 아무 의식 없이 내뱉곤 했다. 이런 말이 목사님께 안 들어갈 리 없었다.

　어느 날 목사님은 그와 같은 사실을 확인하기 위해서 두 분의 부목사를 보내셨다. 스승이 제자들에게 심문을 받는 것 같아서 당황스럽고 부끄러웠다. 처음에는 나에게 부목사를 보낸 것이 불쾌했지만, 내 잘못을 시인할 수밖에 없었고, 결국 교회를 떠나야 했다. 담임목사님께 많이 죄송했다. 그러나 목사님은 끝까지 나에 대한 신뢰와 존경심을 갖고 계셨다. 학교 경건회 채플 시간에 오셔서 내가 교회에서 받던 사례비 1년 치를 교수 연구 장학금 명목으로 주신 것이었다. 참으로 고마웠다. 비록 목사님의 목회 철학이 나와 다른 게 있다고 해도 협동 목사는 목사님의 목회를 어디까지나 협조하고 보완해 드리는 것이 도리인데, 끝까지 그렇게 해 드리지 못한 것이 지금도 후회로 남아 있다.

| 평촌 새중앙교회 |

　학교 부임 후 얼마 되지 않은 시기 어느 저녁에 뜻밖의 전화 한 통을 받았다. 새중앙교회 부목사라고 하면서 걸려 온 전화였다.

　　"저희 교회에서 한 주간 새벽 부흥회를 갖습니다. 혹시 오셔서 설교
　　해 주실 수 있으신지요?"

　좀 의아했다. '교단도 다른데 그 교회에서 나를 어떻게 알았지?' 하는 생각이 떠나지를 않았다. 그러나 주님께서 주시는 기회인 줄로 알고, 섬기겠다고 다음 날 전화를 드렸다. 이렇게 해서 평촌 새중앙교회와 인연을

맺게 되었다. 박중식 담임목사님은 파킨슨병을 앓고 계셨지만, 남다른 목회의 열정과 헌신으로 교회를 섬기고 계셨다. 특히 예배가 역동적이며 은혜로 충만했다. 살아 있는 예배였다. 목사님의 설교는 그 누구나 알아들을 수 있도록 준비된 순전한 복음 그 자체였다. 그리고 체계적인 제자 훈련으로 교인들의 신앙을 견고하게 세워 주고 있었으며, "건강한 가정에, 건강한 교회"라는 표어 아래 가정을 건강하게 세워 주는 프로그램을 만들어서 교인들의 신앙생활을 돌봐주고 있었다.

새벽 부흥회 이후 담임목사님과 좋은 교제를 가지면서 간헐적으로 설교할 기회를 갖게 되었다. 이 교회는 내가 소속한 대한예수교장로회 합동 측은 아니었고, 대한예수교장로회 '대신' 교단의 소속 교회였다. 나중에 알게 된 사실이지만 공교롭게도 담임목사의 비서로 있는 목사가 바로 분당중앙교회에서 나를 협동 목사로 추천해 주었던 이광재 목사였다. 이 목사는 내가 분당중앙교회를 섬기고 있을 때 먼저 교회를 떠났다. 그 이후 어디로 갔는지 모르고 있었는데, 여기서 다시 만나다니 반가웠다. 반면에 하나님의 섭리는 놀라웠다.

이 목사님이 다시 나를 이 교회의 협동 목사로 추천해 주었다. 당시 나는 이미 분당중앙교회를 사임하고 있었던 때였다. 그런데 다른 교단에서 협동 목사로 봉사해도 되는지가 궁금했다. 그것도 신학교 교수가 말이다. 그래서 몇몇 교단 지도자들에게 조언을 구했다. 그분들의 대답은 한결같았다. 합동과 대신은 신학적으로 서로 문제가 될 게 없다고 했다. 그런데 교수가 본연의 직무 외에 직무와 관계없는 다른 일에 많은 시간을 쓰는 것은 조심해야 해야 한다는 충고를 잊지 않았다. 아니나 다를까 총장 선거에서 이 문제가 도마에 올랐었다.

조심스럽게 협동 목사로서 사역을 시작했다. 우선은 교회를 전반적으로 알아가는 데 주력했다. 그래서 교회와 담임목사의 사역을 어떤 면에서 어떻게 돕고 보완할지를 살폈다. 이 교회도 다른 교회들과 같이 설교와 제자 훈련과 몇 가지 교육 프로그램이 있었고, 그중에서도 가정 사역 프로그램이 눈에 띄었다. 하지만 교인들의 기독교 지성을 함양시키는 프로그램은 없었다. 그래서 여기서도 분당중앙교회에서와 마찬가지로 평신도 성경 학원을 해 보려고 계획안을 만들었다.

분당중앙교회의 시행착오를 반면교사로 삼아 좀 더 교인 친화적인 방향으로 커리큘럼을 짰다. 우선 커리큘럼을 축소했다. 3년이 아닌 1년 단위로 커리큘럼을 만들어서 교인들이 쉽게 접근해서 배우도록 했다. 그리고 본 교회 교인들만이 아닌 타 교회 교인들에게도 배움의 문을 열어서 공교회로서의 사명을 다하려고 했다. 성경 학원을 운영할 팀을 조직하고 커리큘럼에 따른 교수들도 섭외해서 처음부터 짜임새 있게 출발했다. 순조롭게 운영이 잘되었고 학생들로부터 좋은 피드백도 받을 수 있었다.

그러나 이 성경 학원도 3년을 넘기지 못했다. 교회의 부흥으로 인해 교실을 원활히 마련할 수 없었을 뿐 아니라, 설상가상으로 교회 선교관 공사로 교회 환경이 어수선해져 학생들이 차분히 배움의 시간을 갖는 것이 어려워졌다. 그로 인해 결국 성경 학원의 문을 닫을 수밖에 없었다. 매우 아쉬웠다.

평신도 성경 학원을 두 교회에서 운영하면서 깨달은 것은, 교회의 무슨 프로그램이든지 담임목사의 주도하에 시작되지 않는 한 오래 계속하기 힘들다는 것이었다. 아무리 뛰어난 지도자가 훌륭한 프로그램으로 시작한다고 해도, 그것은 어디까지나 '이차적(secondary)'이지 '일차적(primary)'인 것은 아니기 때문이다. 우리나라 속담에 "한 치 걸러 두 치"라는 말이 여기에 안성맞춤이 아닐까 싶다.

이렇게 두 번에 걸친 실험(?)에서 좋은 결과를 갖지 못했다고 해서 크게 실망하지 않았다. 현대 그리스도인들이 좀 더 지성적인 그리스도인들이 되기를 바랄 뿐이다. 신앙에서 영성만이 중요한 것은 아니다. 영성 못지않게 지성 또한 중요하다. C. S. 루이스와 같은 기독교 지성인들의 책을 적어도 봄·가을에 한 권씩이라도 읽기를 강력히 권면한다. 얼마 전 소천한 이어령 씨의 《지성에서 영성으로》 같은 책은 기독교의 아름다운 유산이라고 생각한다.

하루는 담임목사님께서 이런 부탁을 하셨다.

> "수요 예배가 부흥되어야 하는데… 황 교수님께서 좀 맡아 주시면
> 좋겠는데요."

이곳 수요 예배는 오전 10시와 저녁 7시 두 번 드렸다. 학교 강의도 해야 하는 나로서는 설교가 한 번이면 몰라도 두 번은 좀 무리라고 생각되었다. 그런데 마침 그때 학교 강의가 수요일에는 없었다. 그래서 그 요청을 수락하고 근 3년간 수요일 아침과 저녁 설교를 감사함으로 섬겼다. 수요 예배가 차츰 자리를 잡아 가면서 조금씩 성장해 가기 시작했다. 특히 저녁에 직장을 마치고 오는 젊은 교인들이 많아지면서 수요 예배로 인해

교회에 활기가 돌아 모두가 감사했다. 교인들의 좋은 반응과 피드백이 나에게는 큰 위로요 기쁨이었다. 그런데 12월 초 어느 저녁, 교회의 부목사 한 분이 전화를 주셨다.

"교수님, 이번 수요일부터 다른 강사분이 설교를 하시게 되었음을 알려 드립니다."

이 한마디를 하고는 그 이유를 물어볼 기회도 주지도 않고서 황급히 전화를 끊어 버리는 것이 아닌가! 이제 그만하라는 일방적 통보였다. 지금으로 말하면, 갑질도 이런 갑질이 없었다. 물론 애초에 언제까지 설교를 맡아서 하겠다는 서면 계약은 없었다. 그렇다 해도 이런 처사는 적어도 교회라고 하는 곳에서 있어서는 안 되는 일이었다. 교회가 세상과는 적어도 달라야 하지 않을까? 어떤 발상에서 이런 갑질을 부린 것일까? 교회의 주인은 '나'라는 생각에서이지 않을까? 이는 '내가 힘들여 개척해서 이만큼 교회를 세웠는데'라고 하는 아주 잘못된 오만이다.

아무리 목사가 교회를 크게 부흥시켰다고 해도, 그 부흥의 원인 제공자는 날마다 구원 얻는 자를 더 해 주시는 예수 그리스도시다(행 2:47). 목사는 목자장이 아니다. 목사는 목자일 뿐이다. 양인 성도는 목자의 양이 아니라 목자장의 양이다. 정말로 정신을 차려야 한다. 교회를 담임하는 목사는 목자요 그 목자를 그 교회에 보내신 분은 목자장 되시는 예수 그리스도시다(벧전 5:1-4 참고). 그런데 많은 목사들이 마치 자기가 목자장인 양 처신하는 모습을 볼 때, 매우 두렵기까지 하다. 어떠한 경우에도 목자는 목자장의 영광을 갈취하지 말아야 한다. 그것은 주인님에 대한 불순종이요 반역이다.

34
은퇴 – 교수 생활을 정리하면서

은퇴하는 날이 점점 다가오니까 솔직히 마음이 편치 않았다. 은퇴 연금을 받을 수 있는 20년, 그 연수를 채울 수 없었기 때문이었다. 1992년 부임할 때가 49세였다. 65세에 은퇴를 해야 했기에 약 3년 반이 모자랐다. 그렇다고 그 모자라는 연수를 채울 수 있는 길은 없었다. 1988년에 총신대학교에서 오라고 했을 때 갔으면 정확히 20년이 되어 평생 연금을 받을 수 있었을 텐데, 그러지 않았음에 아쉬움이 컸다. 그리고 '그러면 은퇴후 어떻게 생계를 유지해 나가지?' 하는 염려가 생기기 시작했다.

2008년 5월 29일 목요일에 신대원 채플에서 은퇴식을 가졌다. 설교는 대구서문교회 원로 목사님이신 故 이성헌 목사님께서 해 주셨다. 16년 반, 그러니까 생애 1/4을 바쳐서 섬겼던 교수로서의 사명을 내려놓는 순간이었다. 감회가 깊었다. 감사패를 받아 들고 아내와 함께 교정을 나서는데, 눈물이 주르르 흘러내렸다. 무슨 눈물이었을까? 승리의 눈물이었다. 학교에 몸담고 있는 동안 단 하루만 결강하고 최선을 다했던 나 자신이 자랑스러웠다. 교수와 학생 그리고 교회로부터 쏟아졌던 말들과 나를 향한 곱지 않았던 시선들을 이기고 오늘 이 자리까지 왔다는 사실은 하나님의 전적인 은혜요 축복이었다.

| 힘겨웠던 출퇴근 |

나는 한국을 떠난 지 약 11년 반 만에 교수를 하기 위해 다시 한국에 돌아왔다. 하나님과 했던 약속을 지킨 것이었다. 더 일찍 돌아올 수 있었으나 가족 때문에 연기할 수밖에 없었다. 하지만 주님께서는 3년 후 다시 신학교 교수로의 문을 열어 주셨다. 아버지는 4년 전에 이미 소천하시고 어머니께서 홀로 지내고 계셨는데, 아들의 귀국이 어머니께는 말할 수 없는 큰 기쁨이었다. 마포 어머니 댁에 짐을 풀고서 차려 주시는 따뜻한 밥을 먹으려니 고인이 되신 아버지에 대한 그리움 때문에 먹을 수가 없었다. 노환을 이끌고 복덕방을 하시면서 푼푼이 모아 송금해 주시곤 하셨는데, 돌아보니 너무 죄송했다. "불효자는 웁니다"라는 말이 딱 어울렸다.

서울 마포에서 경기도 양지 신대원까지 출퇴근하는 게 만만치 않았다. 아침 8시에 첫 강의가 시작되는데 그 시간에 맞추려면 아침 5시에는 일어나야 했다. 택시를 타고 신촌역에 가서 전철로 방배역에 도착해 대기하고 있던 학교 버스를 타면 7시 40분 정도에 학교에 도착했다. 퇴근해서는 출근 때 했던 것의 반대로 해서 집에 돌아왔다. 매일 길에서 보내는 시간이 거의 다섯 시간이 넘었다. 그래도 다른 도리가 없었다. 이런 나에게 고마운 분이 한 분 생겼다. 당시 학교 사택이 서초동 서울교대 후문 쪽에 있었는데, 여기에 거주하고 있던 심창섭 교수가 방배역에서 나를 픽업해 학교까지 태워다 주었다. 너무도 고마웠다.

출퇴근을 어렵게 하고 있다는 이야기가 학교에 돌기 시작할 무렵, 고마운 학생이 또 나타났다. 신촌에 사는 학생이 신촌역에서 나를 픽업해서 학교까지 동승해 준 것이었다. 얼마나 고마웠는지 모른다. 그래서 그 학생에게 작지만 얼마의 사례를 주었다. 그런데 수업 후에 교수회가 있거나 어느 교회에서 수요 강단을 맡아 달라고 할 때는 집에 오는 게 문제였다. 버스를 이용해야 하는 경우가 많았다. 타고 내리는 게 많아서 불편했다. 거기다가 어디서 내려야 하는지도 몰라서 줄곧 운전기사에게 물어봐야 했다. 물을 때 꼭 "선생님, 저 ○○서 내려야 하는데 좀 도와주세요"라고 했다. 그러면 친절한 반응이 돌아왔다. 버스를 타도, 택시를 타도 무조건 "선생님"이라고 불러 주었다. 겸손은 겸손을, 친절은 친절을 낳는 법이기 때문이었다.

얼마를 이렇게 지내는 동안 모교회인 성도교회에서 청년부 시절 나에게 양육을 받은 교인 몇 명이 돈을 모아 중고차를 한 대 사주었다. 현대의 '포니 TRX'였다. 얼마나 고맙고 감격스러웠는지 모른다. '스승으로서의 보람이란 바로 이런 게 아닐까' 하는 생각이 들었다.

자동차가 생겼지만, 타고 다닌다는 게 쉬운 일은 아니었다. 교통 문화가 아직 정착되지 않아서 그렇다고 해도 운전들이 너무 거친 것 같았다. 나에게는 큰 시험이었다. 특히 새치기가 너무 심했다. 고급 차일수록 더 했다. 참는 것도 한두 번이지, 나도 조금씩 운전이 거칠어지기 시작했다. 그러던 어느 날 예술의 전당 앞을 지나는데, 길에 걸려 있는 이런 플래카드가 눈에 들어왔다.

"운전은 당신의 인격입니다."

큰 충격이었다. '목사이자 신학교 교수가 이렇게 운전을 해도 되나?' 하는 내면의 강한 소리에 차를 갓길에 세우고서 한참을 생각하며 기도했다.

| 쌓여 가는 빚, 탕감받은 은혜 |

교수 초년병으로 집, 학교, 교회를 오가면서 분주히 지내면서도 마음 한편은 늘 가족이 있는 미국을 향해 있었다. 첫 학기를 마치자마자 서둘러 아내와 작은딸이 있는 샌프란시스코로 향했다. 공항에 마중 나온 아내는 다시 떠날 때와 마찬가지로 내 손을 잡고 눈시울을 붉혔다. 고맙고 미안했다. 공항 로비에서 우리는 한참을 포옹했다. 그런데 문제는 생활비였다. 전임대우의 봉급이 정말 형편없었다. 그래서 부득이 차영배 학장님을 찾아가서 가불을 사정했다. 그러자 "허허…" 웃으시면서 이렇게 말씀하셨다.

"얼마나?"

"주실 수 있는 만큼요."

이렇게 해서 교수로서의 삶은 빚으로 시작되었다. 작은딸이 대학에 갈 때까지 2년을 이렇게 살아야 했다. 학교에 빚은 쌓여 갔다. 그러나 별다른 도리가 없었다. 정말 근검절약하면서 한국과 미국의 생활을 꾸려 나갔다. 미국에서 아내가 업을 가지면 좋았겠지만, 몸이 너무 쇠약했다. 대신 절제하고 또 절제해 가면서 지혜롭게 생활해 나갔다. 사춘기 작은딸에게 옷 한 가지 제대로 사 입힐 형편이 못 되었다. 하나님의 은혜로 큰딸은 장학금을 받으며 공부와 생활을 잘 감당해 나가고 있었다. 가장으로서, 아버지로서 마음이 많이 무겁고 미안했지만, 내색하지 않고 씩씩하게 잘 견뎌 주는 아내와 아이들이 한없이 고마웠다.

2년 동안 방학만 되면 한국과 미국을 오가던 일이 드디어 끝나게 되었다. 작은딸이 시카고에 있는 노스웨스턴 대학(Northwestern University)에 입학을 했기 때문이다. 이제 아내와 한국으로 이사를 해야 했다. 그런데 마포 어머니 집으로 가서 함께 살기에는 집이 협소했다. 거기다가 그곳에서 학교를 출퇴근하기가 너무 힘들어, 실은 아내가 한국에 오기를 손꼽아 기다리고 있던 차였다. 어머니께 말씀드리고 거처를 분당에 마련키로 했다. 그런데 역시나 또 돈이 문제였다. 다시 학장님을 찾아가서 사정을 말씀드렸다. 이번에는 가불이 아닌 전세를 마련하도록 학교가 대출을 좀 해 달라고 했다. 그랬더니 얼마나 필요하냐고 물으셨다. 분당에 27평 아파트 전세금이 약 4-5천만 원 한다고 하니까, 학장님은 4천만 원을 대출이 아닝 무이자로 빌려주셨다. 그리고 세광교회 김윤배 목사님께서도 천만 원을 무이자로 빌려주셨다. 후에 모두 탕감해 주시는 은혜를 베풀어 주셔서 지금도 세광교회와 김 목사님께 감사한 마음이 많다.

덕분에 분당 장미마을 27평 아파트에 전세로 입주했다. 우리는 신혼 아닌 늦은 신혼의 삶을 시작했다. 그러나 아내는 그렇게 익사이팅(exciting) 하지 않았다. 미국에서 10여 년 동안 고생해 박사 학위를 따서 교수로 왔는데, 자기 집도 아닌 5천만 원짜리 전세에 살게 되었다는 게 인간적으로 납득되지 않았던 것이다. 50줄에 든 남편 친구들을 보면 좋은 아파트에 들 사는 데 우리는 뭐냐고 푸념했다. 그동안 쏟아부은 것에 비해 그 결과가 너무 초라하다는 것이었다. 할 말이 없는 나는 그냥 아내의 눈치만 볼 수밖에 없었다.

10여 년 만에 돌아온 한국 땅에는 편안히 정착하기에 유혹과 도전이 너무도 많았다. 그래서 아내는 많이 힘들어했다. 특히 아침 일찍 학교에 갔다가 저녁에 들어오면, 아내는 하루 종일 거의 혼자 지내야만 했다. 아내는 집에 돌아온 나와 이야기를 나누고 싶어 했다. 그러나 하루 종일 강의를 해 온 나는 집에 돌아오면 사실 아무 말도 하고 싶지 않았다. 아내는 이런 나에게 투정을 부리고 짜증을 냈다. "나보고 이렇게 살라고 한국에 오라고 했어요?"라고 불평을 쏟아 내기도 했다. 부부가 마음을 맞춰 살아가는 데는 힘든 요소들이 참 많다. 돈, 환경, 사랑, 건강, 성격 등. 이런 조건들을 다 맞춰서 살아가는 부부가 얼마나 될까? 삶의 최대 공약수를 찾아 살아가자고 아내를 많이 다독였다.

이런 가운데 아내에게는 하나의 위로가 있었다. 방학 때 우리 딸들을 만나는 것이었다. 여름방학과 겨울방학에는 딸들을 보기 위해 모아 놓은 돈을 가지고서 미국에 갔다. 보통은 아내가 먼저 가서 집과 자동차를 렌트해 놓았고, 나는 학기를 마치고 교수 세미나까지 한 후에 가족과 합류했다. 딸들은 항상 나보다 먼저 와 있었다.

여름방학은 길었지만, 겨울방학은 짧았다. 그래서 여름방학 동안에는 가족이 함께 여행도 하고 즐거운 시간을 가졌으나, 겨울방학은 딸들에게 비교적 짧아서 성탄절을 지내고 나면 바로 학교로 떠나기 일쑤였다. 이별해야만 하는 시간은 늘 슬프고 애잔했다.

35
Little Giant

장애인에 대한 무시와 편견은 예나 지금이나 교회에 여전하다. 설교나 세미나 요청이 있어서 가면 대부분의 목사가 나를 위아래로 훑어본다. 이런 경험을 할 때마다 부목사 시절 반포 모 교회 면접 때 당했던 기억이 떠오르곤 한다.

| 장애인에 대한 편견 |

한번은 어느 교회 저녁 헌신 예배에 초청을 받아서 갔는데, 담임목사로 보이는 분이 나오더니 매우 거만한(?) 태도로 나를 위아래로 훑어보면서 이렇게 물었다.

"어떻게 오셨죠?"

"오늘 저녁 설교하러 온 황성철 교수입니다"라고 했더니 아주 의아하다는 듯이 또 위아래로 훑어보면서 따라오라는 게 아닌가. 초청한 강사가 장애인인 것이 못마땅하다는 게 그의 표정에 역력했다. 당회장실에 들어갔다. 무지 넓었다. 예배 시간까지 약 20분가량이 남았는데 별 말도 없이 물 한 잔도 없었다. 둘이서 멍하니 마주 앉아 있기가 민망해서, 먼저 본당에 올라가서 기도로 준비하겠다고 하고서 나왔다. 시원했다. 설교를 마치고 내려왔다. 목사의 태도가 거만에서 겸손으로, 침묵에서 수다로 180도 달라지는 것이 아닌가!

'이렇게 간사할 수 있을까?'

쓸쓸했다. 이분은 신학교에서 인간론을 어떻게 배웠을까? 하나님의 형상대로 지음받은 인간은 다 존귀하다는 것을 배우지 못했을까? 학교에서 인간론을 더 잘 가르쳐야겠다는 생각이 들었다.

학교에서 조교로 도와주던 전도사가 목사 안수를 받고서 부산 지역 모 교회 부목사로 부임했다. 그해 여름 그가 교회 청년부 수련회 강사로 나를 불렀다. 가서 담임목사와 첫인사를 하고 약간의 담소를 나누었고, 2박 3일 집회를 잘 마치고 돌아왔다. 며칠 후에 그 부목사가 감사 전화를 하면서 이런 말을 들려주었다. 담임목사님이 "왜 저런 장애 목사를 초청했습니까?"라고 하면서 "장애인도 목사가 될 수 있나요?"라고 물었다는 것이다. 차라리 그런 말을 해 주지를 말았으면 어떨까. 그 이야기를 들으며 엄청난 분노가 치밀어 올랐다. 그런데 이 목사는 한국 교계에서 성공한 목회자로 꽤 유명세를 타는 분이다.

도대체 뭘 가지고 목회의 성공 여부를 판단하는가? 교회의 사이즈인가? 교인 수인가? 교회의 재정인가? 이 모든 기준은 다 물량적이고 세속적이다. 이 기준대로라면 예수는 실패한 목회자이다. 3년 반 동안 교회도 하나 짓지 못했고, 교인은 열두 명에 불과했고, 재정은 늘 빌어 와야 했으니 말이다. 이 목사는 구약만 가지고 목회하는 외눈박이 목사인 셈이다. 이런 외눈박이 목사가 성공한 목회자로 인정을 받는 한국 교회는 어딘가 잘못돼도 한참 잘못되었다.

16세기 종교개혁자들은 "개혁된 교회는 항상 개혁되어야 한다(*Ecclesia reformata, semper reformanda est*)"를 강조했다. 개혁의 의미가 퇴색해 버린 한국 교회는 다시 이 명제를 붙들어야 할 때가 되었다. 아니, 너무 늦었는지도 모른다. 그러나 지금도 늦지 않았다. 갱신으로의 거룩한 치열함이 한국 강산에 들풀처럼 일어나기를 두 손 모아 기도한다.

장애인 교수에 대한 편견은 신학교에도 있었다. 그것도 앞으로 목사가 될 학생으로부터 당하게 될 줄은 상상도 못 했다. 목회신학의 과제물로 "나는 왜 목사가 되어야 하나?"라는 제목의 소논문 제출이 있었다. 과제물을 검토하는데, 어느 학생이 논문 말미에 이런 글을 써 놓았다.

"당신 같은 사람(장애인)이 학교의 교수라는 게 창피합니다."

정말 뜻밖이었다. 채점하던 일을 중지하고 그 학생의 논문을 다시 정독해 가면서 읽었다. 잘 썼다. 흠잡을 데가 없었다. 믿음의 가정에서 신앙으로 잘 양육되었고 소명도 분명했다. 그러면 A를 주고도 남는데, 그 점수를 주기 싫었다. 괘씸했다. 교수의 양심과 괘씸죄의 충돌로 혼란스러웠다. 다음 날 교수의 양심을 따라서 A를 주었다. 그리고 그 학생의 이름을 의도적으로 기억에서 지웠다. 신기하게도 완전히 지워졌다. 이 학생이 목사가 되었다면 지금 어떤 목회를 하고 있을까?

동료 교수 중에도 몇몇은 장애인이라는 것 때문에 나를 아주 세련되게 은근히 폄하하곤 했다. 그들의 말투나 태도 또는 표정에서 느낄 수 있었다. 최고의 지성과 영성도 이 편견의 벽을 넘지 못했다. 그러나 그렇지 않은 교수들이 더 많아서 위로가 되었다. '장애인이지만 키라도 크면 편견이 좀 덜 할까?'라는 생각까지 해 본 일이 있었다. '키가 152cm밖에 안 돼서 더 무시하는 듯한 태도를 보이나?' 하는 생각까지 드니 말이다. 그런데 어느 봄 학기 개강 수련회 중에 교수들을 소개하는 자리가 있었는데, 당시 신대원장이셨던 박아론 교수가 나를 "Little Giant"라고 불러 주었다. 그분의 그 한마디가 얼마나 인상 깊던지, 은퇴하는 날까지 정말 큰 위로가 되었다.

36
은퇴의 명암(明暗)

2008년 봄 학기를 마치면서 은퇴식을 하고 학교를 떠나게 되었지만, 이어서 여름방학이었기 때문에 은퇴했다는 것을 실감하지 못하고 있었다. 그런데 막상 가을 학기가 시작되고 나니 은퇴가 현실로 다가왔다. 우선 아침에 일어나 갈 곳이 없어졌다. 그리고 매달 정한 날짜에 은행 통장으로 꼬박꼬박 들어오던 봉급이 들어오지 않았다. 갑자기 삶에 혼란이 오기 시작했다. 우울감을 떨쳐 버릴 수가 없었다. 은퇴 후의 삶을 준비하지 못한 결과였다.

│ 자원봉사 │

그럴 때면, 나는 차를 몰고 고속도로를 목적 없이 달리곤 했다. 그렇게 달리던 어느 날, 문득 이런 생각이 스쳐 지나갔다. '혹시 병원에서 자원봉사를 하면 어떨까?' 바로 차를 갓길에 세워 놓고 지근거리에 있는 분당 서울대병원에 전화했다. 자원봉사에 대해 문의하고 싶다고 하니까 담당자를 연결시켜 주었다. 그분에게 형편을 이야기하고 봉사할 수 있겠느냐고 물었다. 마침 병원 도서관에 자리가 있으니 와서 봉사할 수 있다고 했다. 그래서 일주일 중 화요일 하루 오전 9시부터 12시까지 병원 도서관에서 준 사서 역할을 했다.

무보수로 일을 한다는 것은 삶의 또 다른 풍요로움이었다. 주고받음이 아닌 일방적인 줌이 이렇게 기쁘고 즐거운 것임을 처음 알았다. 그동안의 모든 일이 철저히 대가성에 따른 것이었다면, 병원에서의 자원봉사는 그렇지 않았다. 사도행전 20장 35절의 "주는 것이 받는 것보다 복이 있다 하심을 기억하라"라는 말씀이 새롭게 깨달아지면서, 나는 차츰 은퇴의 충격에서 벗어나기 시작했다.

병원 지하 2층에 도서관이 자리 잡고 있었는데, 그래도 꽤 많은 환자와 보호자들이 들러서 삶의 쉼을 얻어 가곤 했다. 약 6년간 봉사하면서 다양한 환자들과 대화를 나누었지만, 지금도 잊히지 않는 한 소녀가 있다. 당시 이 소녀를 생각하면서 병원에서 발간하는 《퀀텀진》(*Quantum Magazine*)에 이런 글을 실었다.

은퇴 후에 찾아온 행복! 남을 위한 '땀'은 나를 위한 '기쁨'임을…

황성철 목사 (전 총신대 신학대학원 교수)

"우리 공주님은 어디가 아프셔요?"

휠체어를 타고 엄마와 함께 도서실에 들어서던 눈망울이 유난히도 아름다웠던 어린 소녀를 생각하면 지금도 마음이 아련하다. 머리를 붕대로 칭칭 동이고 있었기에 "어디가 아픈가요?"라고 어머니께 물었더니, "뇌에 종양이 생겨서 수술을 했어요…"라고 말끝이 흐려지면서 이내 눈에는 이슬이 맺혔다. 모녀가 나가는 모습을 보면서 '아니, 저렇게 어린아이에게도 머리에 종양이 생기다니….' 나는 조용히 기도를 드렸다.

"하나님, 저 어린아이가 잘 회복되게 해 주세요."

어린 소녀와 같이 아픔을 치료받기 위해 온 사람들, 그 아픔을 자신의 아픔인 양 곁에서 함께 나누는 사람들, 아픔을 위로해 주기 위해 오는 사람들, 그리고 아픔을 치료해 주려고 동분서주하는 사람들…. 이들을 보면서 병원이 어떤 곳인지를 다시 생각해 보게 된다. 누구보다 병원을 자주 드나들던 내가 지금 병원에서 '자원봉사자'로서 섬기는 것은 아픔을 갖고 있는 사람들을 누구보다 잘 안다고 생각해서일까? 아니면 거의 반평생을 목사와 교수로 살아온 삶의 습관적 태도 때문일까? 어떤 쪽이든 간에 나는 즐겁다, 그리고 행복하다.

매주 화요일 아침 8시가 넘어가면 내 마음은 어린아이와 같이 된다. 나에게 즐거움과 행복을 주는 시간이 기다리고 있기 때문이다. 은퇴 전에는 삶의 이런 맛을 몰랐다.

'은퇴', 이 단어를 일상의 삶 속으로 녹여 내는 데는 남모르는 내면의 심한 몸부림이 있었다. 치열하다 못해 마음의 병이 들 정도로 고통스러웠다. 2008년 8월 말로 16년 반을 몸담았던 교정을 뒤로 했을 때, '이제는… 좀 편히 쉴 수 있겠다'라고 생각했지만, 막상 그것은 한낱 입에 발린 나 자신을 자위하는 말이었다. 속은 아니었다. 솔직히 말해, 허전한 마음을 추스르기 위해 꼬박 2년의 시간을 보내고 나서야 '은퇴'라는 말이 내 삶 속에 겨울 눈 녹듯이 서서히 녹아들기 시작했다.

이즈음, 어느 대학 총장의 퇴임 후의 삶의 이야기가 생각이 났다. 정년 퇴임을 한 총장은 다음 날도 학교에 출근해서 총장실이 아닌 학교 교정의 한구석을 빗자루를 들고 쓸었다고 한다. 그런데 이것을 본 교직원들과 학생들이 아연하여 "아니, 총장님께서 왜 이곳을 쓸고 계십니까?"라고 물으니, "나는 지금 하나님께서 만드신 지구의 작은 한 모퉁이를 깨끗이 하고 있는 중이라네"
라고 대답했다는 것이다.

이 이야기가 어느 날 용인 서울 간 고속도로를 달리는 중에 불현듯 떠오른
것이다. 그래서 바로 갓길에 차를 세워 놓고 '나도 뭔가를 해야겠다'라고 마
음을 정하곤 무작정 분당 서울대병원으로 전화를 걸어 자원봉사를 담당하는
부서를 연결해 달라고 했다. 그때 나와 처음으로 통화한 분이 바로 김은영 선
생이다. 먼저 나를 소개하고 봉사할 수 있는 일이 있는지를 여쭤보았다. 내
형편을 들으시더니 바로 의학 정보 도서실에서 봉사하면 어떻겠냐고 물으셨
다. 그 자리에서 흔쾌히 승낙을 하고 자원봉사의 일을 시작하게 되었다.

지금의 나에게 '은퇴'는 또 다른 보람을 주고 있다. 목사와 신학교 교수로서
내 삶의 절반 넘는 시간을 남을 돌보며 섬김으로 보냈지만, 비록 짧은 시간이
나마 병원에서의 섬김은 그 의미가 무척 새롭다. 이곳에서의 봉사는 마치 농
사를 짓는 농부의 일과 같다는 생각이 들곤 한다. 하는 게 힘들어서 드는 생
각이 아니라 그 봉사의 풋풋함 때문이다. '순수함', '소박함', 그리고 '자유로
움' 등은 화요일 아침 이곳으로 나를 인도하는 힘이다. 이 힘은 삶에 기쁨을
주고, 감사가 어떤 것인지를 깨닫도록 한다. "주는 것이 받는 것보다 복이 있
다"라는 말의 의미를 새삼 깨닫게 한다.

이런 삶의 맛을 알기에 신분과 지위 고하를 떠나서 남을 위하여 수고의 땀을
흘리며 때론 눈물을 흘리는 것이다. 화요일 아침 9시경에 나오면 언제나 더
일찍 나와서 수고하시는 어르신들을 본다. 그분들을 뵐 때 나도 모르게 숙연
함을 느끼며 동시에 나도 모르는 기쁨이 내면에서 춤추고 있음을 느끼게 된
다. 이것이 진정한 삶에서의 기쁨이 아닐까? 세상에는 기쁨을 주는 것이 참
많다. 그러나 그런 기쁨은 많은 경우 찰나적이고 영속적이지 않다. 그러나 남
을 위하여 흘리는 땀은 인간이 가장 정직하게 느낄 수 있는 기쁨이다. 쉽게
지워지지 않는 기쁨이다.

우리의 삶에서 가장 보람되고 기쁨을 주는 것은 무엇일까? 그 답은 나에게서

찾는 게 아니라 내가 아닌 나의 이웃에서 발견해야 한다. 그럴 때 그 보람과 기쁨은 나를 실망시키지 않을 것이다. 자원봉사, 아마도 지금의 우리들 삶에 최고의 가치가 아닐까?

│ 희망 TV를 타다 │

은퇴 후 2년이 지난 어느 날, SBS 방송국의 "희망 TV"라는 프로그램에서 전화가 왔다. 2011년 신년 1월 1일에 보낼 희망 프로그램을 준비 중인데, 나를 이 프로그램의 주인공으로 삼고 싶다는 것이었다. 내가 픽업된 배경은 이렇다. 방송국에서 신년을 맞아 국민에게 희망을 주는 프로그램을 만들려고 32곳의 NGO 단체에게 희망의 소재를 추천해 줄 것을 부탁했는데, '세이브 더 칠드런(Save the Children)'이 추천한 소재가 픽업되었다. 이 단체가 추천한 소재가 바로 나에 관한 이야기였다.

나를 추천한 이유는 54년 전(2010년 당시) 이 단체를 통해 미국의 한 가정으로부터 도움을 받고 성장해서 현재는 유수한 신학대학교 교수가 된 사람이, 과거에 자기를 후원해 주었던 '세이브 더 칠드런'을 통해서 다른 나라 아동들을 돕고 있다는 사실이 방송국 제작진들에게 감동되어 픽업된 것이었다. 당시 나는 '세이브 더 칠드런'을 통해서 네팔 어린이 두 명을 돕고 있었다.

"희망 TV" 제작진들은 네팔 현지에 가서 내가 후원하고 있는 어린이들을 직접 만나 보자고 제안했다. 그 제안을 수락하고서 나는 2010년 12월 초에 방송국 제작진과 함께 비행기를 타고 네팔 수도 카트만두(Kathmandu)에 내려서, 자동차를 타고 비포장도로를 여섯 시간 달려 후원 아동들이 살고 있는 마을에 도착했다. 떠나기 전에 '세이브 더 칠드런' 담당자에게 아동들에게 무엇을 선물로 가져다주면 좋겠는지 물었다. 운동화가 가장 좋을 것 같다고 해서 운동화 두 켤레를 사고, 덤으로 점퍼도 두 벌 준비했다.

마을에 도착하니 우리 부부를 환영하는 분위기가 대단했다. 꽃으로 만든 목걸이를 걸어 주고 모두가 얼굴에 웃음꽃이 만발해 한마디로 온 마을이 축제 분위기였다. 우선 아동들이 살고 있는 집에 방문해서 부모님들께 먼저 인사를 드리고 어린이를 만났다. 4학년 소녀는 아름답고 매력적인 이목구비를 하고 있었다. 선물로 가져간 운동화를 신겨 주었더니 아주 잘 맞았다. 또 노란색 점퍼를 입혀 주었더니, 소녀는 마치 꿈을 꾸고 있는 듯 행복해하는 모습을 보였다.

이 소녀를 데리고 2학년 소년의 집으로 갔다. 부모님이 우리를 맞이하기 위해 준비하고 계셨다. 부모님께 인사를 드리고 기다리고 있던 소년을 만나 품에 한참을 꼭 안아 주었다. 너무 귀엽고 착하게 보였다. 내 어린 시절의 모습이 겹치는 듯했다. 역시 운동화를 신겨 주고 은색 점퍼를 입혀 주었더니 좋아서 어쩔 줄 몰라 했다. 부모님은 연신 고맙다는 인사를 했다.

두 가정을 방문하면서 무언의 대화를 쉼 없이 나누고, 기념사진도 찍고, 살고 있는 가정의 환경도 살펴보면서, 한동안 격려와 위로의 시간을 가졌다. 소년의 집 벤치에 잠시 앉아 쉬면서 '내가 아동들에게 줄 선물을 준비하면서 드린 마음의 양에 비해 아동들이 그 선물을 받으며 고마워하는 마음의 양이 비교되지 않을 만큼 크구나' 하는 생각이 들어 그들에게 미안하고 부끄러운 마음이 들었다.

아동들의 집을 나와 그들이 공부하고 있는 학교에 가 보려고 했다. 그런데 놀랍게도 학교 가는 길 양옆으로 온 마을 사람들이 꽃을 들고 정말 열렬히 환영해 주는 것이 아닌가! 솔직히 몸 둘 바를 몰랐다.

'내가 한 게 뭐길래…. 매달 약간의 물질을 도와준 것뿐인데…?'

부끄러운 마음이 들면서 얼굴이 화끈거렸다. '되로 주고 말로 받는' 기분이었다.

후원하는 아동들의 학교를 돌아보았다. 비록 교육 환경은 열악했지만, 그래도 학년별로 나누어져 공부하고 있었고, 아동들의 눈빛은 초롱초롱

하면서도 몹시 진지했다. 아동들은 전부 내가 후원하는 아이의 운동화에 관심을 가졌다. 대개 신발이 아닌 샌들을 신고 등교하는데, 내가 후원하는 아이가 운동화를 신고 오니까 아마도 부러움의 대상이 된 것 같았다. 속으로 '다른 아이들에게도 운동화를 다 신겨 주었으면 얼마나 좋았을까' 하는 마음이 들었다.

5박 6일을 지내는 동안 '세이브 더 칠드런'이 돌보고 있는 네팔 지역의 담당자들에게 후원하는 학교들과 아동들에 관한 이야기를 듣고 그들과 특별한 교제를 나누었다. '세이브 더 칠드런'은 기독교 NGO는 아니다. 하지만 교육 환경이 열악한 세계 여러 지역의 아동들에게 질 높은 교육으로 도움을 주어 그들이 장차 그 나라에 훌륭한 지도자들로 성장하도록 돕고 후원하는 단체다. 나도 바로 그런 케이스의 한 사람이었다.

2011년 1월 1일 SBS 방송국의 "희망 TV"를 통해서 나에 관한 이야기가 방송을 탔다. 후원자를 모집하고 후원금을 모금하면서 성공적으로 방송되었다. 이후 방송국에서 후속편으로 짧은 영상을 촬영해 또 하나의 영상이 방영되었는데, 이때 촬영한 영상 제목이 "황성철 교수의 '54년 전의 약속'"이었다. 54년 전에 받았던 은혜를 감사한 마음으로 당시 나와 같은 처지에 있는 아동들에게 되돌려주는 약속의 실천을 다루고 있는 내용이다.

사실 당시에 나는 다른 후원 단체를 통해서 여섯 명의 아동들을 더 돕고 있었다. 그리고 콜롬비아의 법과대학생 한 명을 그가 졸업할 때까지 등록금과 생활비 전액을 후원하기도 했다. 칼로스(Carlos)라는 법과대학생은 현재 졸업을 하고서 변호사로 활동하며 지역 교회를 잘 돕고 있다는 소식을 들었다. 나는 사람을 키우는 일이 사람이 할 수 있는 일 중 가장 으뜸이라고 생각한다. '세이브 더 칠드런'이 바로 이런 일을 하는 데 앞장선 세계적인 NGO다.

37
은퇴자 마을에서

은퇴를 하고서 자원봉사로 삶의 활력을 회복한 이후, 주님은 거의 매주일 내가 설교할 곳을 준비해 주셨다. 교수로서 20년을 채우지 못해 교원 공단으로부터 매달 수령하는 연금은 비록 없었지만, 마치 엘리야에게 까마귀를 통해서 양식을 공급해 주시듯 채워 주시는 은혜가 컸다. 시간적인 여유가 생기니까 자연히 아내와 보내는 시간이 많아지면서 은퇴 전보다 아내와의 대화 시간이 늘었다. 그동안 분주한 학교 사역으로 서로 간에 터놓고 이야기하지 못한 것들이 하나둘씩 터져 나오면서 긴장이 생길 때가 종종 있었다.

| 본의 아닌 이민 |

하루는 아내가 진지한 표정으로 이런 이야기를 했다.

"지금까지는 내가 당신을 위해서 헌신하고 희생을 했는데, 이제는 당신이 나를 위해서 그렇게 해 주었으면 해요."

그러면서 아내는 이제 아이들이 있는 미국에 가서 살면 좋겠다는 제안을 했다. 본래 아내는 미국을 좋아했다. 그래서 내가 미국에서 한국에 간다고 했을 때 완전히 동의하지는 않았었다. 내가 한국을 좋아하고 또 학업을 마치면 한국에 돌아가겠다고 서원했다고 하니까 내 의견을 존중해서 따라온 것이지, 내심은 아니었다. 그런데 나는 아니었다. 한국을 떠나 다른 나라에 가서 산다는 것은 꿈에도 생각해 보지 않았다. 나는 아내에게 생각해 보겠다며 자리를 떴다.

아내의 제안은 충분히 일리가 있었다. 아내는 내가 16년 반 교수 사역을 하는 동안 정말 최선을 다해 섬겨 주었다. 아침에 출근하려고 나설 때면 잊지 않고 간식을 챙겨 주었고, 내 필요를 그때그때 알아서 지혜롭게 미리 준비해 놓곤 했다. 내 생활이 조금도 불편하지 않도록 마음을 써 준 것이다. 특히 저녁 식탁은 늘 풍성했다. 요리를 잘하는 편은 아니었다. 하지만 요리책을 봐 가며 만들어 내는 정성에 감동하며 맛있게 먹을 수 있었다.

아내의 제안을 긍정적으로 생각하기 시작했다. 물론 미국 생활이 이곳 생활보다 모든 면에서 안정적이고 편안한 것만은 사실이었다. 건강이 그렇게 좋은 편이 아니었던 아내에게는 생활환경이 특히 중요했다. 오랜 지병인 기관지 확장증이 있어 주치의는 공기 좋은 곳에 가서 살 것을 강하게 권면했기 때문이다. 거기다 나이가 들어가면서 미국에 있는 자녀들, 특히 손자 손녀에 대한 그리움은 그 무엇으로도 막을 수 없는 인지상정(人之常情)이었다.

그러나 막상 한국을 정리하고 미국으로 떠나자니, 그게 말처럼 그리 쉬운 일은 아니었다. 그러나 마음 한편에서는 아내의 건강을 위해서라도 남편으로서 무언가를 해 주어야겠다는 생각이 점점 차오르고 있었다. 그래서 아내가 미국에 있는 딸네 집에 가서 얼마간 편히 머물 수 있도록 형편을 마련해 주기도 하고, 해외여행의 계획을 세워 보기도 했다.

| 겸 임 교 수 |

그런 가운데 어느 날 칼빈대학교 총장으로 있는 신대원 동문인 김근수 목사와 점심을 하게 되었다. 이런저런 대화를 나누는 가운데 그는 나에게 칼빈대 겸임 교수직을 제의했다. 학교에 출강해 달라는 부탁이었다. 특히 칼빈대 신학대학원에 실천신학 교수가 필요하니 맡아 달라는 것이었다. 그 자리에서 흔쾌히 승낙을 하고 출강하기 시작했다. 교수로서의 즐거움은 교수하는 데 있음을 다시 한번 깨닫고 감사했다.

약 3년간의 겸임 교수로서의 사역은 교육부의 연령 제한으로 2019년 말로 내려놓게 되었다. 이제는 더 이상 아내의 부탁을 연기할 명분도, 환경도 되지 않아 미국으로 이민(?)을 가기 위해 한국을 정리하기로 했다. 이무렵 아내는 미국에서 우리가 거주할 지역을 알아보고 있었다. 사실 그동안 우리에게 익숙한 샌프란시스코(San Francisco)와 산호세(San Jose) 지역을 알아보았지만, 모든 것이 너무 비싸서 버거웠다. 그런 가운데 LA에서 남쪽으로 약 한 시간 거리에 위치한 라구나 우즈(Laguna Woods)에 있는 은퇴자 마을(55+ Senior Village)을 알게 되었다. 집값도 그렇게 비싸지 않고 특히 아내의 건강을 위해서 필요한 좋은 햇빛과 맑은 공기가 있는 안성맞춤인 곳이었다.

2020년 4월 말 한국에서 살던 집을 정리해서 미국에 주택을 마련하도록 하고, 나는 약 두 달간 더 머물면서 한국의 삶을 마무리했다. 그리고 6월 20일, 생각지 않던 미국으로의 이민(?)을 결행했다. 참으로 힘든 순간이었다. 그러나 언젠가 다시 조국으로 돌아가야 한다는 열망이 살아 있어 나름대로 위로가 되었다. 이렇게 해서, 역이민을 많이들 동경하는 나이에 나는 미국으로의 이민을 갔다.

│ 라구나 우즈(Laguna Woods) │

노년에 삶을 마무리하는 곳으로서 라구나 우즈는 너무 완벽했다. 약 12,000여 채의 집에 18,000여 명이 살고 있는 이곳에는 보안(security)이 잘되어 있는 게이트가 16개 있을 뿐 아니라 각종 휴식 공간들—골프장, 체력 단련실(Fitness Club), 수영장, 레스토랑, 테니스장, 승마장 등—이 너무 잘 갖춰져 있다. 거기다가 취미 생활을 돕는 230여 개의 프로그램들이 제공되고 있어서 노인들의 몸과 마음을 건강하게 유지시켜 주고 있다.

한인들도 약 2,000여 명이 은퇴 후의 삶을 이곳에서 보내고 있다. 이 가운데 은퇴 목사들도 약 25명이 된다. 이들은 '은목회'를 조직해서 월요일마다 모여 예배를 드리고 친교를 나누고 있다. 은목회 회원들은 평생 교회를 성심성의껏 섬긴 역전의 거룩한 용사들이다. 한 교회를 43년을 섬기신 분에서부터 수십 년씩 주님의 부르심에 따라 교회 섬김에 충성을 다한 존경스러운 분들이다. 안타까운 것은 "겉 사람은 후패해질 수밖에 없다"(고후 4:16)라는 말씀대로 각양의 질병으로 고통스러워하는 분들을 볼때, 하나님의 생각이 무엇일지 궁금해질 때가 있다(사 55:8-9 참고).

미국에 와서 제일 처음 한 일은 영주권 신청이었다. 1987년에 받았던 영주권은 학교의 종용으로 포기했었다. 따라서 이곳에서 안정적인 삶을 위해서는 영주권이 필수라는 생각에서 다시 신청했다. 사실 처음부터 영주권은 생각하지 않았었다. 하지만 미국 체류 기간을 최대 6개월밖에 주지 않기 때문에 불편해서라도 신청을 해야 했다. 아내는 미국 시민권을 가지고 있었기 때문에 걱정을 안 해도 되었다.

어느 날 오후, LA에 소재한 국제개혁신학교(International Reformed University & Seminary) 박헌성 총장이 전화를 주셨다. 모르는 분인데 아마도 내가 총신대 신대원을 은퇴한 후에 이곳에 와 있다는 소식을 누군가에게 들은 모양이었다. 학교에서의 강의를 부탁하셨다. 솔직히 나는 이 학교에 대해서 아는 바가 없었다. 다만 앞으로 하나님의 일꾼이 되기 위해 배움을 기다리는 학생들이 있다는 것은 고무적인 일이라 생각하고 강의 요청을 수락했다. 학교 교무처장과의 상의 끝에 우선 '칼빈의 신학'이라는 과목을 온라인 강의로 시작했다. 이렇게 해서 현재 6학기째 온라인 강의를 계속해 오고 있다.

마을 내에는 한인들만을 위한 많은 모임들이 있었다. 그중에 '찬양과 경배'라는 모임이 매주 화요일 오전에 있었는데, 찬양과 기도의 시간을 가진 후 설교를 듣는다. 여기서 지난 1년간 설교를 했다. 설교하면서 나는 이 시간을 주신 하나님께 많은 감사를 드렸다. 모이는 모든 분들은 실제로 생애 말년을 맞고 있기에, 신앙의 관점에서 볼 때 아모스 선지자가 "네 하나님 만나기를 준비하라"(암 4:12)라는 말씀이 그 어느 때보다 그 누구보다 절실하게 필요한 분들이라 생각했기 때문이다. 일주일에 한 번씩 정말 절절하고도 간곡한 심정으로 살아 계신 하나님의 말씀을 전했다. 특히 예수 그리스도와 십자가를 중점적으로 전하고 가르치려고 애를 썼다. 모임에 나온 모두가 한 사람도 낙오됨 없이 다 천국에서 뵙기를 원하는 마음에서였다.

이곳 은퇴자 마을은 마지막 삶을 아름답게 마무리하기 위해 모인 곳인지라 자연히 노년의 남은 삶에 대해 생각할 시간을 많이 갖는다. 내가 이곳에 이사 온 후 옆집과 앞집에 사시던 노인 두 분이 조용히 유명을 달리했다. 태어남보다 떠남을 더 많이 경험하는 이곳에서 나 역시 남은 날을 헤아려 보곤 한다. 하루하루를 지나면서 마지막에 대한 마음과 생각이 더욱더 담담해져 가고 있는 나 자신을 볼 때, 삶과 죽음의 경계를 좁혀 가고 있음을 깨닫게 된다.

결국에는 주님 앞에 서게 될 텐데, 그분께서 나를 어떻게 맞아 주실지 몹시 궁금하다. 활짝 웃으시는 모습일까? 아니면 그저 미소 지으시는 모습일까? 아니면 화가 나신 모습일까? 한평생의 삶을 결산하게 될 그분의 보좌 앞에서 내 모습이 결코 초라하지 않기를 바라면서 신앙의 긴장감을 더욱 높여 나가려고 한다. 이렇게 하려고 하지만, 안타까운 것은 육체의 강건함이다. 여기에 맞는 말씀인지는 모르겠지만 "마음은 원이로되 육신이 약하도다"(마 26:41)라는 주님의 탄식이 요즘 나의 탄식이다.

네 살 때 하반신 장애를 갖게 된 이후 약 75년을 살아온 지금의 나는 솔직히 거동에 힘이 든다. 특히 작년, 2022년 늦은 여름 정원에서 일을 하다가 허리에 통증을 느끼기 시작해서 치료를 위해 10월에 한국을 다녀왔다. 척추 2번 연골이 파열되었다는 것이다. 다행히 열두 시간 넘게 비행기를 타고 가는 동안 통증을 별로 느끼지는 못했는데, 막상 병원 진료를 며칠 앞두고는 통증 때문에 고생이 이만저만이 아니었다. 심지어 택시를 타고 병원에 가는데, 뒷좌석에 바로 앉지를 못하고 반대로 의자를 붙들고 앉아 울면서 갔다. 의사가 스테로이드 주사를 놓는데, 그렇게 아픈 주사는 생애 처음이었다. 병원이 떠나가도록 그렇게 비명을 지르며 울었다. 미국에 돌아올 때까지 그 주사를 네 대 맞았는데, 통증은 사라졌지만 걷고 움직이는 데 불편함이 많았다. 그래서 다시 올해 3월에 후속 치료를 위해 또 한국에 다녀왔다. 웬만큼 회복은 했지만, 척추 파열 이전에 비해서 삶의 질이 좋아지지는 않고 있다.

요사이 나는 마치 배가 침몰해서 점점 물에 가라앉는 것과 같은 몸 상태를 느낀다. 이것은 자연의 법칙이요 순리라는 것을 잘 안다. 그러나 때로는 슬픔이 밀려온다. 80세가 되기까지 이 몸으로 이렇게 살아온 것도 하나님의 은혜요 그분이 베푸신 긍휼이라고 고백하지만, 거동하면서 너무 힘이 들 때면 이런 생각을 한다.

'이렇게 거동하기가 힘들어하는 것을 그분은 어떤 표정으로 바라보고 계실까?'

이런 생각이 시작되면 나의 눈시울은 곧 붉어지며 가슴이 먹먹해져서 먼 하늘을 바라봐야만 한다. 하늘 너머에 계신 그분을 볼 수 있기를 바라면서 말이다.

그럼에도 매일 드리는 가정 예배를 통해서 힘을 얻는다. 우리 부부는 아내의 피아노 반주에 맞춰 찬송을 일곱 곡 내지 여덟 곡을 온 마음과 힘을 다해 부른다. 찬양 중에 거하시는 하나님을 만나기 위해서다(시 22:3 참고). 그리고 성경 말씀을 정한 순서에 따라 읽고 간절한 마음을 모아 기도한다. 이렇게 드리는 예배는 대략 한 시간에서 한 시간 반 정도 걸린다. 우리 부부가 힘을 얻는 시간이다. 또한 일주일에 서너 번 참석하는 새벽기도회가 신선한 영적 에너지를 채워 주고 있다.

Epilogue
에필로그

'은혜'와 '감사', 이 두 단어가 내 삶의 결론이다. 역기능 불신 가정에서 태어나 어린 나이에 장애를 갖게 된 것, 그리고 남대문 시장에서 세속의 먼지를 너무 많이 마신 것 등은 목사의 길을 가기에 치명적으로 부족한 요소들이었다. 그러나 무슨 이유에서인지는 몰라도 하늘의 그분은 나를 두 번씩이나 찾아오셨다. 그리고 마치 나를 그분께 묶어 두시려는 듯 내 삶에 적극적으로 개입하셨다. 나에게는 알 수 없는 기적이요 은혜였다. 결국 그분께 항복할 수밖에 없었고, 그분을 나의 주인님으로 고백하며 섬기겠다고 서원까지 했다.

'항복'과 '서원'은 내게 베풀어 주신 그분의 은혜에 대한 최소한의 감사였다. 그 감사는 그분의 종으로 평생을 섬기겠다는 다짐이 되었고, 마침내 목사가 되기에 이르렀다. 세상에서 가장 아름다운 칭호, '목사'로서의 삶은 나를 여기까지 오게 했다. 물론 삶의 많은 우여곡절이 없었던 것은 아니었지만, 주님께서 주시는 힘과 지혜를 의지하여 은혜의 보좌 앞으로 지금도 담대히 나아가려고 애쓰며 살고 있다. 때로는 치열하게, 또 어떤 때는 걷기조차 힘들어 기면서라도, 주님을 향한 열정의 발걸음은 쉼 없이 계속되고 있다.

지금까지 내 삶은 '은혜'에 대한 '감사'의 연속이었고, 지금도 그렇다. 은혜 없이는 한순간도 살 수 없으며, 한순간도 감사를 망각할 수 없다. 종으로서 가지는 내 일편단심은 나를 통해서 주님이 영광을 받으셔야 하고 그분의 이름이 높아져야 하는 것이다. 이것이 내 존재의 이유이고 내가 살아야 할 목적이다. 주님의 영광 없이 내 삶은 무의미하다. 주님의 이름이 높아짐 없이 내가 목적하는 바는 무가치하다. '주인님의, 주인님에 의한, 주인님을 위한' 종으로서 살아가는 삶이 내 최고의 가치다.

삶의 끝자락에서 주님이 부르실 그날을 사모하며 하루하루를 그 어느 때보다 긴장감을 가지고 푯대를 향해 나아가고 있다. 그래서 마지막 날 주님과 같이 이런 고백을 하길 바란다.

"다 이루었다."

장애로 인해 수모와 비아냥, 멸시와 천대를 받고서 괴로워하고, 울분을 참지 못해 통곡할 때도 있었지만, 주님을 향한 나의 마음은 어제도, 오늘도, 그리고 내일도 변함없을 것이다. 지금 이 순간까지 정말 후회 없는 삶을 살았다고 고백한다. 혹여 이 세상에 현재의 똑같은 모습과 조건으로 다시 태어난다 해도, 나는 또 이 길을 갈 것이다. 그분을 위해 헌신하며 충성하는 것이 기쁘고 감격스럽기 때문이다. 그분이 바로 나의 주인님, 예수 그리스도시다. 그래서 나는 이권희 씨의 〈천 번을 불러도〉라고 하는 찬양을 좋아한다.

천 번을 불러 봐도 내 눈에 눈물이
멈추지 않는 것은 십자가의 그 사랑

나를 살리려 지시는 십자가
모든 물과 피 나의 더러운 죄 씻으셨네

나를 향한 그 사랑 생명을 내어 주사
영원한 생명을 내게 주심을 감사해

천 번을 불러도 내 눈에는 눈물이
멈추지 않는 것은 십자가의 그 사랑

나를 살리려 하늘 보좌 버리신
나를 사랑하신 분 그분이 예수요